重庆市教育委员会人文社会科学研究重点项目：《新时代大学生生命教育常态化模式构建》；重庆市教育综合改革研究课题：《总体国家安全观视域下"大中小幼"安全教育改革发展研究》；重庆市高等教育学会重点项目：《新时代大学生生命教育"三维多层"课程体系构建与实践》。

光明社科文库
GUANGMING DAILY PRESS:
A SOCIAL SCIENCE SERIES

·政治与哲学书系·

新时代大学生生命教育
常态化模式构建

刘书超　徐园媛　白　凯｜著

光明日报出版社

图书在版编目（CIP）数据

新时代大学生生命教育常态化模式构建 / 刘书超，
徐园媛，白凯著 . -- 北京：光明日报出版社，2023.9
ISBN 978 - 7 - 5194 - 7506 - 2

Ⅰ.①新… Ⅱ.①刘… ②徐… ③白… Ⅲ.①大学生
—生命哲学—教育研究 Ⅳ.①B083

中国国家版本馆 CIP 数据核字（2023）第 185185 号

新时代大学生生命教育常态化模式构建
XINSHIDAI DAXUESHENG SHENGMING JIAOYU CHANGTAIHUA
MOSHI GOUJIAN

著　　者：刘书超　徐园媛　白　凯

责任编辑：刘兴华　　　　　　　　责任校对：宋　悦　董小花

封面设计：中联华文　　　　　　　责任印制：曹　净

出版发行：光明日报出版社

地　　址：北京市西城区永安路 106 号，100050

电　　话：010-63169890（咨询），010-63131930（邮购）

传　　真：010-63131930

网　　址：http：// book. gmw. cn

E － mail：gmrbcbs@ gmw. cn

法律顾问：北京市兰台律师事务所龚柳方律师

印　　刷：三河市华东印刷有限公司

装　　订：三河市华东印刷有限公司

本书如有破损、缺页、装订错误，请与本社联系调换，电话：010-63131930

开　　本：170mm×240mm

字　　数：332 千字　　　　　　　印　　张：18. 5

版　　次：2024 年 6 月第 1 版　　　印　　次：2024 年 6 月第 1 次印刷

书　　号：ISBN 978 - 7 - 5194 - 7506 - 2

定　　价：98. 00 元

前　言

　　生命问题，是备受关注的主题。古往今来，人们对生命的体验和感悟，使生命问题饱含着深刻的哲理。一代又一代的思想家、哲学家曾为之激动不已，也曾为之困惑不解。长期的困惑和迷惘带来了长期的思索和探讨，思想家、哲学家们渐渐发现了人类生命的本质：生命更多地表现为主观意志和内在精神，更多地表现为文化素质和信仰意蕴；生命不是纯粹的被动的物质客体。人与动物的重要区别之一就在于人具有思维和意识，具有丰富的精神活动。因而，生命是灵与肉的统一，是身心与形神的统一。人不仅是生物意义上的"自然人"，而且是具有人文精神的"社会人"。人类生命的本质与高贵在于其社会性，在于其精神性。法国哲学家布莱士·帕斯卡（Blaise Pascal，1623—1662 年）如是说："我们全部的尊严就在于思想。"① 人类通过对生命存在的沉思来省察自身的存在和生活方式，通过沉思来追问生命的意义、追寻生命的价值，通过思想来构筑生命的精神家园。

　　谈论生命问题，不仅要谈论生命个体，而且要谈论生命现象，更要触及群体生命面临的本质困境。当下社会，人类物质文明发展的步伐已如钱塘之潮，其迅猛之势难以阻挡，相形之下，人类自身的内在发展却被遮蔽，生命科学在不断发展，而人在生命面前所产生的困惑、迷惘已演变成一种世纪病，从 20 世纪蔓延至今。19 世纪时，因现代文明所导致的人的异化问题就受到了马克思等人的关注。德国著名哲学家弗里德里希·威廉·尼采（Friedrich Wilhelm Nietzsche，1844—1980 年）在 19 世纪末发出的"一声断喝"至今振聋发聩——"上帝死了"。尼采的梦想就是在终结宗教的奴役之外缔造一个超人世界，人不再受到宗教和现代文明的束缚。尼采之后的德国精神分析学家艾里希·弗洛姆（Erich Fromm，1900—1930 年）则指出："19 世纪的问题是上帝死了，20 世纪的问题是人死了。"在物质主义、享乐主义的侵蚀下，人远离了自己的精神家

---

　　① 帕斯卡.人是一根会思考的芦苇［M］.北京：北京联合出版社，2018：6.

园，放弃了"为何而生"的思考，遗忘了人生意义和人格尊严，而沦为物欲动物。因而，摆脱奴役状态，尤其是摆脱现代文明的奴役状态，一直是现代社会有识之士共同关注的话题。在该话题的推动下，"生命意识"应运而生，生命意识以生命为依托，却超越生命范畴，体现着人类对本体、对人生的价值、对人生的存在意义等问题的高度关切、思考，以及在此基础上延伸到对生命自由的追求。

现代社会中生存的人遭遇异化的同时，也表现出另一种令人担忧的状况，即随着物质文明的高度发展，人的情感和心理却越显脆弱，人的生命力也随之衰微、萎缩。尽管人们千方百计乃至殚精竭虑地为人类的生命增加筹码，提升生命的价值，但是，种种生命陨落的悲剧却令这种努力陷入尴尬境地。这种情形怎能不使人汗颜？难道现代人的生命如此不堪一击？此为何故？

正是这种对于人类内在和外在的人文关怀，社会科学领域才产生了关于生命教育的研究和实践。生命教育兴起于美国，这一理念从西方传播到东方，自身经历了转换和变革，并得到了越来越广泛的关注和认同。在我国，重视和实施生命教育已成为一些高校实施人才培养战略，提升大学生综合素质的重要举措。

作为现代社会中备受关注的群体，我国当代大学生肩负着国家未来建设的重任，是社会主义建设的重要后备力量。但这一群体的生命观和生存状态也面临着诸多问题。从大学生的思想状态上看，大学生的心理素质、思想素质、文化素质水平等并没有与物质条件水平呈现正相关关系。"郁闷""无聊""悲剧"等成了一些大学生的口头禅，反映出这类大学生缺乏对生命目的和意义的认知，缺少坚定的理想和信仰，对自己目前的生命状态不满意，有的大学生沉迷网络、游戏等，把玩乐当成自己大学生活的主题；有的大学生心理承受能力差，在挫折和打击面前经不起考验，产生低落情绪，甚至有践踏自己生命、残害他人生命的想法或行为……当代大学生所面临的种种生命问题已不再是个别问题，而是越来越普遍，严重者很可能产生大学生的生命危机。因而，对大学生这一群体开展生命教育势在必行。开展好在校大学生的生命教育，对于我国教育事业的可持续发展、社会主义和谐社会建设等具有十分重要的意义。

生命教育尽管早已在我国有了研究和实践，但生命教育的地位仍处于边缘化状态，生命教育开展的形式、内容等也处于模糊状态。尽管上海、云南等地的教育部门把生命教育（或"三生教育"，即生命教育、生存教育和生活教育）纳入中小学的教育内容，但其广泛性、普遍性还有待加强。有的学校或师生往往把生命教育看作生命安全教育，没有认识到生命教育对学生人文关怀的重要作用。令人欣慰的是，我国于 2010 年 7 月正式颁布实施《国家中长期教育改革和发展规划纲要（2010—2020 年）》，其中明确指出要重视生命教育，提高学生综合素质，这无疑为我国生命教育的研究和实践注入了强心剂。

在对我国当代大学生的身心发展规律和特点进行分析、研究，研读国内外有关生命教育的研究和实践成果后，结合我国构建社会主义和谐社会的任务目标等，笔者展开了对大学生生命教育创新模式构建的研究。

构建大学生生命教育常态化教育模式就是要在以人为本、全人教育、构建和谐的理念引导下，通过实施大学生生命教育促进大学生身、心、灵等方面的全面发展，促进大学生在知（认知生命本质）、情（传递生命气息）、意（追求生命境界）、行（体验生命成长）等层次上达到"四位一体"。在这一实施过程中，需要打破传统教育模式的束缚，创新生命教育的模式，融入课堂教学，开辟网络互助渠道，开拓团体辅导，抓住挫折教育契机，整合家庭、学校和社会教育环境，建立危机干预机制，将大学生生命教育的开展融入大学生活跃的各个场域，构建和谐的大学生成长成才环境，实现大学生生命教育的广泛性与长效性。通过大学生生命教育常态化模式构建的研究和实践，高等教育将回归到关怀和促进人的生命成长的本位，促进大学生的心灵健康成长，营造具有人文情怀的和谐育人环境，推动大学生对自然生命的本质化认知、对社会生命的体验式融入和对精神生命的无限性追求。这些，正是本书研究的目的和意义所在。

本书是重庆市教育委员会人文社会科学研究重点项目：新时代大学生生命教育常态化模式构建（22SKSZ039）、重庆市教育综合改革研究课题：总体国家安全观视域下"大中小幼"安全教育改革发展研究（23JGZ07）、重庆市高等教育学会重点项目：新时代大学生生命教育"三维多层"课程体系构建与实践的研究成果，也是课题组成员长期对大学生进行生命教育理论与实践探索的结晶。全书共分十二章：第一章就大学生生命教育的本体论、价值论、实践论进行了阐述；第二章论述了大学生生命教育的理论基础；第三章对大学生生命教育的现状进行了实然考查；第四章从理论和实践基础、构建原则和模式设计、模式运行分析和保障等方面对大学生生命教育常态化模式的构建与运行进行总体阐述，对全书起到提纲挈领的作用；第五章至第十章分别从大学生生命教育课内教学模块、网络互助模块、团体辅导工作坊模块、环境建设模块、社会实践模块、挫折成长教育模块等六个方面，详细阐述了大学生生命教育常态化模式的具体实施途径和方式方法，具有很强的操作性和实践指导意义，是编写组成员长期实践、潜心研究的积淀；第十一章从心理危机干预系统的构建等方面，论述了如何从大学生所处的外部环境及其内部心理环境建立大学生生命教育的保障机制；第十二章从实施目标、原则、途径，及其效果评价等方面对大学生生命教育的实践及效果进行了总结，认为大学生生命教育实践，应整合多种资源，通过多种渠道和途径开展，包括开设独立课程、融入学科课堂、开展专题教育、进行体验式培训、融入社会实践、开展心理咨询等。笔者认为，深入开展大学生生命教育，需要整合各方面的优势资源，创新途径和方法，形成合力，促进大学生的生命成长，助推大学生实现生命价值，也实现生命教育自身的理想和追求。

本书由刘书超、徐园媛、白凯等著，并负责全书的框架结构设计，开展具体写作，并进行审稿和定稿。各章的撰写者依次为，第一章：林源、刘美英、吉玮玮、徐园媛；第二章：刘书超、张王燕；第三章：张王燕、刘书超、陈思楠；第四章：白凯、冉凯伦；第五章：刘书超、李薇；第六章：张王燕、徐园媛、董翼；第七章：冉凯伦、董翼；第八章：幸柠楠、白凯、刘璇；第九章：刘书超、吉玮玮；第十章：林源、徐园媛、袁理；第十一章：林源、孙霓君；第十二章：康慧、刘颖。前言、参考文献、全书统稿和编排工作由张王燕担任。

为使本项研究既具有学术的深广度，又能应用于教育教学实践，在长达一年多的时间里，本书编写组多次召开编委会，认真制订编写计划，反复研究全书大纲和结构，细致讨论全书体系和内容，广泛征求意见并进行修改。在编写组全体成员的共同努力下，本书最终得以成稿。在课题研究和成果孵化过程中，重庆市教委宣教处、高教处、学生处，重庆社会心理学会，重庆市大学生心理咨询专业委员会等单位给予了指导和大力支持。在本书的编写过程中，笔者采纳和吸收了国内外相关专家学者的研究成果和兄弟院校的实践探索经验，力求注明出处，但难免挂一漏万。对于上述单位和个人同心协力的指导、支持和帮助，在此一并表示诚挚的谢意，对他们为大学生生命教育所倾注的心血和力量表示深深的敬意。

在研究和写作中，笔者力求将学术性、知识性和应用性相结合。由于本书属于探索性研究，加之作者的水平有限，难免有疏漏和不足之处，恳请专家、同行和广大读者提出宝贵的意见和建议。

本书编写组
2023 年 1 月

目　录
CONTENTS

第一章　新时代大学生生命教育的意蕴解读

生命是构成世界存在的基础，世界因生命的存在而多姿多彩。人不断通过对生命的自我确证寻找生命的意义，寻求生命价值的升华。生命教育正是唤醒人的生命意识、直面人的生命需求的一种教育。以技术为先导的现代社会，怠慢生命、戕害生命的现象屡见不鲜。大学生的生命价值观问题更是日益突出，国家层面也高度重视大学生生命教育。

在《关于政协十三届全国委员会第三次会议第 1275 号（教育类 118 号）提案答复的函》文件中提出了高度重视全社会的生命教育，要将生命教育融于高校的课程教学。

诗人泰戈尔说："教育的目的是向人类传递生命的气息。"从这层意义来说，关怀大学生的生命历程，开展具有生命气息、承载生命温暖的大学生生命教育，刻不容缓，意义深远。

第一节　大学生生命教育的本体论

本书从本体论视角出发，结合文献研究法对大学生生命教育进行意蕴阐释、对大学生生命教育的理论基础进行挖掘。通过对大学生生命教育的内涵、内容等的深入分析、详细解读，为本书后续研究内容奠定基础、把好方向。

一、大学生生命教育的内涵

准确理解大学生生命教育需要基于大学生生命教育的任务、大学生的时代特征，来深入挖掘生命教育的内涵。大学生生命教育是生命教育的一个分支、一个部分，大学生生命教育是生命教育在特定阶段的展开，本书力图准确把握生命教育的内涵、大学生生命教育的内涵及二者的关系，为后文研究提供概念层面的指引。

(一) 生命教育内涵

生命是不断变化、具有多重属性的有机体。叶澜在《教育概论》一书中提出:"教育是有意识地以影响人的身心发展为直接目标的社会活动。"教育始终伴随在生命个体成长的不同阶段,因此,教育是生命的事业,生命教育是生命与教育的抽象合成,是一种持续的、不间断的过程教育。马克思和恩格斯曾说:"全部人类历史的第一个前提无疑是有生命的个人的存在。因此,第一个需要确定的具体事实就是这些个人的肉体组织,以及由此产生的个人与自然界的关系。"① 马克思对人的生命意义的论述体现了自然生命是人类社会存在的根本,因此,马克思主义很多思想也都体现了对于生命的理解,主要集中在马克思主义的人学思想中。马克思的人学思想认为生命教育在于去完善生命个体自由而全面的发展,在于让生命个体摆脱包括阶级在内的一切剥削和压迫,在于对生命主体的解放和尊重。现代教育从不同角度出发,阐释了生命教育的不同内涵。

1. 身、心、灵角度的生命教育

从兴起背景来看,生命教育就是要解放人的身体和灵魂,将人从物化的社会中解救出来,从而获得更多对生命的自主权。② 当然,这种自主权并非意味着人可以对自己的生命任意处置。人如果对自己的生命任意处置,恰恰是对生命的践踏,是对自我的漠视,而不是使用自主权。因为生命的存在是一切存在的前提,生命的终结也意味着其他一切的终结。从另一个角度来说,人的生命包括自然生命和精神生命(由真、善、美构成),生命的这两个构成层面是相辅相成的。自然生命如果不复存在,也就意味着医学意义上的生命死亡,精神生命及其他一切即告终结。人如果缺乏精神生命,充其量也就是一具躯壳,也会走向生命的末路。因而,生命教育需要达成受教育者的身(躯体、自我)、心(心理、本我)、灵(精神、超我)三个层面的和谐与统一,求得整体的健康与灵性的成长。

生命教育要促进人的身、心、灵的统一与健康,其内涵在于通过生命教育,在第一个层次上,受教育者对于自然界中的生命现象有了一定了解,对于生命科学拥有了基本常识,并发现了自我的生命存在,在对周遭世界的关系处理中能够正确认识自身的优点与不足,对自我生命的存在有着认同感,善于保护自己和他人的生命;在第二个层次上,受教育者发现了本真的我,在社会关系中

---

① 中共中央马克思恩格斯列宁斯大林著作编译局. 马克思恩格斯选集:第 1 卷 [M]. 北京:人民出版社,1995:67.

② 叶华松. 大学生生命教育 [M]. 杭州:浙江大学出版社,2011:99.

能妥善解决生活中的冲突，善于利用心理学知识对自我情绪进行良性调适，挖掘积极心态，抑制不良心态，达到心态的平稳与内心的和谐；在第三个层次上，受教育者已经突破了自我与本我的束缚，深刻认识到生命的本质，把握了生命的真谛，着力于追求生命的境界的提升和价值的实现。生命教育中身、心、灵的健康、统一与和谐，实际上是三者共同运作的结果，并非按部就班地逐层递进而成。可以说，身、心、灵的健康发展使生命教育满足了个体发展的需求。

2. 全人视域下的生命教育

联合国教科文组织发布的报告《学会关心：21世纪的教育》指出："21世纪最成功的劳动者将是最全面发展的人。"人的全面发展日益成为人类关注的焦点话题。从教育学意义上来说，教育要促进人的全面发展，就要培养完整的生命，注重生命各方面品质的协调发展。人是社会关系的总和，人的发展总是处于各种矛盾之中，认识人的全面发展，关键还在于把握各类矛盾和关系中的必要张力。

人不同于低等动物，原因之一就在于人具有精神和灵魂。其一，人既要生活生存，又要活得有意义；人既是世俗的物质存在，又是高贵的精神存在。人的物质生活赋有精神生活的意蕴，精神生活引导物质生活的发展。其二，人类既具有对科学精神之真的追求，又有对于道德精神之善、审美精神之美的极致向往。其三，人类作为存在物，既受自然法则约束，又独具理性灵魂，有着自由的秉性，能为自己立法，人类深处于理性与非理性之间。其四，人既是自我的个体，又具有内在的独特性和主体性；人是社会人，必须适应社会生活。其五，人生活在现实中，不能脱离现实，需要适应现实、内化现实，同时又具有崇高的追求，表现出生命的超越性。

因而，全人视域下的生命教育，不应止步于对人的自然生命的探索，而应关注人类精神和灵魂在物质日益丰富的世界中的自卫与拯救，打破培养"政治人""社会人"的一元化价值观，关注人的全面发展和幸福追求。应坚持身体与精神的平衡、人格与学养的平衡、认知与情感的平衡、个体与群体的平衡，从而达到人生的美满圆融，在现实生活中实现天人物我的和谐。

除此之外，张震从健康的自然生命出发强调对生命本体的养护，认为生命教育的根本问题是"身体的缺位"。而冯建军则将生命教育归结于发展，认为生命教育是为了生命发展，其目的是引导生命个体的发展，从而提升生命的意义。从马克思主义的生命教育观点以及不同学者对生命教育内涵的解析可以得知，生命教育在人与自然、社会的交互中产生，与教育相生相伴，主要聚焦于生命个体生命质量的提升、生命价值的实现。因此，本书认为生命教育的内涵就是引导生命主体关注生命本体、激发生命活力、照亮生命旅程、聚焦生命发展、升华生命价值的一种教育，从而保障生命个体的独立健全，培育整全的生命。

（二）大学生生命教育的内涵

大学生这一群体正处于茁壮成长、走向成熟的关键时期，即"拔节孕穗期"，因此，对他们进行正确的引导至关重要。在百度搜索关键词"大学生"可得到以下高频相关词："考研""英语四六级""开网店""旅游""社团活动""恋爱""同居""心理问题"等。从以上关键词中，人们可以知道大学生大多数是积极向上的。"考研""英语四六级"可以反映出大学生关注学习，"旅游""社团活动""开网店"可以反映大学生对新事物有猎奇、挑战的心理，"恋爱""同居"也反映出这一阶段他们对于亲密关系的需求，而"心理问题"也说明当前大学生的生命状态仍待调整。大学生虽然整体是积极阳光、充满青春活力的个体，但有关大学生虐猫、因作弊被抓选择自杀、因矛盾谋杀舍友、熬夜打游戏猝死等新闻仍然频频出现，"躺平""摸鱼""退休预备员""柠檬精"等网络热词也常被大学生挂在嘴边。这反映出大学生出现了生命活力减少、生命乐趣下降、生命幸福感降低、生命价值追求缺失等问题。大学生生命教育正是为了解决大学生的生命困惑与困境而存在的教育活动，因此，大学生生命教育应围绕当代大学生需求而展开。在学界，许多学者对大学生生命教育的内涵有不同的见解，如认为生命教育是全人教育，即促进人的全面发展，包含自然生命、精神生命、社会生命三者。① 也有学者认为生命教育就是生死教育、安全教育、生命健康教育等，不同观点基于不同角度，没有统一标准。笔者结合大学生个体的需求，认为大学生生命教育是一种以生命为出发点、完善生命个体发展、满足生命发展需求的教育形式，不仅是生命消极事件后的治愈工具，还更加关注生命成长历程，强调生命教育的生成性、过程性、完整性、人文性，力求陪伴大学生生命历程、促进生命幸福成长。

二、大学生生命教育的内容

人的生命包括自然生命、精神生命、社会生命三个维度。生命向内探索构成了生命与自我的关系，生命向外探索构成了生命与社会的关系、生命与自然的关系。对生命的理解、感悟、体验在生命与自然、生命与自我、生命与社会中得以展现。自然生命是从物质的、生理的角度去描述生命个体，如身体、器

---

① 晋银峰，胡海霞，陈亚茹. 我国大学生生命教育研究十六年［J］. 黑龙江高教研究，2018，36（11）：41-46.

官、组织等系统。马克思的辩证唯物观认为物质是世界的本原，对于个体而言，自然生命是个体存在的基础，是社会生命和精神生命得以发展的前提。人之所以为人，不仅在于其自然性，更在于其独特的精神世界，其囊括个体的世界观、人生观、价值观，有其特定的人格。这是人自为之有的存在状态，也是人区别于其他生物的重要标志，是生命最聚集的闪光点。人作为社会的成员总是处于一定的社会的关系中，并有各自的社会角色。与此同时，人的社会性也正是以自然生命和精神生命交织为基础，在社会生活中逐步形成。马克思说："人的本质是一切社会关系的总和。"任何人都不能脱离这种关系而生存在社会中。"人的这三重生命是一个互为前提、互为因果、循环往复的生命流程，实现着人与自然、人与自我、人与社会的交换和协调。"① 本书认为，大学生生命教育指的是在个体成长过程中，通过有目的、有计划、有组织地引导人们感悟生命、敬畏生命、珍爱生命、升华生命，最终展现生命的意义与价值。生命教育不仅是一种理论教育，更是一种情感教育与实践教育相融合的教育。即引导人们在生命体验过程中，具备完整的自我认知、自我体验、自我调控、自我抉择等情绪体验，把握生命的本体，进而转化为行为的动力，以生命的发展和生命价值的实现与提升为终点。

（一）感悟生命

感悟生命，即人对客观世界以及主观世界的感知和悟性。教育是培养人的活动，是以生命主体为教育对象，因此，正确的生命感悟是生命教育的基础，实施生命教育应让学生客观地认识生命，拥有科学的生命知识和良性的生命观。

第一，认知自然生命的本质。生命的起源是神秘的，截至目前，生命科学还未能最终确切揭示它的来源。生命的起源虽然至今观点不一，但生命科学的发展已经到了一个相对成熟的阶段。从原始社会最原始的生命观到现代文明社会对生命更丰富的扩展和挖掘，人们对生命的认识不断进入更深层次的理解，但是大众对它的全面的、科学的认识还有待提高。然而不论生命的起源是什么，在拥有其的同时，人们更应该关注的是如何更好地发展它、完善它。每一个人应最先了解自然的生命构成，对于"我"的物质基础有一个科学而理性的认识，这是自我正确感悟生命的基础。在自然界中，生命是人区别于"非生物"的一个重要标志。从不同的角度或者学派可以对生命下不同的定义。生理学定义：生命是具有进食、代谢、排泄、呼吸、运动、生长、生殖和反应性等功能的系统。新陈代谢定义：生命系统具有界面，与外界经常交换物质但不改变其自身

---

① 冯建军. 生命与教育［M］. 北京：教育科学出版社，2004：209.

性质。生物化学定义：生命系统包含储藏遗传信息的核酸和调节代谢的酶蛋白。但是已知某种病毒样生物无核酸。遗传学定义：通过基因复制、突变和自然选择而进化的系统。热力学定义：生命是一个开放系统，它通过能量流动和物质循环不断增加内部秩序。其实无论从哪个角度解释人的自然生命内涵都离不开一个观点，即人的自然生命是一切人类活动的基础和前提。对新时代的大学生进行自然生命本质认知的教育，可以更好地帮助他们了解自我生命本质的问题，以破除对生命未知的虚无感和对死亡的恐惧感。

第二，掌握生命知识。目前，教育受到高考接力棒的影响，学生上大学是教育的主要目标，因此，对知识的传授大多围绕高考科目展开，而包括生活知识在内的其他知识则非常稀缺。大学生学习能力较强，具有丰富的专业知识，但对生命的认识还不全面。一个人要想更好地认识和理解自己的生命，就要具备把握辨析判断的能力和知识底蕴。因此，高校要开展生命教育活动，把关于生命的认识和经验植根在学生的头脑中。生命教育将许多生活化常识和专业性知识串联起来，把生命的复杂性和多样性通过教育，由表及里、环环相扣地进行传授，才能使大学生行稳致远。

（二）敬畏生命

敬畏生命表现在尊重生命的自然发展、生长规律。一是尊重他人的生命，既要求人们尊重他人独特的、唯一的生命个性，又要求人们尊重他人生命的独立存在与神圣不可侵犯。新时代是一个包容的时代，大学生的个性被充分展现，人们在与他人交往时，要充分尊重他人对自我生命个性的展现，生命个体都有其不可让渡的尊严，不应因差异而产生扭曲的排斥心理。同时他人的生命健康权和生存权是独立的，是不允许被践踏的。任何人不能因自己的情绪而伤害他人。二是敬畏大自然，这就要求人们要善待一切自然界的生命存在。新时代大学生的生命教育提倡善待一切"有生之命"，道家也提出"天地与我并生，而万物与我为一"的观点，凡生命皆无贵贱。敬畏大自然就要求人们不应肆意破坏环境，恩格斯曾提出："我们不要过分陶醉于我们人类对自然界的胜利，对于每一次这样的胜利，自然界都对我们进行报复。"曾经人类为了发展而无节制地开采资源，带来了许多环境恶化的灾难，这让人类认识到大自然的威力。在新时代，习近平总书记的"两山论"正是人们敬畏大自然该有的态度，人们应视绿水青山为金山银山。①

---

① 孙楠，刘立.恩格斯"自然报复阶段论"及其对新时代生态文明思想的意义 [J]. 环境与可持续发展，2020，45（6）：52-56.

（三）珍爱生命

古人早有"身体发肤，受之父母，不敢毁伤""盛年不再来，一日难再晨"等观点，习近平总书记也多次强调"生命至上"的理念，教导人们应珍爱身体的一丝一毫、珍惜生命的寸寸光阴。总体说来，新时代大学生能够做到敬畏自己的生命，但由于新时代大学生自我意识的爆发与更明显的心理脆弱性，导致大学生因作弊被抓跳楼、因失恋自杀等相关新闻频出。因此，不管是从大学生的需要，还是从生命教育本身而言，大学生生命教育都应该涵盖珍爱生命的教育。首先，要教导大学生学会自我生存与自我保护。要使大学生明确珍爱与感受生命首要的是要学会自我生存与自我保护的技巧，特别是遇到危及生命的紧急关头与应对突发事件的自我保护技巧。现实生活中有的学生因为不懂得基本的自我防护与保护技能，而痛失了宝贵的生命的事件，实在令人悲伤与遗憾。所以学校要在自我保护技能方面对学生进行教育，如防毒、防病、防害、防灾以及交通安全等方面的常识与技能等。同时，要教育学生抵御生命之诱，掌握身体保健的技巧，养成良好的生活方式，不酗酒、不吸烟、不上网成瘾，保持与拥有良好的身体健康与心理健康。其次，要教导大学生学会休闲与自我保健。要使大学生懂得"文武之道、一张一弛"。学会休闲与自我保健，掌握调节生命节奏的技巧、平衡心理、缓解心理压力以慰藉生命。学会休闲，就要时常释放心里的压力。尤其是在当今社会竞争越来越激烈、生活节奏越来越快的情况下，教导大学生学会休闲与自我保健，掌握养生之道与保健之道，提高健康水平与生活质量，对大学生珍惜生命具有极大的价值与意义。最后，要教导大学生学会交往与自我保养。自我保养重要的在于心理的调节与保养，而心理保养的重要方面又在于维护良好的人际关系。因为良好的人际关系是维护心理健康的必要条件，人际关系恶化会给心理造成巨大伤害。所以要学会处理人际关系的技巧，用人与人之间的美好的情感滋润与慰藉生命，这是自我保养的重要方面。

（四）升华生命

纵观古今中外，升华生命，实现对自我的超越，无疑需要坚定的价值立场，并且这一价值立场与既定的文化传统、主体的价值选择密切相连。其一，生命意义教育。生命意义既由生命主体自主构建，又在物质世界中得以体现，兼具主观能动性与客观物质性；生命意义既是人脑认知发展的产物，又是人实践活动的成果，是认识性与实践性的统一；生命意义既可以看作生命价值存在的单一整体，又可划分为多重的意义境界，是单一整体性和多重境界性的统一；生命意义既是人在某时段稳定存在的精神寄托，又是随发展境遇不断超越进步的意识信念，是稳定性与超越性的统一。① 新时代是一个充满机遇的时代，大学生应积极入世，乘时代之东风发挥自己的生命意义与价值。此外，开展生命教育还在于促使大学生形成正确的奉献意识。人的价值和生命的价值就在于对他人、对社会的付出和奉献。大学生奉献意识的培养是生命教育的重要内容之一。但要大学生形成的奉献意识又并非传统意义上只重奉献、不重个体的"纯"奉献。生命教育视野下的大学生的奉献意识培养旨在使大学生形成基于人的生命并树立其上的奉献，此时强调的奉献是既见贡献又见生命，既要对他人、对社会的付出又要满足主体自身需要的奉献，是基于生命至上又注重生命的奉献。因此，大学生生命教育要引导大学生在建设自身的同时，树立为国家建设、民族复兴而奉献的生命价值观。

其二，生命信仰教育。人生信仰是人生实践的指南，它不仅要解决"人为什么活着"的问题，更要回答"人应该如何活着"的问题。生命信仰不仅寄托着人生的终极关怀，更支撑着生命的力量与坚韧。正是由于信仰的存在，人类才得以从其具体生活的狭小时空范围和基本的生理需要的限制中超越出来，从生命本身所具有的客观缺陷和限制中解脱出来，从而为自己的存在和发展开辟出新的领域、秩序和方向。信仰成了人类精神寻求逃避永恒和无限的压迫以及驱除人类自身在宇宙存在中的漂泊感和孤寂感的家园。信仰是人们精神的支撑，它指明了人类前进的方向。人必须要有信仰。为此，人生信仰教育也就成为生命教育的重要内容之一。大学生生命教育须引导大学生正确选择人生信仰，坚守国家所提倡和主导的信仰，充实和提升自己的生命内涵和层次。

其三，生命审美教育。审美教育即通过美的情感、美的言辞、美的理性、美的气度、美的结构，揭示新思想、新思维的科学性、真理性来点燃学生接受知识的热情，使之受到美的熏陶、美的启迪，培养学生对科学与真理的美好追求，从而促进人的自由而全面的发展②。生命蕴含着千姿百态的美，自然界的河山壮美、人性之美、生命力之美等，引导大学生审视生命之美，启发他们去追问自己存在和存在的意义，激发他们尝试锻造自己的生命，并有意识地用一切"非存在"来雕琢自己的生命，使生命成为艺术品，从而在"学习死亡"的过程中，使他们不是沉沦，而是因为死亡的存在而焕发出勃勃生机，享受生命本有的"存在"与"非存在"整体，在不可能中追求和创造可能，在自身生命的

---

① 弗兰克尔. 追寻生命的意义［M］. 何忠强，杨凤池，译. 北京：新华出版社，2003：34.

② 白冰，杜娟. 新时代大学生美育教育现状及对策研究［J］. 数据，2021，324（8）：106-107.

不断"死亡"中，呈现生命的灿烂，这也许是审美教育之亟待关注的视域。

第二节 大学生生命教育的价值论

大学生是国家建设、民族未来发展的主力军，其培养的重要性不言而喻。当代大学生面临多重的生命困惑，一是消费主义、功利主义蔓延，名利与金钱的诱惑影响着大学生的生命价值观。二是互联网的全方位包围，让大学生身处更加多元、复杂的文化环境，而大学生的思维能力和社会认知尚未健全，虚拟世界真假难辨、鱼龙混杂，对于不良的社会思潮或是西方文化入侵现象也难以识清本质。三是大学生正是处在成长的关键期、定型的节点，这个阶段的大学生思想尚未完全定型，容易发生动荡和变化，要高度关注大学生这一时期的心理变化特征才能更好地开展生命教育，引导他们走向生命的康庄大道。因此从价值层面讲，开展大学生生命教育既重要又必要。

一、大学生生命教育的重要性

生命教育就是在自然生命发展的过程中，引导人们完善自己的精神生命和社会生命。通过生命教育，人们了解了生命的发展，进而引导他们尊重自己与他人的生命，建立健全自己的品格，形成自己的世界观、人生观与价值观，建立一种人文的生命关爱情怀。对大学生进行生命教育，有利于超越生命的长度、丰富生命的厚度、提升生命的高度。

(一) 超越生命的长度

生命的长度很有限，在漫长的人类发展长河中，人们也许连个水滴都算不上。生命有限，生活却是无限的。人们有无限的可能生活得更好，哪怕只是一点点、一秒钟。一般而言，接受了高等教育的大学生对于生命的内涵及其意义都有了自己的理解。大学阶段正是大学生的青春年华之期，他们时时刻刻都在时光的流逝中消费自己的生命，而对生命的体验则受到自身意识自觉和理性思维的影响。有的大学生对生命有深刻的体悟，有的大学生则耽于享乐而体验甚浅，有的大学生甚至出现了消极的生命观。因而，通过多种形式和途径在大学生中开展生命教育，正是要引导大学生正确看待生命现象，在有限的生命长河中超越生命的长度，形成自觉的生命意识，提升生命的质量，体验生命的快乐，增强生命的幸福感。一个能够超越生命长度的大学生群体自然能够焕发出无限的生机与活力，这也就能够为高校的文化建设和人才培养注入朝气和灵魂。一个受过生命教育的大学生，会对生命有更丰富、细腻、系统和深入的认识，会有更强烈的与他人建立亲密的、富有建设性关系的意愿与能力，会有更明确的人生目标与实现目标的动力、热情与策略，会对建设一个自由、公正、法治的好社会有更多的期待、使命与担当。进而，大学生群体会超越生命的长度，创造出更高的人生价值。

（二）丰富生命的厚度

哲人说过，每个人无法延长生命的长度，却可以增加它的厚度，丰富它的内涵，提升它的质量。经历奋斗的青春更可贵，用奋斗书写的生命更有厚度、内涵和质量，这恰恰是人生价值之所在。生命的厚度内存于人的精神世界里，外显于人的言谈举止中。一年又一年，一个又一个日夜，生命的长度，人们无法改变。生命虽不可控制长度，却可控制厚度。同样的生命长度，人们完全可以让它有不同的厚度。开展大学生生命教育，应引导大学生丰富生命的厚度，乐于为自己营造和谐的氛围，感受分享的快乐，体验生命花开的幸福。

生命的厚度在于道德的积累。道德是可以积累的。一个人的道德水准就是在不断积累中提升的。毛泽东同志说过，一个人做一件好事并不难，难的是一辈子做好事。一辈子做好事的人，他的生命厚度会薄吗？做好事、做实事、做一切有益于人民的事、做一切有益于社会的事，坚守自己善良的本性，坚持"与人为善、与己为善、与事为善、与物为善"的处世方式……都是在积累道德。生命的厚度在于知识的积累。活到老，学到老，这句人人皆知，但真正能落实到行动上的，又有几个？尤其是痴迷于学的人，则更是凤毛麟角了。生命的厚度在于思想的积累。人的思想如涓涓细流，日夜流淌，伴随生命的始终。每一个人的思想细流，若能汇入思想的支流，思想的支流又汇入思想的干流，思想的干流再汇入思想的汪洋，那么，人的思想便会产生无穷的能量和威力，这也正是人的厚重生命得以运行和延续的能量之源。生命的厚度在于情感的积累。人是感情动物，人的感情也需要累积。一个人情感积累多了，丰富了，调动起来了，释放出来了，这样，不仅能彰显出自身生命的厚重，也能使自己的人生充满梦幻般的动人色彩。相反，一个人如果没有了情感积累，无论对什么样的人或事或物，都表现得木木然也，那也是很可怕的。

从某种意义上说，人的生命厚度，也是人生的"地基"，或者说是人生的"底盘"。众所周知，要在地面上建造摩天大楼，打不好"地基"是不行的。同样的道理，人的生命厚度不够，也是万万不可以的。所以，人立天地间，应当想方设法去积累自己的生命厚度——只有生命有了足够的厚度，才能支撑起人生不断上升的"海拔"。

（三）提升生命的高度

每个人的人生都有多个维度。除了寿命的长度，还有一个生活的广度问题。这涉及你社会生活的舞台有多宽，社会交往有多广，扮演的角色的丰富程度，生活的地理空间的广度，等等。对此，人们容易认同。至于生命的高度的问题，给予关注的人就不多。人们只能实实在在、真真切切地生活在当下，但你此时的所作所为能顾及多久的未来，则反映着你人生的高度。眼光短浅就只能顾及眼前利益的得失。倘若能顾及五十年后、一百年后、三百年后的中国局势以及人类文明的走向，你的人生就有了高度。提出"为万世开太平"的张载，虽然没有提出什么"开太平"的良策，但他的人生是有高度的。声称"我死后哪管它洪水滔天"的法国国王路易十五，虽身为国王，但他的人生不仅毫无高度，还有几分卑下。可见，人生的高度，会受社会地位的影响，却并非由它决定。人的生命有高度，才能活出风骨，才会有"玉树临风"的况味。

人生的高度影响着人们对万事万物的评价与态度。何谓"大"，何谓"小"，何谓"好"，何谓"坏"……通通都会受到它的影响。"能闲世人之所忙者，方能忙世人之所闲。"什么令你驻足，什么令你萦怀，什么令你辗转反侧，什么令你生死相许……这一切的一切，都取决于你人生的高度。因为随着你人生高度的提升，你的价值排序、你观照世界的参照系都会发生变化。人是万物之灵。人，与生俱来就有对于永恒与不朽的追求。这也是人作为除了有自然生命、社会生命，还有精神生命存在的一个证明。

二、大学生生命教育的必要性

近年由于学业压力、就业压力、感情压力的影响，高校频发伤人伤己的恶性事件。种种案例表明，当前高校学生的生命意识薄弱，生命观念不强。部分学生对生活感到茫然、对未来很模糊，甚至有自杀的想法。很多学生虽然有珍惜自我生命的意识，但是对身边的其他生命却很冷淡，如虐猫虐狗这类行为也时有发生。由此看来，高校学生对生命漠视的这一现状较为严重，对他们的生命教育不容忽视。

很多高校并没有意识到生命教育的重要性，几乎没有开展过生命教育，即使是在校园惨剧发生后，处理方式简单粗暴，也多为封锁消息或只是简单通报，并没有系统地对学生展开生命教育。

高校生活是人生中较为关键的阶段，但在实际的生活中，高校学生在成长的过程中，人文教育往往不足，这就使学生很难在生命中构建自我的价值观，很多人都处在一种迷茫的阶段。高校学生很需要这种生命教育来引导和帮助自己，生命教育可以引导学生热爱生命、关怀自己与他人。这种教育有助于学生构建健全的人格，正确调节自己的情绪、态度，培养学生的社会责任感，使其能经得住考验，真正在社会上立足。

当前的形势下，由于应试教育长期占据主导地位，师生均面临着教学、考核压力，我国高校尚且不具备单独开设生命教育理论实践课的条件，生命教育理念相对滞后，生命教育的实践几乎没有机会在高校校园内展开。这种高校生命教育的缺失导致很多学生不能够独立在社会上立足，对生命的尊重也不够。要想这一状况得到改善，就必须加强对高校学生的生命教育，这种教育是必不可少的。

（一）现代生命困境突破的应有之义

在生命教育中，教师需要引导学生正确地看待自己和他人的生命，并认识到良好的生命发展过程中还需要健康。现代化教育，需要培养出身体和心理都非常健康，且具备良好社会适应能力的人才。大学生群体正处在人生发展的重要阶段，且心理还未完全成熟，容易产生心理波动。学生从自己熟悉的家庭环境来到陌生的学校环境后，难免会产生一些心理上的不适应，而且大学作为一个相对封闭的管理空间也形成了一定的社会性特点，学生在求学期间需要正确处理自身与教师、同学之间的关系，并不断调节自身的心态，努力适应新的生活。在这一过程中，学生遭遇一些挫折或产生一些心理上的不适应都是很正常的现象，开展生命教育引导学生正确认识自己与社会的关系，并做到珍爱自己的健康和生命，自然成为现代教育的本质需求。

近年来，通过网络、电视及其他各种类型的媒体，可以看到一些大学校园内出现的自杀事件及刑事犯罪案件。发生这些事件、案件的主要原因是学生在校园内可能会产生学业压力、人际关系压力、情感纠纷或经济压力等，甚至有些学生在校园内、外部环境的作用下还会产生焦虑、抑郁等亚健康心理状态。另外，个别学生在校园环境中可能还会因为一些矛盾而产生一些过激行为，导致对自己和他人的生命健康产生一定的威胁，在某些情况下还可能发生群体性事件。大学生群体在校园这种相对封闭的环境下产生不良心理却得不到有效疏导时，就容易产生轻生的念头。从以上角度来看，高校对大学生群体开展生命教育是一种非常现实的需要。

大学生群体在校园生活中需要承担学业压力、人际关系压力、就业压力、人生规划方面的压力等。互联网时代的飞速发展使各种信息不断涌入人们的生活并产生深远的影响，甚至有些思想和观点还会对大学生群体产生比较严重的干扰。在这种信息大爆炸的情况下，学生容易受到其中一些不良信息的影响而产生比较浮躁的心态，进而影响到自身的身心健康成长。而在大学开展生命教育，可以让学生从全局出发来理解生命发展和进步的过程，而不是根据眼前的得失来判断自己的成败。也就是说，大学生一旦形成正确的生命观，就可以更好地调节自己的心态，并正确应对生活中遭遇的各种挫折和不顺，进而提升自己的社会适应能力。事实上，现代高等教育也应该从这一层面出发，引导学生形成健康、积极的心理，进而更好地适应社会。

（二）教育理念转变的重要体现

以人为本的观念在我国有着源远流长的历史。在春秋战国时期，齐国政治家管仲在《管子·霸言》中就说道："夫霸王之所始也，以人为本。本治则国固，本乱则国危。"这种人本思想在儒家思想中也有所体现，如"仁者爱人""天地之性，人为贵"等，还表现为政治上的民本思想。在西方，以人为本的思想自文艺复兴以来经过演化，形成了人本主义思潮，其在反对中世纪的封建专制以及宗教神权方面起到了积极作用。马克思主义在对人的论述中，把人的本质归结为社会关系的总和，认为人是自然属性和社会属性的统一体，社会属性是人的本质属性。

以人为本作为大学生生命教育的主题理念，是指一切教育活动要切合大学生的个体与群体实际，以大学生的人性健康发展为基础，以大学生的健康成长为动力和依据，重视大学生作为"人"的根本价值，尊重大学生在学习、生活、工作中作为个体的"人"的主体性，引导其认识自身作为群体一员的社会性，肯定其存在价值，增强其为家庭、为他人、为社会创造崇高价值的责任意识，着眼其发展，发挥其潜能，激发其智慧，教育其珍惜有限的生命，并在有限的生命里活出生命的光彩和意义。① 在大学生生命教育的过程中，应贯穿以人为本的理念，关注大学生的生命特性，肯定其价值存在，并按照个体的发展规律和特点引导大学生进行自我教育。

随着科技的发展，人文学科越来越边缘化。由于现代社会高度的社会分工和市场经济的功利主义逻辑，教育亦表现出功利主义和唯科学主义的取向，表现出唯科学教育、唯理性教育的倾向；教育脱离了其自身和生命的本真意义，

---

① 孙耀胜. 当代大学生生命教育的认知与探究［M］. 北京：中国水利水电出版社，2019：89.

而成为满足社会需要的工具。这已成为教育界积重难返的问题。高等教育的这种不良倾向极易导致大学生对生命产生迷惘，失去人生目标和精神寄托，理想和信念出现脱轨等问题。

开展大学生生命教育，应该具有开阔的视野和全人教育的育人理念，撤除学科间的屏障，将生命教育融入、渗透高等教育的各学科领域，引导理工科学生了解和掌握一些人文知识，培养人文情怀，在了解自然之真时感受自然之美，在探析社会之真时发现社会之善。也要引导文科学生乐于了解和掌握一些自然科学知识，增强自己的科学探究意识，培养其求真务实精神，将理性思维与非理性感知力结合起来，增强自身的生命意识。总而言之，大学生生命教育，可以通过灵活、独特的方式，开拓大学生的思维和视野，激发其对自我生命和其他生命不断探寻的兴趣，将人文精神与科学精神融合起来，使其在学习、生活和工作中不断激发生命的活力，感知生命的律动，高扬生命的激情，从而在教育上筑成关怀生命、保护生命的铜墙铁壁。

大学生生命教育应秉持构建和谐的核心理念，为大学生创造和谐的内部环境和外部环境。这种和谐，就包括内部的和谐，即自我内在的和谐，以及外部的和谐，包括和谐的校园文化、和谐的人际关系、和谐的育人环境等。其中，首先要达到的是自我内在的和谐，这是整体和谐的前提。从内部而言，生命教育要引导大学生正确认识和评价自己，做到"不以物喜，不以己悲"，对于自己的所得所失淡定从容，虚极静笃，并努力完善自我；要引导大学生自我管理和自我调节，对自己既不放纵也不苛求，乐观自信，积极进取；要引导大学生增强自身抗挫能力，面对生命中的无常和困境，调动积极的心理机制，将生命过程中的危机转化为成长的契机。生命教育所要达到的大学生内部心理的和谐，就是要为大学生建起一个美好的心灵家园，让光明之灯常亮心间。

大学和谐校园的构建离不开大学生生命的和谐，离不开大学生对内在和谐及外部和谐的追求。在生命教育中，对构建和谐理念的不懈追求将有利于大学生在生命和谐与生命价值的实现之间获得双赢。

第三节　大学生生命教育的实践论

本书通过多种研究方法对大学生生命教育的实践开展研究，从实践层面探知当前大学生生命教育的现状和问题，了解到当前大学生生命教育实施已有一定基础，在很多方面取得了一定成效。

一、大学生生命教育实践进展

（一）国外生命教育

国外的生命教育研究起步较早，且研究得比较深入和系统，大多结合本国具体情况开展，具有较浓的本土化气息。以下面几个国家为例。

1. 美国的生命教育

生命教育最早起源于美国，"生命教育"这一概念主要是针对青少年中各种危害行为高发的情况而提出的。该一概念提出的主要目的是帮助人们更加深刻地理解生命，从而提升生命质量，创造生命价值。美国的杰·唐纳·华特士于 1968 年在加州创建"阿南达村"学校，开始倡导生命教育的思想。美国的中小学生命教育发展步伐迅速，到了 20 世纪 90 年代，美国中小学生命教育已基本普及。目前，生命教育已经融入美国的教育体系，并形成了一整套科学合理的生命教育体系。现代美国的生命教育大致分为品格教育、迎接生命挑战的教育、情绪教育三部分。美国的各学校通过多种渠道开展生命教育。例如，与公民教育相融合、与思想教育相结合、与心理健康教育相渗透，美国大学生生命教育的内容并不以独立的课程形态出现，而是渗透在道德教育、职业与生存教育、死亡教育等专题教育、学科教学和课外活动中。

2. 英国的生命教育

20 世纪 80 年代，特德·诺夫斯先生在英国王子查尔斯的鼓励下，将生命教育理念传至英国。此后十年，英国展开了漫长的生命教育工作。从移动教室的诞生，到生命教育学院的构建，再到移动教室被广泛应用，生命教育在英格兰、威尔士和贝尔法斯特等地区得到普及。英国从上至下的部署安排，让生命教育承担了全人教育的重任。英国生命教育强调个人的健康成长和幸福生活，强调促进个人社会化的发展。英国生命教育要求学生了解自己，允许人与人之间的差异发展，保持独立精神和责任感，实现精神与道德协同发展的目标。关于如何开展教学活动的问题，英国比较常见的做法是将生命教育渗透在历史、地理、英语等通识课程中。历史老师可以将两次世界大战造成人类大量死亡作为生命教育的主题，生物课程中可以讲述生命的奥秘。英国还出版了大量生命教育的教材和课外读物，针对不同年龄层的学生因材施教。

3. 日本的生命教育

日本属于亚洲地区生命教育走在前列的国家。1964 年，日本学者谷口雅春以《生命的实相》揭示生命的可贵，强调了生命教育的重要地位。自 1989 年以来，日本将生命教育工作持续推进。余裕教育是具有日本本土特色的生命教育，是一种体验式的生命教育。主要通过寓教于乐的方式让广大青少年认识到生命的美好和重要，恢复他们率真的本性，鼓励他们学会积极面对困难和承受挫折。日本的一些民间机构也组织了许多关爱生命的系列活动。日本相当重视培养学生的生存技能，生存技能教育的内容不仅丰富而且实用，例如，有关抗震救灾、危险自救、防火防盗等方面的生存教育，普及程度非常高。在日本的中小学，专门开设了一门生存技能训练课程——人工心肺复苏，要求所有的学生都必须掌握，这是一项非常实用的技能。可以看出，日本在生存技能教育方面做得非常到位，给学生传授了很多很实用的生存技能。

4. 澳大利亚的生命教育

1979 年，澳大利亚建立了第一个使用"生命教育"概念的教育中心。该教育中心强调，每个孩子都是独一无二且无法复制的。该教育中心提前教孩子社交技能，强化他们对危险行为的认识，传授孩子防护技能，减少吸烟、酗酒和其他有害生命行为的发生。生命教育中心与学校建立合作关系，根据学校的教学目的与需求设计课程，并协助学校的教师准备、实施教学，收集教师和学生的反馈信息，对课程进行完善。生命教育中心还通过多媒体科技、流动教室的工作人员，传授生命教育的知识，表达生命教育的意义。

5. 德国的生命教育

在德国，生命教育贯穿整个教育体系，德国的教育理念是培养开放包容的人才。德国高校把现实问题作为教育的出发点，注重将学生的专业与实际契合，解决学生面临的现实难题。德国在思想道德教育和日常教育管理中渗透生命教育，在伦理道德观念教育的基础上，通过伦理学、教育学和神学等课程来进行生命教育。德国还采用心理咨询的方式，在社会团体和公共机构的指导下，以大众媒体为教育媒介，以多种形式向学生传播德育和生命教育。通过调整高校德育队伍，培养兼职和服务理念，把专业化的水平和高素质的储备应用于学生的德育和生命教育中。

（二）国内的生命教育

相较于西方国家，我国的生命教育起步较晚，大概兴起于 20 世纪 90 年代，但经过这些年的努力，我国的生命教育从理论到实践都取得了一定成绩。可以将生命教育研究在我国的发展划分为三个阶段：探索阶段（2000—2006）、发展阶段（2006—2016）、深化阶段（2016 年至今）。

2000—2006 年是我国生命教育研究的探索阶段，该阶段的研究主题有"生命教育""生命""个体生命"等，此阶段的关键词较少，还处于初步探索阶段。该时期，国内学者主要是进行生命教育内涵的研究和生命教育理论渊源的探讨。台湾是我国最早开始探索生命教育的地区，其将 2001 年确定为"生命教育年"，并将生命教育的理念引入课程体系，旨在促使学生理解生命意义、尊重生命。1999 年，香港开始出版有关生命教育的系列书籍，学校也开始逐步将生命教育纳入教育体系。2002 年，香港成立生命教育中心，这时生命教育的主要阵地是社区和中小学。同时，各类高等院校也开始逐步开展大学生生命教育。如香港大学制定《美善生命计划》来促进生命教育的开展，其他高校也都依托心理咨询机构等展开系列较为完备的生命教育。2004 年，中共中央国务院出台《关于进一步加强和改进未成年人思想道德建设的若干意见》，生命教育成为未成年人思想道德建设的新方向。该时期的生命教育内涵研究与德育密切相关。此外，国内学者对传统文化中的生命教育理论渊源进行了探讨，他们认为，儒家、道家、佛家的文化就有生命教育，儒家的生命教育集中体现为仁义、道德，"天地之性人为贵"的思想更是充分体现出儒家文化中哲人对于生命的重视。道家文化强调自然而然的本性和个体生命，追求精神的自由便是生命的最高价值。佛家文化强调生死有道、因果报应，应通过修行消除心中的邪恶，培养高尚的利他行为，迈向生命的永恒。关于生命教育理论渊源的探讨，为我国的生命教育研究打下了坚实的理论基础，同时也促进了生命教育在我国的发展。

2006—2016 年是我国生命教育研究的发展阶段，也是生命教育探索的本土化阶段。2008 年汶川地震之后，生命教育成为研究热点，各部门出台相关生命教育的文件，生命高于一切、生命存在是一切活动的基础等观念成为生命教育的主题，该时期的生命教育与安全教育紧密联系，多数学者将生命教育的内涵具体化。另外，生命教育的研究对象逐步拓展，从初步阶段着眼于大学生、青少年拓展到幼儿以及一些特殊群体，如听障学生、流浪儿童、老年人、农民工群体。《国家中长期教育改革和发展规划纲要（2010—2020 年）》中明确提出重视生命教育，学者们大多从生命教育的实践展开研究，展示了生命教育实践途径逐渐多样化的特点。而且，生命教育的多样化实践路径主要表现为实施独立的生命教育课程和将生命教育融于学科课程两种路向。2012 年中南大学成立生命教育体验基地，2013 年河南大学成立生命教育研究中心。

2016 年至今是我国生命教育研究的深化阶段。经过生命教育研究前两个阶段的理论探讨和实践总结，可以看出，探讨的重点在于生命教育质量保证方面和公共危机下的生命教育发展方面。该时期，学者主要从教师队伍方面进行生命教育的思考。有学者指出，要建设一支懂生命教育、会引导学生学习生命教育的师资队伍，坚持让专业的人做专业的事情。2019 年爆发的公共卫生事件，使学者们从多个角度开始思考生命教育，生命教育的研究受到了社会大事件的影响，公共危机下的生命教育和后疫情时代的生命教育成为该时期的热点话题。在此背景下，王耿针对语文课程进行了探讨，认为教师应该从现有教材出发，充分挖掘现有语文教材生命教育的潜力，同时要构建有针对性的教学案例，坚持工具性与人文性的统一。

二、大学生生命教育取得的成效

根据文献查阅和研究调查，可以发现当前各研究学者从不同切入点开展相关研究，不再像过往一样集中在少数主题上，大学生生命教育的研究主题日益丰富，呈现多样化趋势和"大分散，小集中"的特点，在各个层面已经取得了一定成效。

（一）研究主题日益丰富

例如，河南大学的学者主要研究点为生命教育的比较研究以及拓展生命教育的实践路径，南京师范大学的研究团队从生命教育的理论切入研究生命教育的课程和实践两方面，北京师范大学主要围绕拓展民族区域的生命教育和如何将生命教育融于学科课程两个方面开展研究。也有大批学者充分结合时代发展特点，以互联网时代下的大学生生命教育开展为研究主题，拓展大学生生命教育的路径。另外，大学生生命教育课程教学实践的展开也日益丰富，如开设公共选修课、撰写教材、开展教学研究等。江西师范大学早在 2005 年就开设了公共选修课"生命教育与生死哲学"，从哲学角度向学生传授生命教育知识。浙江传媒学院设立生命学与生命教育研究所，并在全校开设了可供学生自由选择的生命教育公选课，分别是"生命学与生命教育学""身、心、灵全人生命辅导"，旨在让大学生能认识自我生命、树立积极健康的生命价值观。

（二）课程实践开展深化

前期大学生生命教育课程实践开展的高校数量并不多，步入新时代以来，越来越多的高校加入生命教育课程研究阵营，广州大学、北京师范大学、洛阳师范学院、云南大学等多所高校相继开设生命教育课程。这一时期出现了围绕生命、生存、生活的"三生教育"，以及围绕自然生命、精神生命、社会生命的"新生命教育"等较为系统的课程体系。相关的生命教育教材出版也明显增多，如由人民出版社出版的肖川、曹专的《大学生生命教育》，高等教育出版社出版的吴根福的《生命的教育》等。近年来，"大学生生命教育直播课"的开展又为生命教育的课程教学实践增添了新的力量，该直播课充分利用互联网优势，结合疫情，在课程设置上内容全面、科学，囊括了"珍爱生命从珍惜当下开始""疫情心理应激的管理与自助""非常时期的生死课"等专题。整体来看，进入新时代以来，较多学者努力探索大学生生命教育，研究主题不断扩大覆盖面，生命教育课程教学实践的探索增多，为建立系统的大学生生命教育提供了较多经验。

（三）多重视角下的大学生生命教育

随着对大学生生命教育问题的持续关注，学者们开始从不同视角多重审视生命教育。多视角、多学科视野下的研究使大学生生命教育呈现新的内容。

1. 思想政治教育与大学生生命教育研究

多重视野下，生命教育与思想政治教育的关系问题成为研究者们探究的重点问题，并将生命教育作为加强和改进大学生思想政治教育工作的新形式和新亮点。佟瑛指出，生命教育主要依托思想政治教育这一途径发挥作用，应充分利用思想政治理论课的基础作用，通过构建生命教育课堂、搭建校园文化平台、开展志愿者行动以及加强家校与社会联系等途径来推动大学生生命教育的发展。魏自涛认为，思想政治理论教育是实施生命教育的重要载体，且二者的本质都是以人为本，要努力推动生命教育与思想政治理论教育相融合、相渗透，不断更新教育理念，转变教学方式，提高教育教学质量和效果。闵敏、肖化移则认为，"思想政治教育是建立在生命实践基础上的一种社会活动"[1]，通过阐释生命教育的独特优势，提出了加强人文素质教育、注重情感效应、搭建生命平台三种生命教育实践路径。

2. 心理健康教育与大学生生命教育研究

随着心理健康问题导致的生命事件日益增多，学者们也逐渐将研究视线转向大学生生命教育和心理健康教育的关系问题上。其中，董炯华指出，生命教育与心理健康教育是相互依存、相互促进的，应从现阶段大学生心理健康教育存在的问题出发，在生命发展性、个体性、整体性的基础上，积极探索构建大学生生命教育与心理健康教育耦合的长效机制。李巧巧指出，当前我国大学生生命教育与心理健康教育存在着整合不足的问题，应通过培养专业队伍、构建课程体系、创新工作机制等方式来提高二者的合力作用。

---

① 康秀云. 新中国成立以来思想政治教育的基本经验［J］. 思想政治教育研究，2012（2）：13-16.

3. 中国传统文化与大学生生命教育研究

中国传统文化蕴含着博大精深的生命智慧和教育宝藏，研究者们从中国传统文化中挖掘精华，汲取有益养分，为大学生生命教育注入新的精神与内涵。马建新、崔家新从探讨儒家自然生命观的内涵出发，提出要将儒家自然生命观中"生生之德、存顺没宁、乐观重戒"的思想融入大学生心理健康教育和思想政治理论教育中，通过开展学术讲座、开设国学课程等方式，加强传统生命哲学教育。李翔飞、王坚等认为，中国传统文化中的生命本位、价值理性、生命意义、生活教育等思想对于当代大学生生命教育具有极其深刻的借鉴意义，要积极推动中国传统文化与大学生生命教育在教育内容与氛围、教学活动与主体等方面的深度融合，这不仅有利于解决当今生命教育中所面临的难题，还将给传统文化赋予崭新的时代内涵和新鲜的生命力。黄科、叶启绩认为，儒家思想中蕴含的丰富的生命智慧与当今高校生命教育"立德树人"的目标相契合，高校应将"仁善敬生、和谐共生、荣生乐生、重生安死"等思想积极融入大学生生命教育实践当中。

第二章　新时代大学生生命教育的理论基础

　　马克思主义生命哲学、中国古代生命哲学、中国近代生命教育思想、习近平关于生命教育的相关重要论述、德心共育的教育理念、西方生命教育思想为大学生生命教育奠定了一定的思想理论基础。马克思主义的生命观是以辩证唯物主义的科学世界观为基础和指导的，是面向人的全面发展的生命观，它认为生命是一个实现人的自由和全面发展的过程，在奉献社会中体现人的价值。纵观中国古代历史上的生命哲学观点：无论是儒家的"仁义礼智信"，还是道家的"遵从自然乐观天命"；无论是法家的"人人有生死"，还是墨家的"明鬼节葬"；无论是佛家的"转世轮回"，还是道家的"肉身不死"，这些观点都对人们的生命态度产生了重要影响。在中国近代，陶行知、蔡元培和陈鹤琴等教育家关注个体生命的思想，教育思想呈现出从传统教育的遵从师命到关注学生主体意识的现代教育思想的嬗变，这对生命教育提供了启示。习近平总书记关于"扣子论""生命至上""坚持以人民为中心发展教育""中国梦"等相关重要论述，体现了习近平总书记对于大学生生命成长的重视。德心共育的教育理念注重以人为本，强调"以德养心，以心育德，德心共育，德心交融"，主张通过德心相融，形成一种至普、至真、至美的教育。西方生命教育思想从古希腊时期开始，开始关注个体的人，"以人为中心"，鼓励生命个体在教育过程中健康和谐发展，鼓励学生创造潜能充分发挥。马克思主义生命哲学、中国古代生命哲学、中国近代生命教育思想、习近平关于生命教育的相关重要论述、德心共育的教育理念、西方生命教育思想虽各有特点，但对现代教育思想的发展以及大学生生命教育均起到了重要的指导作用和积极的促进作用。

第一节　马克思主义生命哲学

　　马克思主义生命哲学内容极其丰富，囊括万千，蕴藏着深厚的价值意蕴，在时代发展进程中熠熠生辉。其中，马克思主义关于生命的哲学论断以及马克思主义的生命观为新时代大学生生命教育给予了重要的理论指导。

一、马克思主义关于生命的哲学论断

生命是一种自然存在，马克思、恩格斯认为："一切人类生存的第一个前提也就是一切历史的第一个前提，这个前提就是人们为了能够'创造历史'，必须能够生活。但是为了生活，首先就需要衣、食、住以及其他东西"①，就必须维持人类作为生命存在的生理需要和生物需要。

生命是一种社会存在，只有在社会合作和劳动实践中，才能实现自我的发展。没有劳动，没有实践，脱离社会，人就没法生存。"只有在社会中，人的自然的存在对他说来才是他的人的存在。"② 每个生命个体在社会中相互依存，相互作用，"因此他的生命表现，即使不采取共同的，同其他人一起完成的生命表现这种直接形式，也是社会生活的表现和确证"③。"孤立的一个人在社会之外进行生产……是不可思议的。"④ 马克思主义的生命观揭示出人类生命形态的本质特征：自然性与社会性的结合和交融，对象性与主体性的结合与交融，自发性与自觉性的结合与交融，表现性与体验性的结合与交融，构成性与生成性的结合和交融。

生命是一种有意识的存在，有思维、有理性、有激情、有目的。"人是有意识的类存在物"⑤ "人离开动物越远，他们对自然界的作用就带有经过思考的、有计划的、向着一定的和事先知道的目标前进的特征。"⑥ 因此，生命是一种主体性存在，具有能动性和自主性。

生命是一种价值存在，在奉献社会中体现人的价值。人的价值问题，马克思、恩格斯有较多的论述。人作为价值客体，人的价值就是通过人的劳动，人对社会的贡献体现出来，即人生价值。人的价值作为价值主体，强调的是对人的劳动权利和创造精神的尊重和满足，对人的地位尊严的维护，即人格价值。人作为劳动主体，只有创造价值，做出贡献，才能具有价值，人的劳动贡献越

---

① 马克思，恩格斯.德意志意识形态［M］.北京：人民出版社，2018：12.
② 蒋红.马克思市民社会理论研究［M］.北京：人民出版社，2007：9.
③ 蒋红.马克思市民社会理论研究［M］.北京：人民出版社，2007：9.
④ 蒋红.马克思市民社会理论研究［M］.北京：人民出版社，2007：9.
⑤ 蒋红.马克思市民社会理论研究［M］.北京：人民出版社，2007：9.
⑥ 中共中央马克思恩格斯列宁斯大林著作编译局.马克思恩格斯文集［M］.北京：人民出版社，2009：12.

大，人生越有价值，人也会受到更多的尊重。"历史承认那些为共同目标劳动因而自己变得高尚的人是伟大人物，赞美那些为大多数人带来幸福的人是最幸福的人。"①

生命是一个实现人的自由和全面发展的过程。马克思、恩格斯认为，人的历史是人类自己创造的历史，是人类通过劳动和社会实践推动社会发展的历史。发展的内容是在生产力发展基础上人和社会的发展和进步。社会发展的最终目的是人类彻底解放，人实现自由而全面的发展。

马克思主义的生命观是建立在其世界观、人生观和价值观的基础上的，它既是真正批判的生命观，又是真正科学的生命观。说它是真正批判的生命观，是因为它对资本主义生产方式下的人的异化状况进行了揭示，在异化劳动中，交往关系成了对人的生命的残害，马克思对资本主义生产方式下人的异化状况的揭示是对人的存在状况的最本质的反映和最深刻的揭示。说它是真正科学的生命观，是因为它从人的自然即人的感性需要出发，指出将人的需要对象化的实践活动必然导致人失去对象，生活在物的普遍支配之中。但实践活动的发展必然会打破一切阻碍人向自由全面发展的枷锁，为有个性的个人的实现创造条件。

科学的生命观的诞生，为人们的思想打开了一扇窗，使人们在对各种片面生命观的认识中，找到了迷失已久的方向，它让人们的思维更理性、更辩证、更全面。这种科学的生命观为开展生命观教育奠定了坚实的基础，也成为生命观教育重要的解读内容。

二、马克思主义生命观

马克思主义生命观内涵丰富，其中关于生命本体、生命价值等方面的观点，为新时代大学生生命教育提供了坚实的理论支撑。

（一）关于生命本体的论述

生命本体是对生命本身的探析与审视，马克思对于生命本体的论述，主要包含了人的双重属性和人的发展三阶段两个方面的内容。

在人的双重属性方面，马克思认为人天然是自然界的一部分，人类从自然界中产生，在生理上人和其他生命一样具有自然性。并且人类的生存和发展必须依靠自然界提供的资源，人类是源于自然且不能脱离自然的，这就是人的自

---

① 中共中央马克思恩格斯列宁斯大林著作编译局. 马克思恩格斯文集［M］. 北京：人民出版社，2009：12.

然属性。但人不是完全受自然拘束的生命体，人能够利用实践和劳动能动地改造自然界，由此产生一系列复杂的关系，这就是人的社会属性。马克思强调人的本质在现实性上是一切社会关系的总和，而非单个人所固有的抽象物。人们从事生产劳动、进行社会交往时，就会产生相应的社会关系，这些社会关系构成现实的人的本质。也就是说人只有处于一定的社会关系之中才能称为现实的人，这也正体现了人的社会属性。同时，人的自然属性和社会属性是相统一的，人在改造世界时将自然与社会连接，也正是人的双重属性的体现。生命具有双重属性，理解自然属性，从而敬畏自然、尊重其他生命。同时理解社会属性，提升自我的社会适应能力，这都是新时代大学生应有的基本素养。

在人的发展三阶段方面，马克思的三种社会形态说从社会关系及人的发展程度出发，将社会划分为资本主义以前的各个社会形态、资本主义社会形态、共产主义社会形态三个阶段。马克思的社会形态包含了生产力、生产关系等的演变，还包含了人在其中发展的变化。因此，马克思将人的发展也对应划分为三个阶段，分别是以人的依赖关系为主的阶段、以物的依赖关系为基础的人的独立性阶段、人的自由和全面发展的阶段，即共产主义阶段。三种社会形态说体现了生命本身的发展要遵循社会的发展规律，并逐步向前，历史总是前进的，人也应该是不断发展的。社会的发展和人的发展是相统一的，这启示新时代大学生生命教育在促进大学生的全面发展时，要顺从时代发展特点，结合个体身心发展规律，有顺序、依层次、按阶段开展大学生生命教育。

（二）关于生命价值的论述

马克思主义关于生命价值的论述主要体现在马克思主义关于人的自由全面发展和马克思对于人的类特性的阐述，它们共同构成了马克思主义对于生命价值的观点，为新时代大学生生命教育关于生命价值方面的教育提供了理论借鉴。

在人的自由全面发展方面，马克思在《共产党宣言》中指出：在共产主义社会，人是自由而全面发展的，即人的智慧、才能等各方面得以发展，人的本质得以实现，这也是人的发展三阶段论的最终阶段。马克思认为在这个阶段，"个人全面发展和共同的生产能力成为他们的社会财富这一基础上的自由个性"①，个人的发展依赖于整体生产力的实现。这体现了生命个体无法单打独斗，人的全面发展是存在于共产主义社会之中的，有全面发展的大环境才能有全面发展的人，二者是不能分离的。马克思主义关于人的自由全面发展的论述，

---

① 胡晓红，杜雪娇. 社会责任感的时代特质与精神要义［J］. 东北师大学报（哲学社会科学版），2018（3）：96-100.

启示生命个体应将自我生命与社会发展相连接。不仅如此，正因为人的本质在现实意义上是一切社会关系的总和，马克思主义的生命观也强调大学生的生命价值与他的社会价值息息相关。具体而言，对于新时代的大学生，生命教育应该引导他们坚定中国特色社会主义的共同理想，在投身国家建设过程中实现自我的生命价值。

在人的类特性方面，马克思在他的《1844年经济学哲学手稿》中这样描述：人的类特性就是自由的有意识的生命活动。人可以自由掌控自己的身体、意识进行有目的、有计划的生命活动，也正是这一特性将人与动物区分开。所谓有目的、有计划的生命活动也就是人类的劳动，劳动是人特有的活动。人通过对象化劳动改造自然，通过劳动去确证自己的生命本质，根源于人的物质需求和价值需要。对于生命个体而言，要获得自由全面的发展，自发劳动是其路径也是其最终目的，因此，要鼓励个体投身劳动。对于新时代的大学生，人们要鼓励他们书写奋斗的青春画卷，确立积极进取的生命价值观，引导他们从实践中获得生命乐趣、生命意义。

第二节 中国古代生命哲学

中国儒家思想深刻地影响了中国人几千年，目前影响依然存在。儒家非常重视生命过程中道德价值的实现，推崇个体对社会的道德责任，其道德箴言中充满着"舍生取义""饿死事小，失节事大"之类的劝诫。其生命观的主要含义如下。第一，生命珍贵，人应珍惜生命。人为万物之灵，荀子说："水火有气而无生，草木有生而无知，禽兽有生而无义，人有气、有生、有知，亦且有义，故最为天下贵也。"① 当孔子得知马厩着火后，孔子先问人受伤没有。孔子也曾唾弃封建社会的殉葬制度，这些都显示了孔子珍视生命的态度。王夫之在《周易外传》中写道："圣人者人之徒，人者生之徒。既已有是人矣，则不得不珍其生。"儒家对死亡采取避而不谈的态度。孔子认为："大哉死乎""死亡命矣夫"。他在《论语》中有38处谈到死亡，但都是日常陈述，极少做学术讨论，其弟子子路问及死的问题，孔子却说"未知生，焉知死？"第二，儒家宣扬"立德、立功、立言"，主张"修身、齐家、治国、平天下"的积极入世态度，《大学》中写道："古之欲明明德于天下者，先治其国。欲治其国者，先齐其家。欲

---

① 荀子.荀子 [M]. 江苏：纺织工业出版社，2007：4.

齐其家者，先修其身。欲修其身者，先正其心。欲正其心者，先诚其意。欲诚其意者，先致其知。致知在格物。物格而后知至，知至而后意诚，意诚而后心正，心正而后身修，身修而后家齐，家齐而后国治，国治而后天下平。自天子以至于庶人，壹是皆以修身为本。"仁义礼智信"成为儒家生命观的内涵和价值追求。《论语》中共有 106 次提到"仁"，"仁"可以理解为向内是克己，向外是爱人，这是儒家道德箴言的核心。孔子说："志士仁人无求生以害仁，有杀身以成仁。"儒家学说中，"礼"和"仁"不可分割，"仁"是内在的精神追求，"礼"是外在的表现形式。"义"是孟子伦理思想中的重要内容，"义"，发端于"羞恶之心"，"义，人之正路也"。孟子的仁政思想发扬了儒家对生命关爱的思想，"仁者爱人"显现了爱护人的生命的观念，而且是一切人的生命。"智"强调人要学习知识，增长智慧，明辨是非。"信"指诚信，讲信用，《论语·为政》中讲到了"信"，"人而无信，不知其可也。大车无輗，小车无軏，其何以行之哉？"以此来形容"信"的重要性，没有"信"，就像车无法行走一样，社会将失去秩序。儒家为现实中的人们实现人生理想和人生价值指明了方向，描绘了人生应遵循的轨迹。第三，儒家肯定自然之力，人们在这种天命面前无能为力，只能听任。"死生有命，富贵在天"，"不知命，无以为君子"。儒家认为人从生到死的过程是一种必然的道理，是人间的法则，"乐知天命，故不忧"。

中国的道家思想也对人们产生了重要影响。老子和庄子是道家的代表人物。道家生命观的主要观点包括：第一，人的生命如同天道，其过程是一种自然。老子认为，生命来源于"道"，道是万物之源，是最原始的起点，也是万物最终极的归宿，所以《老子》中这样描述："人法地，地法天，天法道，道法自然"，人生命的形成也如同"道"造化万物一样。道家类比宇宙学而建立生命学，认为天人合一，人身与天地，同一本原，人体小天地与宇宙大天地在各方面有对应、和谐关系。人生命的形成，如同"道"或"炁"造化天地万物，人之生，也是由道生神，神生炁，炁生精，精生形；或无极而太极，到阴阳至五行。就构造而言，人身亦同天地，具阴阳、五行、四气、八卦，而且其形相亦像天地，如《太上洞神天公消魔护国经》中所说："夫人者，皆禀妙道天地之气而生，故头圆象天，足方象地，肉象土，骨象石，气象风，血象水，眼象日月，发象草木，听象原洞，言象雷叫，寤象昼，寐象夜，行象云，坐象山，喜象晴，怒象雨，五藏象五行，四肢象四气，九窍象洞穴。"人身中气液的运行路径，也与天地日月一致，一日十二时当一年十二月，身中三百六十脉当一年三百六十日，心肾相距八寸四分为天地定位之比，气液在身中运转一昼夜，与天地之气运转一年同度。① 道家主张养生，追求长生。老子所创立的道家思想，立足于天道，从天道中推崇人的自然属性，道家认为人的生命比人的功名利禄更可贵，更有价值和意义。庄子认为生命应该追寻一种和谐，生命是道的体现，生命是道的载体，人应该体道而行，应该顺其自然，与自然和谐。第二，珍惜生命，注重养生，达到身心和谐。庄子面对生命历程中的苦难，既不畏惧，也不愤怒，以乐观豁达的态度关注人的生命，让人的生命顺应道的规律自然运行。庄子认为生命是道的外在表现形式，生命是道的载体，生命是珍贵的。要体现道的规律，就必须珍惜生命，注重养生。养生的关键在于与自然相和谐，庄子认为，由于每个人的先天条件不同，对于道的理解和生命的理解不同，导致了养生有三个层次。第一个层次是"养形"，这是最低层次，即肉体的养生，第二个层次是"养神"，第三个层次是"形神兼备"，这是养生的最高层次，即精神与肉体融合，让精神守护着形体，保持精神的宁静，形体也会健康。庄子主张"人相造乎道"（《庄子·大宗师》），即人的生存在于道，在于符合自然规律。人的生命过程是认识自然规律、与自然规律和谐统一的过程，庄子认为阴阳和谐则无疾，内外和谐则无惑。因此，要顺应自然、达观乐处，以求达到身心和谐，人才能获得精神上的超越和自由。生命和谐的基本方法是保持"心斋""坐忘"的心理状态，即要豁达大度，持宽容精神，保持淡泊和宁静的心境，不为物累，不为己悲，得不喜，失不忧。当人们真正悟"道"时，人的生命和心灵也获得了自由。庄子认为人的美丑、生死、存灭都不重要，重要的是人的精神能否与道统一。生命是有限的，道却是无限的。只要心中存道，精神充实，就可以化丑为美。因此，庄子所追求的生命态度是超越世俗的。第三，人要乐观面对生死。老子强调无"知"无"欲"，最根本是要求无"知"，在老子看来，天下万物，万物并作，但最后仍会回归它的根源。此其所谓："夫物芸芸，各复归其根。归根曰静，静曰复命。"这就产生了中国"落叶归根"的传统。道家认为，人的生死有如自然界的春夏秋冬一样自然；庄子说："生也死之徒，死也生之始"，"人之生气之聚也，聚则为生，散则为死。若死生为徒，吾又何患！故万物一也"，"死生、存亡、穷达、贫贵、贤与不肖、毁誉、饥渴、寒暑，是事之变，命之行也"。他认为"命"是支配一切的超自然力量，因此，包括死生、存亡等自然和社会现象在内的万事万物都是人力无法改变的。出世就是生，入地就是死，这一切不过是自然而然的变化，不仅是人有生死，万事万物都有生死，

---

① 古代劳动人民报一昼夜划分为十二个时段，每一个时段叫一个时辰，十二个时辰为一天。

"万物将自化"，人也应该顺应这普遍的自然而然的变化。庄子特别重视命，认为命无运命和天命的区别，它是和"德""性"同一范围的东西，把"德"在具体化中所显露出来的各种人生中的不同现象称之为"命"。他认为"死生，命也；其有夜旦之常，天也"。因此，道家认为人不应惧怕死亡。老子是中国第一个用对立统一观点分析生死的哲学家，他认为任何事物都有生长、衰老、死亡的过程，不必对生死过分看重，所以他认为"不失其所者久，死而不亡者寿"。庄子认为用不着对死亡有什么悲戚之感，既然生与死都是一回事，又何必自寻烦恼、不能自拔呢？庄子认为"哀死"是多余的感情浪费，他对"死"持有现实主义超然态度，故在其妻死时鼓盆而歌，《庄子·至乐》记载，"庄子妻死，惠子吊之，庄子则方箕踞鼓盆而歌。惠子曰：'与人居，长子、老、身死，不哭亦足矣，又鼓盆而歌，不亦甚乎！'庄子曰：'不然。是其始死也，我独何能无概！然察其始而本无生；非徒无生也，而本无形；非徒无形也，而本无气。杂乎芒芴之间，变而有气，气变而有形，形变而有生。今又变而之死。是相与为春秋冬夏四时行也。人且偃然寝于巨室，而我嗷嗷然随而哭之，自以为不通乎命，故止也。'"其弟子准备在他去世后将他厚葬，庄子却说："吾以天地为棺椁，以日月为连璧，星辰为珠玑，万物为赍送。吾葬具岂不备邪？何以此！"他认为死"虽南面王乐，不能过也"，即比国王还快乐。可见庄子对待死非常乐观，他追求能超越生死的"真人"，《庄子·大宗师》记载："古之真人，不知说生，不知恶死。其出不欣，其入不距。翛然而往，翛然而来而已矣。不忘其所始，不求其所终。受而喜之，忘而复之……"这说明了庄子能用一种审美的观念来看待生死，追求生死境界的完美统一。法家韩非子认为人人有生，人人有死，死亡不可避免，认为"人始于生，而卒于死"，"生尽之谓死"。他认为由于人的体质不同，气质不同，身处的经济文化环境不同，死亡的到来也不同。人要活到真正应死的时候，就必须使身体动静相宜，他说："凡民之生生，而生者固动，动尽则损也，而动不止，是损而不止也。损而不止，则生尽。"

墨家的创始人墨子在他的《节葬》《明鬼》两篇中谈了他的生死观。核心内容有三：一是人死后成为鬼，二是节葬，三是有义则生。他认为鬼神不仅存在，而且能"赏贤而罚暴"。他说："自古以及今，生民以来者，亦有尝见鬼神之物，闻鬼神之声，则鬼神何谓无乎？若莫闻莫见，则鬼神可谓有乎？"① 墨子反对厚葬，他说："若人厚葬久丧，实不可以富贫众寡定危治乱乎，则非仁也，非义也，非孝子之事也，为人谋者，不可不沮也。"《淮南子》中写道："厚葬

---

① 苏凤捷，程梅花注说.《墨子》简注通说［M］. 郑州：河南大学出版社，2008：3.

久丧以送死，孔子之所立也，而墨子非子。"他辨明"厚葬久丧"不仅不能取得
"富贫众寡、定危治乱"的效果，反而会使国家更加贫困，人民更加寡少，国家
更加危难，社会更加动乱，所以必须废止。墨子在《节葬》中列举了尧舜禹节
葬节丧的传说，主张应该作为"圣王之道"加以效法。墨子还认为"万事莫贵
于义"，他认为应把国家民众的生命置于个人的生命价值之上，鼓励人们为前者
的实现而勇于献身。他认为，国家民众之生命是"义"，墨子云："天下有义则
生，无义则死，有义则富，无义则贫，有义则治，无义则乱。然则天欲其生而
恶其死，欲其富而恶其贫，欲其治而恶其乱，此我所以知天欲义而恶不义也。"

　　宗教的生命观也对人们产生了重要影响。佛教认为人生的过程是痛苦的过
程，人生之苦包括"苦苦、坏苦、行苦"。人生的本质呈现了从苦到苦的状态，
因此名为"苦苦"。世俗之人认为人生有苦有乐，但是佛教一针见血地指出人生
皆苦，因为众生在顺利之时不会感受苦的存在，只有当散坏之时，才顿生苦恼，
这个苦就是"坏苦"。众生的生命是脆弱的，始终要面对生离死别、生老病死的
情形，这便是"行苦"。佛教认为人生的苦难具体有八种，即"生苦、老苦、病
苦、死苦、所求不得苦、怨憎会苦、爱别离苦、五阴炽盛苦"，可以细分为内外
两个方面，生、老、病、死等与身体有关的是内苦，人们面对的世间现象是外
苦。例如，与亲爱的人相聚之后，总有别离之时，别离所产生的苦就是"爱别
离苦"；与怨怼的人同住一个屋檐下，或因公务、眷属关系而不得不去面对，此
现象是"怨憎会苦"；对于有所需求却无法获得或满足而产生的是"所求不得
苦"；众生面对社会所产生的种种感受与思想，总是快速出现后又消失，使得身
心不得安宁，这种现象名为"五阴炽盛苦"。佛教认为，人是由五蕴所构成的，
五蕴构成人的"色、受、想、行、识"。人的种种贪欲的痛苦，即是一切身心之
苦。佛教有"十二因缘"说，即"无明、行、识、名色、六处、触、受、爱、
取、有、生、老死"十二部分，整个生命就像一根链条，这十二个部分就是十
二个环节，无论离开了哪一个环节，生命都不能构成，所以人无非就是此十二
个环节的结果而已，佛教修行的最终目标是摆脱所谓"十二因缘"的束缚。佛
教生命观认为，宇宙万物都是假的、空的、不真实的，它如同水中月、镜中花、
梦中景一样，因缘是事物产生变化消亡的条件，认为诸法无常，永无常驻，万
事万物都是历史的一瞬间，人也是如此，生死相继，永无止息。由此可知，生
死虽不能避免，但是可以转化，最终跳出轮回。死亡对于佛家来说，是一种人
生苦难的解脱。佛教认定"死"是人在"天、人、阿修罗、地狱、畜生、饿
鬼"间轮回的中介，世俗之人都有无数的生与死，这种无穷无尽的生死轮回使
人陷入了人生的苦难。人只有通过死才能达到涅槃境，只有通过这个环节，

人才可以摆脱痛苦。佛教指出人们每一生死轮回的状态都不一样，修善才可得福，要想来世生活得好而不受罪就必须行善积德。佛教的普度众生就是使一切众生从生死流转的苦海中解脱出来，它抓住了所有人必然面临的生老病死问题，从而使不同民族、不同肤色的人产生共鸣，得以在全世界传播。把握生死，就是让生命保持在正确的人生观里，升华到更高的层次，意识到生死的存在，坦然对待，主动把握，将生与死进行转换，从而获得涅槃的自由之路。

在死亡教育上，儒家文化认为，天有好生之德，育其生命，养其身体，但死亡是个体自然发展的必然归宿，是不可避免的，人们不必执着永生。同时，死亡既然不可避免，也就无须逃避，儒家文化试图以此消除人们对死亡的恐惧，因此，儒家文化对死亡描述较少。儒家更多是关注人的死亡对活在人世的其他人的影响，鼓励世人在生时好学不倦，践行不息，重视生命意义，而不必在意生命的限度，以生之意义去超越死亡。同时，儒家认为死亡也是生命的停息，活在人世时积极鼓励人们进取不止、奋斗不息，而死亡也是对人们一生忙碌的终结，不值得恐惧。在道家看来，道教确认肉身不死的信念。道教信仰中充满反对死亡，应求永生的信念。早期道教经典《西升经》中写道："我命在我不在天，还丹成金亿万年。"博勤家在我国第一部道教史中写道："道教独欲长生不死，变化飞升，其不信天命，不信业果，力抗自然，勇猛如何耶！"道教企图通过内丹术或外丹术达到肉体成仙、白日飞升的目的。由此看来，道家把生死理解为事物的自然变化，理解为春夏秋冬的自然更替，但不同的是，道家超脱生死，站在自然变化的角度看待生死。生是道的开始，死不过是对道的回应，生死循环没有尽头，只有道不生不灭，与道合一就能超越生死。道家这种宏观的、客观的自然哲学生死观，对死亡持以宁静、坦然的态度，死无所惧，摒弃对生死的执念。早期佛家对生命的解释具有极强的悲观色彩，认为生命的存在就是苦，佛家的苦包含了生理上和精神上的双重痛苦。佛家认为世界是变化无常的，生命没有快乐，是苦难的集合，那么死亡也不足以畏惧。死亡只是苦难的一种形式，人们时刻被死亡的到来所威胁也只是由于人生来就要受苦。佛家认为死是生的终结，但同时死又是生的延续，无生无死，方能了生脱死。同时，佛家认为人生前的所作所为，会形成因果，导致人死时进入不同的轮回之道。生是对死的造业，只有在生时积善行德、摒弃贪嗔痴妄，才能得到好的因果。从而警醒世人，生时要严于律己，死后才能免去地狱之苦，收获好因果。

儒、道、佛三大家在死亡教育思想上也展现了不同的观点，儒家重生轻死的理性态度能激发人的生命活力，鼓励人们创造生命价值，但同时忽视了对死亡的关怀，具有较强的工具性。道家从自然主义出发，淡化了死亡的恐惧与痛苦，认为死和生皆为自然的过程。道才是生命轮回不息的唯一追求，只有将生命与道融合才能逃脱内心世界的束缚，真正获得自在人生。佛家则认为死亡是对苦难的解脱，同时也是来生的延续，不执着于生死才能摆脱死亡的恐惧，同时警醒世人心怀慈悲才能通往极乐世界。

总体而言，纵观中国古代历史上的生命哲学观点，人们可以看到，无论哪种观点、哪个流派都蕴含着积极的生命思想，这些观点都对人们的生命态度产生了重要影响，而且这种思想对人们的影响是深远的。在那个科技不发达、经济水平不高的年代，有这样蕴含积极生命思想的观念对稳定社会，安顿人心，引导民众向真向善向美起到了非常大的作用，成为那个时代的精神信仰。这些思想能够延续几千年，也说明其中蕴含的思想是非常宝贵的。这些生命思想中蕴含的朴素的唯物观念、辩证思想为后来人们思想的形成奠定了基础，也为今天的生命观教育提供了一定的理论启示。但同时，人们也能看到这些观点思想带着时代的烙印，不可避免地存在着局限性、片面性。

第三节　中国近代生命教育思想

中国历史进入近现代，一些受到良好教育的思想家、教育家开始关注教育中的个体生命，并提出了一些现代的生命教育理念。我国关注生命教育思想的代表人物有陶行知、蔡元培、陈鹤琴。

陶行知先生认为人是万物之灵，教育的本质应是生命感化生命，品行影响品行，人格熏陶人格，情感点燃情感，教育者要尊重生命、尊重学生，建立平等、和谐、民主的师生关系，要尊重、相信、理解、激励、赏识学生，要注重开发学生的潜能。要解放学生的眼睛，让他们看清事实；解放学生的头脑，让他们自由思考；解放学生的双手，让他们动手探索；解放学生的嘴巴，让他们敢问敢说；解放学生的空间，让教育融入生活；解放学生的时间，让学生去观察自然和社会，体验人生的乐趣；解放学生的创造力，发展学生的个性和生命力。他提出生活是生命的最重要的表现形式，是人的一种生存状态，是生命存在的一种体验。"没有生活做中心的教育是死教育，没有生活做中心的学校是死学校，没有生活做中心的书本是死书本。在死教育、死学校、死书本里鬼混的人是死人。"生命离开了生活将不复存在，而教育离不开生活，离开了生活就无法培育有生命的人。陶行知深信"健康是生活的出发点，也是教育的出发点"，"学习应当有一个活泼稳固的基础，这基础就是健康"，主张"培植儿童的时候，若约束太过，则儿童形容枯槁，如果让他跑，让他跳，让他玩耍，他就能长得活泼有精神"，他在学校重视卫生教育，主张要教育学生预防疾病、减少疾病，提倡养成良好习惯。

蔡元培先生尊重个体的个性的教育。他认为要尊重人的个性，发挥人的自觉性，并强调"有发展个性的自由"，教师要知道学生的个性，要培养完整的人格，要培养学生"自治的能力"和"自动的精神"。教师"不宜硬以自己的意思，压到学生的身上"，要培养完全人格，必须重视体育、智育、美育，"知道了享受人生的乐趣"，懂得"人生的可爱"，就会使人与人的感情更加浓厚，永远处于乐观主义的精神状态之中。在《教育独立论》中，他说："教育是帮助被教育的人，给他们发展自己的能力，完成他的人格，于人类文化上能尽一份的责任；不是把被教育的人，造成一个特别的器具，给抱有他种目的的人去应用。"这一思想，对于今天开展生命教育，注重培养学生健全人格、培养学生的责任意识和使命意识具有重大的现实意义。①

陈鹤琴先生提出了"活教育"的思想，他认为教育工作者所面对的是活生生的人，教育的过程是情感交流的过程，提出了"理解儿童""尊重儿童""热爱儿童""教育儿童"的口号，主张小孩子有小孩子的意志，小孩子有小孩子的人格。成人应当尊重小孩子的意志，尊重小孩子的人格。"做父母、做教师的，要怎样来实践他们教导儿童的责任呢？我觉得可靠的条件之一，便是要了解儿童的喜怒哀乐、儿童的成长与成熟、儿童的学习与思想、儿童的环境，以及儿童从新生到成长的整个过程中所产生的一切变化与现象，我们都应当有相当的研究与认识。只有在了解儿童之后，我们对儿童的教导，才能确有实效。"②

可以看出，陶行知、蔡元培和陈鹤琴等教育家关注个体生命的思想，以及他们关注生活、关注健康、关注实际的教育思想，对传统教育进行了有力的抨击，他们的教育思想呈现出从传统教育的遵从师命到关注学生主体意识的现代教育思想的嬗变，这些思想给中国教育带来一股新风，为后来一些学者提出"生命化教育""教育的生命特质"等思想奠定了基础，对进行学生生命观教育提供了启示。

---

① 李芳. 我国高等学校学生生命观教育研究［D］. 长春：东北师范大学，2014：37.
② 陈鹤琴. 家庭教育（第二版）［M］. 上海：华东师范大学出版社，2013：5.

第四节　习近平关于生命教育的相关重要论述

"扣子论""生命至上""坚持以人民为中心发展教育""中国梦"等相关重要论述，体现了习近平总书记对于大学生生命成长的重视，笔者从中整理出与生命教育相契合的内容，为新时代大学生生命教育的发展提供了方向指南。

关于"以人民为中心"的教育思想的重要论述。习近平总书记强调，"我们的教育是为人民服务、为中国特色社会主义服务"，并指出"坚持以人民为中心发展教育"。"坚持以人民为中心发展教育"就要求人们立足人民所想、人民所需，"以人民为中心"不是一个空口号，人们要将其落实于具体工作之中。步入新时代，社会的主要矛盾已然发生变化，人的需求也随之发生转换。对于新时代大学生生命教育而言，就要求人们做到深入大学生群体，满足他们的真实需要，解开他们的生命困惑。与过往年代的大学生不同，新时代大学生对生活质量、精神层次的需求更高，因此，人们不仅要给大学生提供一个良好的生活环境，也要注重供给高质量的精神食粮，以提升其精神生命的高度。同时，新时代更提倡、更关注人的全面发展，让个体自由而全面的发展才是真正实现以人民为中心。因此，生命教育也应引导大学生破除单维度发展，破除过往的唯分数论、唯文凭论，去挖掘大学生的生命潜能，让大学生找到自己生命的发展维度，其生命力量才能得以释放。

关于"生命至上"理念的相关重要论述。自 2019 年以来，习近平总书记多次在讲话中提到生命至上、生命价值、生命共同体等生命相关话题。习近平总书记强调，"生命重于泰山""树立安全发展理念，弘扬生命至上、安全第一的思想"，这些重要讲话都体现了习近平总书记对生命的关怀和重视，"生命至上"理念是习近平总书记关于生命话题的重要思想凝结。对于新时代大学生，他们的生命状态更决定着国家的未来，因此，新时代大学生生命教育要对大学生存在的问题把好关、把严关，将"生命至上"理念落实到具体工作中，不喊空口号、做假把式，真正守护他们的生命安全和提升他们的生命质量。同时，习近平总书记也说过，"人与自然是生命共同体，人类必须尊重自然、顺应自然、保护自然，我们要建设的现代化是人与自然和谐共生的现代化"，"生命至上"不单单只包含重视和敬畏人的生命，也要引导新时代的大学生树立敬畏自然、爱护环境的意识。

关于青年价值观树立的重要论述。习近平总书记关于"扣子论"的重要论述论证了在青年时期树立生命价值观的重要性，关于"中国梦"的相关重要论述为新时代大学生生命教育要树立什么样的生命价值观提供了价值引领。在2014年召开的北京大学师生座谈会上，习近平总书记将青年价值观培养比喻成穿衣服扣扣子，指出"人生的扣子从一开始就要扣好"。"扣子论"从青年的普遍身心发展阶段中指出了青年这一阶段是树立价值观的重要节点，从因果联系的角度强调了第一颗扣子扣好、扣对的重要性，从发展的角度论证了要防范青年价值观歪斜的趋势。大学生生命教育强调用生命温暖生命，只有极具人文关怀的教育，才能成为最能打开新时代大学生心理接受点的教育。对于新时代大学生生命教育而言，"扣子论"具有重要的指导意义。它强调人们首先要了解新时代大学生普遍的身心发展特点，重视关键节点的教育。其次，要以发展的观念着手培育新时代大学生的生命价值观，理解人的生命价值观是会发生变化的，注意平常生活日积月累的影响，防微杜渐。同时也应维持生命教育的持续性、常态化，才能保障后面的每一颗扣子扣好。"中国梦"即为实现中华民族伟大复兴，它凝结了全国人民的共同理想，将国家、个人、民族视为共同体。习近平总书记曾在给北京大学考古文博学院2009级本科团支部全体同学的回信中这样说，"中国梦是国家的梦、民族的梦，也是包括广大青年在内的每个中国人的梦"。习近平总书记在信中对新时代的大学生寄予厚望，勉励新时代的大学生，将青春韶华献身"中国梦"的实现。① 就新时代大学生生命教育而言，"中国梦"是生命价值教育最佳的切入点，它既契合时代的需求，又为大学生展现生命担当提供了舞台。高校的根本任务是培养时代新人，新时代大学生生命教育理应将"中国梦"纳入生命教育内容体系。新时代大学生生命教育就是要以梦动人、以情感人，让大学生自觉将个人的生命价值与"中国梦"的实现相统一，将个人的生命理想与"中国梦"的实现相融合，让"中国梦"在万千学子心中生根发芽，在未来成长中开花结果，做"中国梦"的动力源，做"中国梦"的圆梦者。

第五节　德心共育的教育理念

大学生生命教育常态化模式的构建，核心在于德心共育的教育理念，重点

---

① 苗瑞丹，吴文霞．习近平关于青年社会责任重要论述的基本要义［J］．思想教育研究，2021（4）：19-24.

在于协同创新的教育理念，从学理和内在逻辑上看，构建大学生生命教育常态化模式，应在德心共育的教育理念指导下，运用协同教育理念，深刻剖析当代大学生的心理接受特点，综合相关学科知识，形成全面合理的学理基础。大学生生命教育作为一个有机整体，在教育实施过程中，要发挥德心共育的教育理念，建立大学生生命教育协同机制，促使各要素之间有机联系、互为支撑、协同发展，实行合力育人模式，形成教育合力，全方位培养德智体美劳全面发展的社会主义建设者和接班人。

德心共育，即德育与心育相融合。德心共育的内涵是在开放的教育环境中，以发展教育思想为主导，整合各种教育资源，既灵活运用德育的方法，又巧妙借助心理学的原理、方法和手段，解决德育工作中的困惑与难题，将德育与心育科学结合，兼而施之，相互借鉴，互为转化，寻求最优化的交融和渗透。"以德养心，以心育德，德心共育，德心交融"是德心相融的理想境界。德心相融，最终形成德心美，较好地体现了以人为本思想，是一种至普、至真、至美的教育。而"协同"这一概念最早主要运用于系统论领域，意思是"协同作用"，协同理论强调系统各部分之间的协同进化及综合方法的应用。协同是一种关系性思维，注重从整体上把握各子系统的协作运行。具体指在同一系统内各子系统或要素拥有共同工作目标和愿景，有目的、有组织、有调节、相互耦合的作用关系，并且能够围绕系统总体目标进行协作配合，由此形成合力，展现出协同效应，系统整体呈现良性循环态势，各子系统或要素达到共同发展，而系统整体也得到提高和优化，即达到"1+1>2"的效果，整个过程不仅重视对系统的宏观把握，也重视对系统的微观分析及其内在的协同机制。把德心共育的教育理念与协同理论的核心理念与大学生生命教育紧密结合起来，始终以大学生的思想实际为出发点，遵循教育教学规律，遵循教书育人规律，遵循大学生个性发展规律，构建主体协同、多元互动的有效机制，实现全员、全过程、全方位育人，使立德树人的根本任务落到实处，督管工作落实到位，积极构建大学生生命教育常态化模式。

德育与心理健康教育有机结合的原理主要体现在三方面。第一，德育是心理健康教育的前提。大学生健康的心理素质，表现为良好的道德意志品质、积极的人生态度、乐观豁达的处世方式等，而这些就是大学生从小接受的德育内容。因此，要切实开展心理健康教育，要适应时代变化，切实开展有效的德育工作。注意整体性、层次性，注重德育的重要性，把握大学生生命的整体性，制定合适的生命教育总体目标，完善教育机制，发挥大学生生命教育系统整体的优势，达到教育目标，促使大学生个体生命价值观朝着良好的方向发展，实现个体生命价值观相协调，以此实现大学生生命教育达到大多数人预期的目的。

第二，心理健康教育是德育有效实施的心理背景。要培养良好的道德品质，必须先有良好的社会适应能力，能够正确地认识自己、悦纳自己，成功地与他人交往，有良好的情绪管理能力。相反，一个大学生如果心理不健康，有人际交往障碍，那他就失去了接受德育的最基本条件。心理健康教育还能保证德育取得良好的效果，因为学生生活中的很多问题采用心理健康教育的方法来解决更合适。如帮助大学生形成正确的恋爱观，如果一味地强调学生在校期间不应该谈恋爱，学生的抵触情绪会很强烈；若运用心理健康教育的方法来教育，学生就会感到教育者是切实从他们的实际出发，将更有说服力。因此，要坚持理论与实践相结合的原则有效地促进大学生生命教育。一方面，使大学生准确清晰地理解生命教育的科学内涵，不可能在脑海中凭空产生，需要进行系统的学习，只有了解和掌握生命教育的主要内容和科学意蕴，才能在脑海中扎根下来。另一方面，注重实践运用，发挥各教育主体之间的协同力量，帮助大学生在树立正确生命价值观的基础上真正践行理念。

第三，心理健康教育融入德育的全域、全过程，注重教风学风相结合。德育工作者不仅要用马克思主义的立场、观点和方法占领大学生的思想阵地，还要用丰富的心理学知识培养他们积极向上、乐观开朗的思想意识，从而使心理健康教育融入德育的全过程，进而帮助大学生形成和发展完整的人格。除此之外，要注重教风和学风相结合。教风，主要是指学校、教育机构或某一教育者在教学精神、教学态度和教学方法等方面形成的长期的、稳定的教育教学风气，是教师在教育教学实践中表现出来的风气和风貌，由教师群体的思想政治素质、精神面貌、职业态度、职业技能、职业认同、职业精神、职业品质等要素构成，是一个教育群体德与才的统一性表现，是该教育群体整体素质的核心，是教师队伍在道德、才学、作风、素养、治教等方面的集中反映。从某种意义上讲，好的教风也是一个学校崇高的精神旗帜，它对学生可以起到熏陶、激励和潜移默化的教育作用，可以提升学校的知名度，也可以提高学校的社会声誉和社会可信度。学风即学校的学习风气，从广义上讲，就是学校师生员工在治学精神、治学态度和治学方法等方面的风格，也是学校全体师生知、情、意、行在学习问题上的综合表现。学风是伴随在整个教学过程中的精神动力、态度作风等，通过学校全体成员的意志与行动，逐步地显现出来。优良的学风可以起到潜移默化的激励作用，在大学生的学习成绩的提高、日常行为习惯的养成等各方面都起着重大的作用，对学校的发展和建设也会产生深远的影响，是一种不可忽视的力量。教风和学风建设相辅相成，互相影响，相互促进，良好的教风能够引导端正的学风的形成，端正的学风也能促进良好的教风的完善。学校领导以及教育者必须充分认识到教风、学风建设的重要意义，教风与学风虽各有侧重，但在教学的过程中是不可分割、相互依存的。从本质上讲，作为高等教育教学双方的风气风貌，教风培育学风，学风折射教风，好的教风就能带出好的学风，好的学风又能促进好的教风，交相呼应，潜移默化，既可展示教师风范，又可反映学生的成长环境。二者作为高校校风的核心构成，缺一不可，而且相辅相成，彼此互为影响、共同作用于高等教育的方方面面。加强教师教风建设，首先，要加强教师的道德修养。高校教师对大学生进行生命教育，给大学生传授生命教育相关知识，提高大学生的思想道德觉悟，教师自身的素质对教学最终成果的影响是巨大的。其次，要强化专业教师的职业水平。教师要苦练自身"内功"，不断提升自身的专业素养。教师要牢记使命责任，上好每一节课，站好每一班岗，守好"责任田"，摒弃传统的照本宣科的教授方法，在注重提升自身的教学和科研水平的同时，注重培养大学生对学习的兴趣与主动性，因材施教、"授之以渔"并培养大学生的创新意识等。① 加强生命教育建设，不仅关系到大学生，也是全校师生共同的职责。大学生作为生命教育的主体，高校需要引导他们树立目标，摒弃不良习惯，开展形式多样的生命教育宣传活动，做到时时宣传、处处引导。高校务必使全体教职工认识到生命教育是一项系统工程，学校各部门都应当结合自身工作，不断完善生命教育的体制机制，自觉承担起生命教育的责任，建立健全大学生管理制度，构建学校、家庭、社会"三位一体"的生命教育体系，充分整合学校、社会和家庭三方的教育资源，凝聚教育力量，重点在于实现多元开放合作互动、取长补短、优势互补，形成强而有力的大学生生命教育合力，充分发挥生命教育资源合作互补的协同效应，提升大学生生命教育工作的深度、广度和温度，为高校大学生思想觉悟的提高、人生境界的升华和自身价值的实现提供良好条件。

德育与心理健康教育双向结合的实现体现在三方面。第一，德育从心理健康教育中吸取有益成分。具体说来，首先，德育应真正将学生心理品质的培养作为自己的目标和内容，德育工作在关注社会对个人的政治、思想、行为规范方面的同时，更加重视学生最基本的心理需求。其次，德育工作者应更新德育观念。充分尊重学生在品德形成中的主体地位，从心理健康教育中移植一些适宜的方法，少点说教，多点心理健康教育，为有效实施道德教育提供良好的心

---

① 张启云. 高校思政课混合式教学模式改革探究［J］. 科学咨询（教育科研），2021（3）：26-27.

理背景。最后，注重理论与实践相统一，大学生生命教育不仅在于实现从"不知"到"知"的跨越，更在于实现从"知"到"信"（信服、信念、信仰）的提升。[①] 但实践不能是盲目的。因此，要实现理论与实践相统一，能否协调好二者的关系将对实际教学工作的成败产生重大影响。在大学生生命教育中要注重采用理论与实践相结合的教育思想，注重理论知识与生活实践的密切联系，引导大学生树立自觉坚持理论与实践相结合的意识，在现实中将理论与实践结合起来，全力培养大学生的社会实践能力，将理论知识用于生活、解决问题、规范行为，发挥理论指导实践的作用。外因在一定条件下会影响事物的发展，但内因才是决定事物转化和发展的关键所在，对大学生进行生命教育归根结底是要使大学生将外在理论内化为自身品质。因此，充分运用协同理论，将理论与实践相统一，利用实践得来的经验去学习理论知识，自觉加强自身思想建设，积极踊跃地参与到系列实践活动中，进一步理解生命教育的科学内涵，融会贯通，在理论学习中推动实践，在积极实践中创新理论，使协同理论在大学生生命教育的实施中切实发挥作用，提升大学生生命教育的时效性。

第二，心理健康教育依靠德育引导方向。心理健康教育应主动在心理健康教育实践中渗透正确的世界观、人生观和价值观，这样既能使学生的心理健康发展有正确的方向、坚实的后盾，又能通过丰富的德育实践活动来增强学生的心理承受能力，磨炼学生的意志，形成良好的品质，从而提升学生的心理素质。德育实践不仅能考验学生的道德水平、法律意识及思想境界，还能从学生的道德评价与矛盾冲突中锻炼他们的心理调适能力。除此之外，教育工作者要坚持合作育人、协同育人的理念，从宏观的角度去思考问题，注意整体性、层次性，把握大学生生命的整体发展，制定合适的总体目标，完善教育机制，结合马克思主义协同思想和恩格斯的合力论，发挥大学生生命教育系统整体的优势，达到教育目标。大学生个体价值观越统一，"合力"的方向就越和个体价值观相协调，大学生生命教育就越有可能实现大多数人预期的目的。大学生生命教育，是高校各部门、全体教职员工的共同使命与责任，不仅需要保持系统的整体性，还需要加强各个子系统之间的联系。实施大学生生命教育要综合考虑各方面的因素：要在大力实施学校各教育部门的整合的同时，保持该部门的独立性，让部门中的每个员工都有其专属职责，发挥对大学生生命教育创新的强大动力与助力；要确保各子系统相互之间始终保持默契与协调，使系统中的各个主体能

---

① 焦连志. 社会主义核心价值观与中华优秀传统文化教育协同机制研究 [J]. 中国高等教育，2020（6）：34-36.

够有效协作，实现协调一致、优势互补、聚合放大和功能倍增。因此，在新时代大学生生命教育中，高校要将自身的教育效能最大限度地发挥出来，实现思政教师、辅导员、导师等各个部门的有效协作，注重各个教学部门与系统整体的协调发展，促进我国大学生生命教育整体水平的提高，产生大于部分功能之和的整体教育效能，以协同理论为大学生生命教育助力。

第三，把健全人格培养作为德心共育的"切入点"。健全人格的建构和培养是德育与心理健康教育的共同目标，人格健全是个体心理健康的核心，而良好的道德品质的形成实质上也是健全人格的形成过程。心理健康教育的根本目的是形成健康的人格模式，而德育的最终目的是培养出符合社会要求的具备坚定信念、高尚情操，且具有主体意识、健全人格和个性才能的人。通过健全人格的构建与培养，即通过对大学生进行人格教育，可以把道德认识、道德情操、道德行为统一协调起来。心理健康教育与德育相辅相成，在进行大学生生命教育时，不能将二者割裂开来，相反，要将二者统一起来。心理健康教育发展了学生的各种人格特质，为品德发展奠定基础，这不仅发展了学生的人格品质，还丰富了"德行"的重要内容。

第六节　西方生命教育思想

西方生命教育思想也有较长的历史，其起源于古希腊时期，对西方社会的发展和人的生存状态产生了重要影响，占据了重要地位，近现代以来对我国也产生了一定影响。

古希腊时期已经有学者开始了对人的生命的关注。人们开始认识到人是不同于自然的生命体。普罗泰戈拉认为"人是万物的尺度"。希腊米利都学派的创始人泰勒斯认为"世界万物都有生命，万物都充满神灵，生死也在万物流转中转换"。毕达哥拉斯派认为，"一切生命都有共同的灵魂，灵魂是不朽的，人需要净化自己的灵魂"。赫拉克利特提出，"人有生必有死，命运就是必然性"。古希腊原子唯物主义代表德谟克利特认为，"死是自然之身的解体"。他认为世界是由原子构成的，人的灵魂也是由原子构成的，当原子汇聚在一起时，便产生了灵魂，当原子分散时，灵魂就会消失，生命是肉体原子与灵魂原子的结合体，他反对有神论，认为有神的说法使人对自然产生了恐惧。苏格拉底则认为人之所以为人，是因为人不仅有感觉和欲望，而且有灵魂和思想，心灵和理性是人之所以为人的根据。他坚信死亡是一件好事，是一种永恒的安息，是由地面走向天堂的必经之路，因此在被人控告时，他说："我不肯背义而屈服于任何人，我不怕死，宁死不屈！"苏格拉底认为人生的目的就是要通过教育和实践来了解人，了解人在宇宙中的地位，了解做人的道理。人有了知识，他就能懂得如何做人，知道了做人的道理，就算走上了"自我实现"的道路。柏拉图认为人的心灵本来就具有思维能力和认识理念的能力，但需要运用思维和理性在认识过程中获得真知。"教育就是要使心灵排除现世界纷扰莫测的干扰，使心灵纯化，使心灵从感性事物中解脱出来。"亚里士多德将人的生命分为躯体和灵魂，灵魂又分为理性和非理性。他认为"人是有理性的动物""幸福是生命的自然目的，也是最高的善""生命本身就是美好的，宝贵的；活着，好好地活着并感受之，这本身就是我们的存在，就是人的最高幸福"。人的生长过程先是躯体，然后是非理性灵魂，最后是理性灵魂。合理的教育就是遵循这一顺序，促进人的和谐发展。可见古希腊时期，便有学者对人的生活、生命予以关注和重视，通过人自身的认识，追求德性与理性的最高境界，重视人的精神境界。这一时期的教育思想主要是遵循自然的顺序，重在发展人的理性教育与情意教育的和谐共存，强调通过知识获得智慧，通过理性得到教化，强调对个体的尊重，通过教育和训导个体能够和谐充分发展。

中世纪初期，新兴封建阶级的最重要的思想代表人物是波埃修斯，他是唯物主义的代表，他不否认天命，但他认为自然和社会处于不断的变化之中，支配宇宙万物的是一种矛盾的和谐，这种和谐称之为"爱""联合""合而为一"。中世纪时期的另一位哲学家也是基督教神学家奥古斯丁，宣扬上帝主宰世界，只有上帝的恩赐，才可以拯救人类，信徒今生受苦，死后便可进入天堂。欧洲中世纪经院哲学家、唯实论者托马斯·阿奎那与奥古斯丁的生命观有相同的本质和论点，要求人们服从天命，信奉上帝，安于贫穷困苦的现状，克服各种欲望，以便顺利抵达天堂。乔尔丹诺·布鲁诺的唯物主义生命观是从怀疑和否定宗教神学思想的斗争中开始的，他从世界物质的统一性论证了世界万物的相互变化与相互联系，指出"生"与"死"只是自然界万物相互转化的一种现象。

基督教的思想在当时对人们产生了巨大的影响，这种影响持续到现在，仍然在西方社会占据着重要地位。基督教宣扬人生来有罪，人负有原罪，上帝是最大的善，人只有放弃一切欲望和私欲，不断向上帝赎罪，过一种无欲无求的生活，才能获得上帝的原谅，因此，中世纪把"修道"作为一种有效的教育方式，通过斋戒和鞭打自己的躯体清除邪念，达到清心寡欲的目的。

文艺复兴运动开始后，生命教育思想发生了重大转变。文艺复兴运动提倡人道，反对神道，反对对人的奴役，高扬人权，赞扬人的伟大，肯定人的价值和能力，尊重人的尊严，反对禁欲主义和压抑人性，尊重人的发展，尤其是人的精神能力的发展，提倡实现个人幸福，肯定现实生活的乐趣。批判中世纪时期对儿童的压迫，主张通过教育使儿童释放天性，身心和谐。主张积极快乐的教育方法，强调尊重儿童的个体差异，注重学生身体、道德、精神的协调发展。蒙田说："我们所训练的，不是心智，也不是身体，而是一个人，我们决不能把两者分开。"这种人本主义思潮得到了广泛的认同。代表人物有意大利的维多利诺、韦杰里乌斯、瓜里诺，荷兰的伊拉斯谟，法国的拉伯雷和蒙田，英国的托马斯·莫尔，等等。

文艺复兴后，自然主义的教育思想占据主要地位。提倡要根据人的自然本性进行教育培养。代表人物为夸美纽斯和卢梭。夸美纽斯所著的《大教学论》使他成为西方近代教育思想的开拓者。他提出的"泛教育论"，主张人人受教育、人人学习一切，把一切事物的知识交给一切人，认为教育应适应自然。卢梭从批判封建制度入手，构建了完整的自然教育理想。主张"以天性为师，不要以人为师"，提出了培养自然人的主张，他的著作《爱弥儿》集中体现了他的自然教育思想，是反封建教育的代表性著作。卢梭把人的天性分为三个方面，即"自由、理性、善良"，自由是最根本的，理性和善良都是为了保证自由的实现。自由是人类的天性，但不等于随心所欲，要受到自然的理性的约束。他将教育的来源划分为三个方面：自然、人和事物。只有这三个方面协调一致才能受到良好的教育。卢梭教育理论的核心思想就是引导和促进儿童自身已有的善良天性得到良好的发展，教育学生通过自身生活和活动保护生命，完善生命。"只想保全孩子的生命，这是不够的，他须接受教育，怎样在他成长后保护自己的生命，经得起命运的打击……应着重教他怎样生活而不是避死；生命并不只是一口气，而是在于活动，在于使用我们的感觉、心思、能力以及使我们觉察到自己存在的各部分机能。"因此，必须以自然教育为中心，人的教育和事物的教育要服从自然的教育，只有这样，才能使教育与儿童天性的自然发展一致。

近现代社会的西方，特别是 19 世纪以来，科技迅猛发展，工具理性导致人的自由和价值被忽略，人本主义思潮得到了更大程度的主张和宣扬。生命哲学、存在主义等哲学思潮产生并不断发展。

文化教育学是 20 世纪重要的教育哲学流派。它的哲学基础是狄尔泰的"生命哲学"，生命哲学于 19 世纪末到 20 世纪初在德、法等国流行，它主张把人的生命的性质和意义作为全部哲学研究的出发点，他们用"生命力""生命冲动""生命的绵延""生命意识"来说明价值、文化和人类社会，认为生命是一种活力。人的认识和一切实践活动，以及人与周围世界的联系都要以此为出发点，哲学的重点是在精神科学，通过个人"生活的体验"和对"生命的同情理解"，就可以认识到文化和历史，即生命的体现。对生命和精神的理解，必须以情感的直觉和想象为主。人总是通过知、情、意三方面展开和世界的关系。面对生命和世界之谜，人们必须寻求对生命和世界首尾一贯的解释，必须找回失落的精神世界。回归生命的完整，必须寻求知、情、意的统一。以往的教育培养的人"有悟性，却没有灵魂；有知性，却没有精神；有活动，却没有道德欲望"，是无生命之人。要从生命本身来理解教育，教育不是单纯的文化传递或知识传递，应该是人的人格心灵的唤醒，教育的本质要回归到生命的本质，要陶冶人性，要回归生命活力。

存在主义哲学思潮于 20 世纪 60 年代流行于美国、德国、日本等国家。重要代表人物有尼采、萨特、海德格尔、雅斯贝尔斯。尼采的贡献是使哲学开始关注人生，并且解答人生的意义，他的全部哲学的核心就是关注人生的意义问题。存在主义哲学将人的存在和现实的人生作为人的出发点，强调个人、独立自主、主观经验和感受，认为"存在先于本质""我思故我在"。萨特认为，除了人的存在，没有天经地义的道德或体外的灵魂。海德格尔从人的"本真生存"的角度强调了生命"向死而生"的意义。每个人的死亡所代表的意义不同，死亡是一种"此在"，人是一种"迈向死亡的存有"，人应面对死亡，完成责任，在短暂的生命中活出个人的意义和价值、活出个人的特色。20 世纪 50 年代，一些教育家把存在主义哲学思想运用于教育理论，存在主义教育思想成为一种思想流派。存在主义教育思想认为教育应以个人的自我完成为目标，教育要使每个受教育者认识到自己的存在，形成自己独特的生活方式。因此，教育要使受教育者形成正确的生活态度，要培养真诚、善良的品质，要有责任感，强调教师要尊重学生的主体性，学生在学习过程中有选择权和决定权，要对自己负责，要通过知识的教育唤醒学生的意识。存在主义主张对学生要进行死亡教育，要学生通过对死亡的面对和思考，检视自己的生命质量。在教育方法上，存在主义重视个性化教育和创造性活动，推崇创造性活动的教育价值，鼓励学生个人充分发挥主观能动性，行使选择权。存在主义教育思想对当时的教育理论产生了巨大影响，对于尊重人的主体性和创造性，提高人的自觉能动性，发挥了巨大作用，对传统教育进行了大胆而有力的批判，对于强化人们的责任意识，强调对自己的行为负责，这些影响积极而有效。同时，人们也应该看到，存在主义强调自我实现、自我存在、自我发展、自我完善，是一种极端的个人主义思想，应给予有力的批判。

20 世纪 60 年代，西方社会同时流行着人本主义教育思想，人本主义哲学、人本主义心理学在这一时期得到了迅速发展。代表人物是马斯洛和罗杰斯。人本主义倡导符合人的生命本性的生活，尊重人的生命和尊严，强调人的生命的自由精神作为其核心理念。每个人都有自己独特的价值，"每个人在他或她自己的身上都是有价值的，我叫作人的尊严，其他一切价值的根源和人权的根源就是对此的尊重"。人本主义教育思想更加重视对人生命的关注。

马斯洛从需要层次出发，认为自我实现是人的最高层次的需要，是人追求的终极价值。这种教育强调人的潜力之发展，强调人要理解自己和他人并与他人友好相处，强调满足人的基本需要，强调人向自我实现的发展，这种教育将帮助"人尽其所能成为最好的人"。马斯洛认为，自我实现的教育，最重要的是要开发人的创造性。美国心理学家马斯洛说："自我实现的创造性首先强调的是人格，而不是其成就，因为这些成就是人格放射出来的副现象。"每个孩子生来就具有创造潜能，要使孩子保持生活在一种快乐、冲动的氛围中，要使孩子保持健康的开放心态，保持旺盛的创造动力。罗杰斯强调"以人为中心"的教育理念，他认为，教育的目的是培养有洞察力、有创造性、有建设性、有选择性的人，教育过程是人与人之间的生命交往，教师要尊重学生，理解学生，帮助学生发挥潜能，使学生敢于自我表现和自我选择，增强学生的自信心、主动性、创造性和选择性。人本主义教育思想同时强调情感意志的教育是教育的重要内容，是人的生命发展的重要基础。

纵观西方生命教育思想的发展历史，可以发现，从古希腊时期开始，西方哲学家开始关注生命个体的"灵魂""理性""心灵""智慧"，到中世纪关注"爱""联合""服从天命""克制欲望"，再到文艺复兴后的自然主义教育的"自由""理性""善良"，以及后来的存在主义教育思想和人本主义教育思想，这些教育思想的共同特点是关注个体的人，"以人为中心"，这也是西方哲学思想与中国传统哲学比较，存在的较大区别，这种特征的教育思想发展至现代，逐步演化为更强调每一个人的现实体验和感受，即教育要更关注学生这一主体。人本主义思想突出了尊重学生个体，鼓励生命个体在教育过程中的健康和谐发展，鼓励学生创造潜能的充分发挥，这对现代教育思想的发展和生命教育起到了积极的促进作用。同时，对于生命终结——死亡问题的直面也使西方开展生命教育时不会顾虑重重，这些教育思想对当今中国教育和生命教育具有重要的启示。同时，人们也要看到，它过分强调个体的思想，导致了一些自由化倾向、纪律松懈等不良影响。另外，存在主义流派一些代表人物的观点消极、颓废、悲观，严重背离人的精神健康发展的方向，对人们产生了不可忽视的负面影响。

细细研读西方文化中的生命思想，深入挖掘西方哲学中蕴含的生命本质、生命价值等方面的相关理论，为新时代大学生生命教育给予更多的理论指导。在生命本质论上，例如，生命哲学家狄尔泰提出生命是一种无法遏制的永恒的冲动，是一种主观能动的创造力。所有的社会生活都是这一力量得以释放的工具，归根结底，都是这种生命力量的外化，因而在狄尔泰那里，自然界仅仅只是生命展示的舞台。另一位哲学家柏格森也认为世界的本质源于"生命之流"，正是这所谓的"生命之流"驱使着人们去进行个人的实践活动，成为社会活动的动力。柏格森的"生命之流"本质上和狄尔泰的创造性力量是相似的，都是一种盲目的、靠意识驱动的生命感觉。另外，舍勒认为生命中感觉到的先天价值是人在现实世界的自我经验反应，他把价值分为四个层次：感觉价值、生命力价值、精神价值、神圣价值。西梅尔则认为精神的创造力是个体"其内心生命的形式"。从以上的西方生命哲学观点，可以总结出，西方的生命本质论认为生命的本质是一种非理性的、感觉的因素，正是在这神秘的生命冲动、生命创造性力量的驱动下，人们才开展社会生活，进而创造了包括国家、法律、制度等一切。西方生命论从非理性因素的角度来剖析生命本质，虽易陷入唯心主义的局限性，但它更关注人的情绪、感知，对激发人的生命情感、提升生命教育的人文关怀有一定的借鉴意义。在生命价值论上，西方的观点与中国的观点有较多重合之处。大致分为两类不同的观点，一类认为生命价值的实现在于高扬自我的个性，另一类认为生命价值的实现在于将生命价值投身更宏大的事业中。第一类观点，如狄尔泰认为人之所以进行自我思考是为了巩固和塑造自我的个性，是为了去避开那些会威胁自我改变的东西。叔本华的个体化的观点也强调了人通过身体的一些活动去实现认识生命主体的个体化。另外，尼采对"风格"的阐述、西梅尔对"人格"的理解都将生命的价值和意义归结于对自我个性的发展和张扬。另一类观点，如苏格拉底认为生命价值的实现是依托人的德行的体现，依托"善"的达成的，这与中国哲学里追求的"仁"是有共通之处的。同时，苏格拉底也将人的"善"的达成与国家的发展相联系，他认为只有当人性得到了完备的发展，才能有完善的国家。人本主义的代表人物马斯洛的需求层次理论也阐述道：人的价值的实现是人最高层次的需要，即自我实现的需要。马斯洛认为自我实现意味着摒弃对自我的一些低级的需要，全身心地投入一项事业，在其中完成更高级的自我，从而体现人的生命价值。

第三章　新时代大学生生命教育的实然考查

本章通过对我国当代大学生生命教育和大学生生命观现状的调查研究，了解当前大学生的生命意识、生命责任意识及生命价值取向现状，了解大学生生命教育的现状，并从中分析其背后的深层次原因，提出新形势下加强和改进大学生生命教育的对策和建议，为大学生生命教育常态化模式的构建提供支撑。

第一节　新时代大学生生命教育现状调查研究

课题组坚持定性和定量相结合，开展了对高校大学生生命教育现状的问卷调查，主要调查大学生对生命教育内容的认知情况和对学校开展的大学生生命教育现状的满意程度，为后续对策的提出提供现实依据。

一、问卷调查概况

通过对重庆市高校大学生进行生命教育现状的问卷调查，在定性和定量的基础上，调查大学生对生命教育内容认同度和学校开展的大学生生命教育现状。结合调研结果，分析在新时代这个特定的时期下大学生生命教育存在的问题，并对存在的问题进行归因。

（一）调查目的

习近平总书记强调"生命重于泰山""树立安全发展理念，弘扬生命至上、安全第一的思想"等，体现了习近平总书记对生命教育的重视。生命教育影响着大学生心灵的成长、人生的方向，各个高校都采取了一定举措将生命教育融入当前的教育体系。本调查从大学生自我感知的角度，对大学生关于"生命"认知的现状以及生命教育实施效果的现状进行调查研究。从现实逻辑出发，将定性与定量相结合，分析大学生生命教育面临的现实困境，通过调研数据探寻新时代大学生生命教育开展的现实状况，为进一步揭示大学生生命教育实施中存在的问题奠定基础，以及为进一步研究大学生生命教育的解决对策提供现实依据。

（二）问卷设计

问卷紧紧围绕研究对象和调研目的来设计，调查内容由"大学生对'生命'的认知程度调查"和"大学生生命教育现状调查"两部分组成。"大学生对'生命'的认知程度调查"主要从自然生命、精神生命、社会生命三个维度展开，"大学生生命教育现状调查"主要从活动主题、供给内容、教师队伍、实施满意度展开，全部为单项选择题，共有33道题。

（三）问卷样本基本情况

2021年9月2日至10月13日，笔者选取10所重庆高校进行走访调查，分别是重庆大学、西南大学、重庆邮电大学、重庆交通大学、重庆师范大学、重庆第二师范学院、重庆财经职业学院、重庆城市管理职业学院、重庆幼儿高等师范专科学校、重庆医药高等专科学校。问卷一共发放1000份，回收992份，其中有效问卷数量为984份，问卷的回收率为99.2%，问卷有效回收率为98.4%。调查学校涵盖双一流本科院校、普通本科院校、高职专科院校，专业涉及较为全面，包括哲学、经济学、法学、教育学、管理学、历史学、工学、理学、医学、艺术学，双一流本科院校占有效样本比例为27.24%，普通本科院校占有效样本比例为47.26%，高职专科院校占有效样本比例为25.5%。学生层次覆盖一、二、三、四以及研究生等不同年级的学生。在性别比例上，男生占55.28%，女生占44.72%；在学生人数上，一年级占17.48%，二年级占23.58%，三年级占18.7%，四年级占28.05%，研究生占12.19%（见表3-1）。抽取样本合理，能够反映学生实际情况。

表3-1　样本的基本情况

变量	选项	人数（人）	百分比（%）
性别	男	544	55.28
	女	440	44.72
学校层次	双一流本科院校	268	27.24
	普通本科院校	465	47.26
	高职专科院校	251	25.5

续表

变量	选项	人数（人）	百分比（%）
年级	一	172	17.48
	二	232	23.58
	三	184	18.7
	四	276	28.05
	研究生	120	12.19

二、调查结果分析

（一）问卷可信度分析

1. 信度分析

运用 SPSS 22.0，对生命认知中自然层面、社会层面、精神层面三个层面进行信度分析。结合表 3-2 数据可知，生命认知中自然层面、社会层面可信程度为"很可信"，精神层面可信程度为"可信"。生命认知的可靠性满足要求。

表 3-2　生命认知中不同层面的信度分析

序号	变量	克隆巴赫系数	基于标准化项的克隆巴赫系数	项数	可信程度
1	生命认知（自然）	0.762	0.761	5	很可信
2	生命认知（社会）	0.725	0.787	4	很可信
3	生命认知（精神）	0.638	0.673	4	可信

对生命教育现状中的内容层面、手段层面、队伍层面、实施层面、整体层面进行信度分析，如表 3-3 所示。从下表可知，生命教育现状中的手段层面、队伍层面、实施层面可信程度为"很可信"，内容层面、整体层面的可信程度为"可信"。生命教育现状的可靠性满足要求。

表 3-3　生命教育现状中不同层面的信度分析

序号	变量	克隆巴赫系数	基于标准化项的克隆巴赫系数	项数	可信程度
1	生命教育现状（内容）	0.695	0.752	3	可信
2	生命教育现状（手段）	0.723	0.731	3	很可信
3	生命教育现状（队伍）	0.767	0.752	2	很可信

续表

序号	变量	克隆巴赫系数	基于标准化项的克隆巴赫系数	项数	可信程度
4	生命教育现状（实施）	0.748	0.764	2	很可信
5	生命教育现状（整体）	0.632	0.694	6	可信

2. 相关性分析

笔者使用 SPSS 22.0 工具对变量进行深入分析，相关结论如表 3-4、表 3-5 所示。

生命认知（总分）与生命认知（内容）、生命认知（手段）、生命认知（整体）各变量之间为强正相关，生命认知（总分）与生命认知（队伍）变量之间为极强程度正相关。

生命教育现状（总分）与生命教育现状（内容）、生命教育现状（手段）、生命教育现状（队伍）、生命教育现状（实施）、生命教育现状（整体）变量之间为极强正相关。

表 3-4　生命认识中不同层面的相关性

		生命认知（总分）	生命认知（内容）	生命认知（手段）	生命认知（队伍）	生命认知（实施）	生命认知（整体）
生命认知	Pearson 相关性	1	0.742**	0.764**	0.832**	0.675**	0.753**
	显著性（双尾）	0.000	0.000	0.000	0.000	0.000	0.000
	N	966	966	966	966	966	966

注：＊＊表示置信度为 0.01 时，相关性显著。

表 3-5　生命教育现状中不同层面的相关性

		生命教育现状（总分）	生命教育现状（内容）	生命教育现状（手段）	生命教育现状（队伍）	生命教育现状（实施）	生命教育现状（整体）
生命教育现状	Pearson 相关性	1	0.943**	0.834**	0.923**	0.825**	0.873**
	显著性（双尾）	0.000	0.000	0.000	0.000	0.000	0.000
	N	979	979	979	979	979	979

＊＊表示置信度为 0.01 时，相关性显著。

（二）大学生对"生命"的认知程度分析

1. 大学生对"自然生命"的认知情况

"自然生命"反映的是生命的自然状态，是指个体的生理性存在，如身体、组织、器官等身心系统，是生命的自然长度。在问卷第二部分，针对大学生"生命"的认知程度中第一个维度"自然生命"的认知中，第一个问题有关"大学生对自己的身体健康状况关注程度"的分析发现，54.88%和39.43%的在校大学生表示比较关注和非常关注自己的身体健康，约有6%的学生对自己的身体健康关注欠缺（见表3-6）。对有关"大学生具备逃生能力和生命防护技能"的问题进行分析发现，50.81%和26.42%的在校大学生表示"比较认同"和"非常认同"应该或者已经具备一定的逃生能力和生命防护技能（见表3-7）。对有关"大学生关注情绪和精神状态"的问题进行分析发现，约有14%的大学生对此关注不足（见表3-8）。对有关"大学生在面对压力，有无较好的解决办法"的问题进行分析发现，24.8%的大学生能够很好地应对负面情绪，而24.39%的大学生表示"说不清楚"（见表3-9）。对有关"大学生有过自杀想法"的问题进行分析发现，18.3%的在校大学生表示有过自杀的念头，14.23%的大学生表示"说不清楚"（见表3-10）。

表3-6 "大学生对自己的身体健康状况关注程度"的调研情况

选项	选择频数（次）	实际有效百分比（%）	累积百分比（%）
非常认同	388	39.43	39.43
比较认同	540	54.88	54.88
说不清楚	40	4.07	4.07
较不认同	8	0.81	0.81
完全不认同	8	0.81	0.81

表3-7 "大学生具备逃生能力和生命防护技能"的调研情况

选项	选择频数（次）	实际有效百分比（%）	累积百分比（%）
非常认同	260	26.42	26.42
比较认同	500	50.81	50.81
说不清楚	184	18.7	18.7
较不认同	24	2.44	2.44
完全不认同	16	1.63	1.63

表3-8　"大学生关注情绪和精神状态"的调研情况

选项	选择频数（次）	实际有效百分比（%）	累积百分比（%）
非常认同	404	41.06	41.06
比较认同	448	45.53	45.53
说不清楚	112	11.38	11.38
较不认同	12	1.22	1.22
完全不认同	8	0.81	0.81

表3-9　"大学生在面对压力，有无较好的解决办法"的调研情况

选项	选择频数（次）	实际有效百分比（%）	累积百分比（%）
非常认同	244	24.8	24.8
比较认同	452	45.93	45.93
说不清楚	240	24.39	24.39
较不认同	36	3.66	3.66
完全不认同	12	1.22	1.22

表3-10　"大学生有过自杀想法"的调研情况

选项	选择频数（次）	实际有效百分比（%）	累积百分比（%）
非常认同	84	8.54	8.54
比较认同	96	9.76	9.76
说不清楚	140	14.23	14.23
较不认同	208	21.14	21.14
完全不认同	456	46.34	46.34

　　由此可见，大学生对自然生命的认知情况整体向好，大部分学生能较为关注自己自然生命的成长，并呵护生命本体。但仍然存在部分学生不仅没有关注自己的生命健康状况，而且在应对损害生命的事件发生时无力采取应对措施，甚至有自毁生命的倾向。

2. 大学生对"社会生命"的认知

"社会生命"反映的是生命在社会上形成的系列关系，具体而言包括生命个体与他人、自然、社会在产生交互时形成的联系，是生命的社会宽度。大学生的社会生命体现在他们对他人、自然、社会的观点和态度，对有关"大学生能否坦然面对自己或他人的自然死亡"的问题进行分析发现，约45%的在校大学生表示较能坦然面对自己或他人的自然死亡，但仍有36.59%和19.1%的在校大学生表示不清楚或不能坦然面对（见表3-11）。对有关"大学生是否对自己的生命拥有完全自主权"的问题进行分析发现，表示"非常认同"和"比较认同"完全拥有生命自主权的大学生占36.99%，可以不顾家人、朋友的想法，可见大学生对生命的认知存在一定的偏差（见表3-12）。对有关"大学生是否应该善待动物"的问题进行分析发现，绝大部分的在校大学生表示"非常认同"，但仍有少数大学生表示"完全不认同"（见表3-13），可见在少数大学生眼中生命并不平等，有不爱惜其他生命的错误价值倾向。对有关"大学生是否认为社会充满机会"的问题进行分析发现，30.49%的在校大学生表示"非常认同"，49.59%的在校大学生表示"比较认同"，说明大部分大学生面对社会有较为积极阳光的心态，但仍约有20%的大学生报以消极的处世心态（见表3-14）。

表3-11　"大学生能否坦然面对自己或他人的自然死亡"的调研情况

选项	选择频数（次）	实际有效百分比（%）	累积百分比（%）
非常认同	144	14.63	14.63
比较认同	292	29.67	29.67
说不清楚	360	36.59	36.59
较不认同	112	11.38	11.38
完全不认同	76	7.72	7.72

表3-12　"大学生是否对自己的生命拥有完全自主权"的调研情况

选项	选择频数（次）	实际有效百分比（%）	累积百分比（%）
非常认同	172	17.48	17.48
比较认同	192	19.51	19.51
说不清楚	128	13.01	13.01
较不认同	324	32.93	32.93
完全不认同	168	17.07	17.07

表3-13　"大学生是否应该善待动物"的调研情况

选项	选择频数 （次）	实际有效百分比 （%）	累积百分比 （%）
非常认同	684	69.51	69.51
比较认同	248	25.2	25.2
说不清楚	40	4.07	4.07
较不认同	0	0	0
完全不认同	12	1.22	1.22

表3-14　"大学生是否认为社会充满机会"的调研情况

选项	选择频数 （次）	实际有效百分比 （%）	累积百分比 （%）
非常认同	300	30.49	30.49
比较认同	488	49.59	49.59
说不清楚	120	12.2	12.2
较不认同	68	6.91	6.91
完全不认同	8	0.81	0.81

由此可见，大学生的社会生命认知情况大多数较为良好，在处理与他人、自然、社会等的关系上，基本上有较为健康的、积极的态度，能够爱惜其他生命、尊重他人、积极入世。但仍然有部分学生想法较为偏激，在与他人相处上，有个人主义的倾向，在面对复杂的社会时想法较为消极。

3. 大学生对"精神生命"的认知

"精神生命"反映的是关于生命个体的认知、情感、意识、信仰等方面的状态，反映了生命的高度。对有关"大学生是否了解'生命本质'"的问题进行分析发现，26.02%和36.59%的在校大学生表示"非常了解"或"比较了解"，而约有37%的大学生对生命的本质只有模糊的认识或者完全没有认知，这说明大学生对深层次的精神生命认知意识不足（见表3-15）。对有关"大学生在新时代是否应有新的生命担当"的问题进行分析发现，大部分的在校大学生表示"非常认同"，这说明大部分的大学生对新时代有较好的认知，但仍有约13%的在校大学生缺乏责任和担当意识（见表3-16）。对有关"新时代是否应树立为中华民族谋复兴的理想"的问题进行分析发现，约有一半的在校大学生表示

"非常认同"或"比较认同"，但也有近半数的在校大学生表示不清楚或不认同，可见仍有非常多的大学生缺乏高层次的生命理想或生命理想不坚定（见表3-17）。对有关"大学生是否认为找到生命意义非常重要"的问题进行分析发现43.9%和42.28%的在校大学生表示"非常认同"和"比较认同"，说明大部分大学生有追求高层次精神生命的意识，但约有14%的在校大学生还缺乏这种意识（见表3-18）。

表3-15　"大学生是否了解'生命本质'"的调研情况

选项	选择频数 （次）	实际有效百分比 （%）	累积百分比 （%）
非常了解	256	26.02	26.02
比较了解	360	36.59	36.59
说不清楚	232	23.58	23.58
较不了解	84	8.54	8.53
完全不了解	52	5.27	5.28

表3-16　"大学生在新时代是否应有新的生命担当"的调研情况

选项	选择频数 （次）	实际有效百分比 （%）	累积百分比 （%）
非常认同	444	45.12	45.12
比较认同	412	41.87	41.87
说不清楚	92	9.35	9.35
较不认同	24	2.44	2.44
完全不认同	12	1.22	1.22

表3-17　"大学生在新时代是否应树立为中华民族谋复兴的理想"的调研情况

选项	选择频数 （次）	实际有效百分比 （%）	累积百分比 （%）
非常认同	276	28.05	28.05
比较认同	252	25.61	25.61
说不清楚	173	17.58	17.58
较不认同	173	17.58	17.58
完全不认同	110	11.19	11.19

表 3-18 "大学生是否认为找到生命意义非常重要"的调研情况

选项	选择频数（次）	实际有效百分比（%）	累积百分比（%）
非常认同	432	43.9	43.9
比较认同	416	42.28	42.28
说不清楚	100	10.16	10.16
较不认同	20	2.03	2.03
完全不认同	16	1.63	1.63

由此可见，大学生的精神生命认知情况还存在许多问题，大部分大学生虽然有追求精神生命发展的意识或倾向，但在面对具体的生命本质、生命价值、生命意义等的认知上，明显存在认识不深刻、意志不坚定等问题。

（三）大学生生命教育的现状分析

1. 大学生生命教育内容的现状分析

在问卷第三部分针对大学生生命教育内容的现状调查，从"学校是否开展主题明确的生命教育，比如，保护生命安全、找寻生命价值等主题"问题分析得出，调查样本中大学生选择"比较认同"的相对较多，比例为 42.68%，选择"非常认同"的大学生的比例为 29.27%，仍有约 27% 的在校大学生表示不清楚或不认同，可见在大学生生命教育中还存在定位不清的问题（见表 3-19）。对有关"除安全教育、生命伤亡事后教育外，学校是否开展其他种类丰富的教育"的问题进行分析发现，有 50% 的学生认为学校开展生命教育的主题较为丰富，余下的 50% 的在校大学生表示不清楚或不认同，可见大学生生命教育内容丰富程度的认可度还较低（见表 3-20）。对有关"学校开展生命教育是否较好结合了学生的具体情况和新时代的特点"的问题进行分析发现，约半数大学生选择"比较认同"或"非常认同"，比例分别是 38.62% 和 12.6%，仍有约 48% 的大学生表示说不清楚或不认同（见表 3-21）。

由此可见，大学生生命教育内容还存在许多问题亟待解决，根据问卷分析可以看出在校大学生对学校开展的生命教育内容的满意度并不理想，约半数学生对于大学生生命教育内容的针对性、丰富度、生活性、时代性等方面还不满意，这也正是大学生生命教育在内容层面需要解决的问题。

表3-19 "学校是否开展主题明确的生命教育，比如，保护生命安全、找寻生命价值等主题"的调研情况

选项	选择频数（次）	实际有效百分比（%）	累积百分比（%）
非常认同	288	29.27	29.27
比较认同	420	42.68	42.68
说不清楚	180	18.29	18.29
较不认同	68	6.91	6.91
完全不认同	28	2.85	2.85

表3-20 "除安全教育、生命伤亡事后教育外，学校是否开展其他种类丰富的教育"的调研情况

选项	选择频数（次）	实际有效百分比（%）	累积百分比（%）
非常认同	184	18.7	18.7
比较认同	308	31.3	31.3
说不清楚	384	39.02	39.02
较不认同	76	7.72	7.72
完全不认同	32	3.25	3.25

表3-21 "学校开展生命教育是否较好结合了学生的具体情况和新时代的特点"的调研情况

选项	选择频数（次）	实际有效百分比（%）	累积百分比（%）
非常认同	124	12.6	12.6
比较认同	380	38.62	38.62
说不清楚	292	29.67	29.67
较不认同	140	14.23	14.23
完全不认同	48	4.88	4.88

2. 大学生生命教育手段的现状分析

从"您所在的学校是否有设立专门的生命教育课程或课程板块"的问题分

析得出，有 54.44% 的在校大学生表示"说不清楚"，约有 24% 的在校大学生表示认同，可看出大学生对于生命教育课程的认知非常模糊，学校对于这块的工作有所欠缺（见表 3-22）。从"您所在学校的其他课程中是否融入了生命教育"的问题分析来看，有 44.31% 的大学生认为"说不清楚"，仅有 19.11% 和 19.92% 的大学生选择"非常认同"或"比较认同"（见表 3-23）。从"进入新时代，学校开展生命教育的方式是否有创新"的问题分析上看，仅有 4.88% 和 28.05% 的在校大学生表示"非常认同"或"比较认同"，而选择"说不清楚"的大学生，其比例高达 46.75%（见表 3-24）。

通过问卷调查发现，目前重庆部分高校生命教育课程的开设、结合其他课程开展生命教育的实施效果不佳，约半数学生对学校相关教育课程不了解、认可度低，这证明学校在开展生命教育的途径或手段上存在较多问题。

表 3-22　"您所在的学校是否有设立专门的生命教育课程或课程板块"的调研情况

选项	选择频数（次）	实际有效百分比（%）	累积百分比（%）
非常认同	112	11.38	11.38
比较认同	120	12.2	12.2
说不清楚	516	54.44	54.44
较不认同	120	12.2	12.2
完全不认同	116	9.78	9.78

表 3-23　"您所在学校的其他课程中是否融入了生命教育"的调研情况

选项	选择频数（次）	实际有效百分比（%）	累积百分比（%）
非常认同	188	19.11	19.11
比较认同	196	19.92	19.92
说不清楚	436	44.31	44.31
较不认同	144	14.63	14.63
完全不认同	20	2.03	2.03

表 3-24 "进入新时代，学校开展生命教育的方式是否有创新"的调研情况

选项	选择频数（次）	实际有效百分比（%）	累积百分比（%）
非常认同	48	4.88	4.88
比较认同	276	28.05	28.05
说不清楚	460	46.75	46.75
较不认同	168	17.07	17.07
完全不认同	32	3.25	3.25

3. 大学生生命教育队伍的现状分析

大学生生命教育队伍一般由思政课老师主力承担，辅导员、其他科任教师辅助。从"您所在的学校思政课教师或其他科任教师是否接受过专业的生命教育培训"的问题分析的观点分布上看，较多大学生表示"说不清楚"，比例为43.9%，有约40%的学生认为思政课教师是受过专业的生命教育培训的（见表3-25）。从"辅导员在召开班会、团组织活动等传递了生命价值观"的问题分析得出，有19.1%和26.42%的在校大学生表示"非常认同"或"比较认同"，而约54.5%的学生表示"说不清楚"或不认同（见表3-26）。

根据调查分析可知在校大学生对生命教育队伍的认可度仅占50%左右，可见在大学生生命教育队伍的建设上仍存在一些问题，在专业培训、具体工作指导等方面还需要下真功夫。

表 3-25 "您所在的学校思政教师或其他科任教师是否接受过专业的生命教育培训"的调研情况

选项	选择频数（次）	实际有效百分比（%）	累积百分比（%）
非常认同	192	19.51	19.51
比较认同	220	22.36	22.36
说不清楚	432	43.9	43.9
较不认同	116	11.79	3.66
完全不认同	24	2.44	2.44

表3-26 "辅导员在召开班会、团组织活动等传递了生命价值观"的调研情况

选项	选择频数（次）	实际有效百分比（%）	累积百分比（%）
非常认同	188	19.1	19.1
比较认同	260	26.42	26.42
说不清楚	240	24.39	24.39
较不认同	236	23.98	23.98
完全不认同	60	6.11	6.11

4. 大学生生命教育实施的现状

从"您所在的学校是否会定期定量开展生命教育"这个问题来看，有超过41.06%的大学生认为"比较认同"，认为"说不清楚"的大学生的比例是31.3%，"较不认同"的大学生的比例是7.72%（见表3-27）。从"您所在的学校开展生命教育是否都有规范的流程"的问题分析上看，超过50%的大学生为"非常认同"或"比较认同"，但也有27.24%的在校大学生认为"说不清楚"，还有14.23%的表示"较不认同"（见表3-28）。

表3-27 "您所在的学校是否会定期定量开展生命教育"的调研情况

选项	选择频数（次）	实际有效百分比（%）	累积百分比（%）
非常认同	164	16.67	16.67
比较认同	404	41.06	41.06
说不清楚	308	31.3	31.3
较不认同	76	7.72	7.72
完全不认同	32	3.25	3.25

表3-28 "您所在的学校开展生命教育是否都有规范的流程"的调研情况

选项	选择频数（次）	实际有效百分比（%）	累积百分比（%）
非常认同	260	26.42	26.42
比较认同	292	29.67	29.67
说不清楚	268	27.24	27.24
较不认同	140	14.23	14.23
完全不认同	24	2.44	2.44

可见，新时代大学生生命教育在实施频率和实施规范上是得到超过半数同学的认可的，但同时，不认可的声音也不在少数，需要高校在开展大学生生命教育时真正落实到位，促进大学生生命教育实施的系统化、规范化、常态化。

5. 大学生生命教育整体情况的现状分析

在"学校开展新时代大学生生命教育非常有必要"这个问题回答的观点中，有53.25%的大学生选择"非常认同"，选择"比较认同"的大学生的比例为37.4%，证明绝大部分大学生意识到了开展新时代大学生生命教育的重要性（见表3-29）。从"生命教育对您解决成长中的困惑有较好的帮助作用"这个问题回答的观点来看，有53.66%的大学生认为"比较认同"，31.3%的大学生认为"非常认同"，可见大学生对于生命教育在解决成长困惑方面的作用是认可的（见表3-30）。从"生命教育实践活动对您树立积极健康的生命观有促进作用"的问题分析中可知，选择"比较认同"的大学生的比例为52.03%，选择"非常认同"的大学生的比例为35.77%（见表3-31）。从"专业的生命教育对您找到职业追求、人生理想有较大影响"的问题分析中可知，80%以上的在校大学生表示"比较认同"或"非常认同"，可见大学生生命教育能帮助大学生寻找人生意义（见表3-32）。对有关"您能在学校开展的生命教育中得到一些启发或者感悟"的问题进行分析发现，选择"比较认同"或"非常认同"的大学生占比非常大，分别为54.47%和30.98%（见表3-33）。从"您所在学校的生命教育总体效果较好"的问题分析中可知，选择"说不清楚"的大学生的比例为43.9%，选择"非常认同"的大学生的比例为21.54%，选择"比较认同"的大学生的比例为26.83%（见表3-34）。

表3-29　"学校开展新时代大学生生命教育非常有必要"的调研情况

选项	选择频数 （次）	实际有效百分比 （%）	累积百分比 （%）
非常认同	524	53.25	53.25
比较认同	368	37.4	37.4
说不清楚	84	8.54	8.54
较不认同	4	0.41	0.41
完全不认同	4	0.41	0.41

表 3-30 "生命教育对您解决成长中的困惑有较好的帮助作用"的调研情况

选项	选择频数（次）	实际有效百分比（%）	累积百分比（%）
非常认同	308	31.3	31.3
比较认同	528	53.66	53.66
说不清楚	116	11.79	11.79
较不认同	20	2.03	2.03
完全不认同	12	1.22	1.22

表 3-31 "生命教育实践活动对您树立积极健康的生命观有促进作用"的调研情况

选项	选择频数（次）	实际有效百分比（%）	累积百分比（%）
非常认同	352	35.77	35.77
比较认同	512	52.03	52.03
说不清楚	104	10.57	10.57
较不认同	8	0.81	0.81
完全不认同	8	0.81	0.81

表 3-32 "专业的生命教育对您找到职业追求、人生理想有较大影响"的调研情况

选项	选择频数（次）	实际有效百分比（%）	累积百分比（%）
非常认同	288	29.27	29.27
比较认同	520	52.85	52.85
说不清楚	148	15.04	15.04
较不认同	20	2.03	2.03
完全不认同	8	0.81	0.81

表 3-33 "您能在学校开展的生命教育中得到一些
启发或者感悟"的调研情况

选项	选择频数（次）	实际有效百分比（%）	累积百分比（%）
非常认同	304	30.89	30.89
比较认同	536	54.47	54.47
说不清楚	120	12.2	12.2
较不认同	12	1.22	1.22
完全不认同	12	1.22	1.22

表 3-34 "您所在学校的生命教育总体效果较好"的调研情况

选项	选择频数（次）	实际有效百分比（%）	累积百分比（%）
非常认同	212	21.54	21.54
比较认同	264	26.83	26.83
说不清楚	432	43.9	43.9
较不认同	44	4.47	4.47
完全不认同	32	3.25	3.25

从上述调查可知，当前大学生对于开展生命教育的重要性有充分认知，他们认为专业的生命教育能帮助他们获得更好的成长、寻找到人生的意义，但目前大学生生命教育的整体现状还不能满足他们的需求。

第二节　新时代大学生生命教育的访谈情况

一、访谈概况

鉴于本文新时代大学生生命教育关乎教育主体与教育对象两个研究对象，教育对象与教育主体的视角差异较大，若仅仅只调查大学生层面会产生较大的研究局限，不能全面了解新时代大学生生命教育的真实现状。因此，笔者在对大学生进行问卷调研的基础上，又利用访谈的调研方法对高校的部分教育主体进行了深入访谈。访谈的设计主要分为访谈目的、访谈对象、访谈内容和访谈问卷的设计。

（一）访谈目的

通过对大学生生命教育主体进行一对一深入访谈，同时，在问卷调查大样本的基础上，增加单个个体的具体的直观的样本，既能保证总的调研样本的数量可观，又能保证样本的多样性。从教育主体的角度获取他们在实施生命教育的具体过程中的直观感受，更能挖掘出能落地的解决对策。

（二）访谈对象

选取重庆某高校五名从事学生教育工作的教育主体进行访谈。

（三）访谈内容

访谈的具体内容主要围绕生命教育的内容体系、开展途径、队伍建设等方面，对访谈对象进行个别调研。

（四）访谈问卷设计

表 3-35　访谈记录表

访谈记录表			
访谈者的职务		访谈时间	
访谈内容		访谈记录整理	
结合您接触的大学生情况，您认为当前大学生生命状况主要存在哪些问题？			
您的学校有系统的专业的生命教育课程体系吗？			
您目前所在高校有专门的教师开展生命教育吗？你认为有没有必要建立专业的生命教育教师队伍？			
您所在高校的生命教育一般在什么时间节点、围绕哪些内容开展？			
进入新时代，您认为大学生生命教育可以从哪些方面提升？			
访谈人员签名			

二、访谈情况说明

本次访谈寻找了五位在高校学生教育工作岗位的访谈对象，以下是对访谈人员主要谈话记录的整理。

（一）访谈对象甲：从事学生工作的领导

该从事学生工作的领导认为：学校层面对于生命教育的重视程度较高，每学期都会开展围绕生命教育相关主题的工作会议，特别是对大学生的生命安全十分重视。新冠疫情暴发以来，国家层面对生命教育给予更多关注，高校对生命教育也愈加重视。受疫情态势不明朗的影响，部分大学生产生了相应的心理困惑和心灵冲击，对于此种现象，及时对学生精神世界给予更多关注和更多指引成为高校开展生命教育亟待解决的问题。当前生命教育要单独成为一门专业课程面临诸多困难，包括学生对它的重视程度、学校教育资源等的分配等。据此，高校开展完备生命教育应秉持坚守立德树人理念，将生命教育与立德树人相融合，使生命教育落地生根、开花结果。同时，高校是为国家培养人才的摇篮，是实施教育的主阵地，在新冠疫情暴发的环境中，大学生极易被网络上的不良思想误导，对危机下的生命认知缺乏科学的引导，高校整体上下都要贯彻正确的生命教育，要将这个根本任务贯穿整个教育领域。新时代下，培育堪当大任的时代新人，培养一大批为实现中华民族伟大复兴"中国梦"的时代青年，需要正确引领大学生树立良好的生命价值观，促使大学生在学好本领的同时具备崇高的家国天下、忠贞不渝的高尚情怀，努力成长为为国家奋斗、为社会奉献、奋进在新征程中的生命担当者。

（二）访谈对象乙：思政课教师

该思政课教师主要立足于教学的角度认为：新时代的大学生生命朝气蓬勃，整体而言是非常健康向上的一代，但是他们在物质条件富裕的情况下，精神世界如果不够富足，是非常容易迷失的，像沉迷游戏、上课低头、学习只求及格的情况时有发生，从根本上来说，是由于他们缺乏对生命价值的追求。思政课堂里本身也包含了一些生命教育的内容，只依靠目前思政课教材里提及的生命教育内容是有些单薄的，本身现在的学生对于课堂内容的丰富性、趣味性要求就比较高。据此，开展系统完备、生动形象、内涵丰富的教育课程体系是目前生命教育需要解决的问题。当前生命教育是多主体开展、多主题传播、多群体参与，但在系统的生命教育中还缺乏相应的专业性与完整性。例如，思政课上关于生命教育板块内容缺乏生动性与深入性；某些生命教育内容仅停留在课堂上，缺乏与之紧密相连的实践教育。因此，对于生命教育的主体，明确专业性和教育主体的确切范围，建设有高质量的队伍是开展生命教育的基础。

（三）访谈人员丙：思政课教师

该思政课教师基于对教育的研究认为：在当前高校教育中，高校坚守立德树人教育理念，积极践行育人宗旨，全方位、全领域开展一系列内容丰富、形式多样的主题教育，如品德教育、劳动教育、诚信教育、心理健康教育、爱国主义教育、社会主义核心价值观教育等。随着时代向前推进，在高校教育中，大学生生命教育成为高校教育不可忽视的重要一环，成为学生教育中不可或缺的重要的内容。探根寻源，在教育中，专属于生命教育的目标是什么？是生命至上的价值观念，还是追求生命存在的真正意义？生命至上、生命价值等的具体内涵又如何更透彻、清晰地解读？这是教育者应当积极厘清的。除此之外，对于新时代的大学生高校不能光凭一句口号开展工作，这样生命教育的效果可能会事倍功半。如何能让生命教育既满足教育的大方向要求为国家培养人才，又能真正了解大学生的特征、满足大学生的需求，笔者认为这是当前大学生生命教育应该去研究解决的。

（四）访谈人员丁：辅导员

该辅导员主要从接触的学生群体角度出发认为：生命教育是学生工作中很重要的一部分，保障学生的生命安全是我们的底线任务，我们其实是把生命教育融入我们的日常工作中的，比如，在每一次班会都会强调一些安全问题或者是召开一些主题班会。从我们辅导员工作的角度出发，我们直面大学生群体的次数是比较多的，这个时代的大学生是非常个性化又洋溢活力的一代，和他们打交道是需要用情、用心的，如果浮于表面，效果一定不会很好。就目前从辅导员做的一些生命教育工作来说，一般是一些预防性的或者疗愈性的主题班会更多，固定时间节点如学期开始和学期结束时会加强生命安全教育，特定时期会更关注学生的心理状态，基本上是顺应当前的情况开展的。这种开展方式的弊端就是不够深入、缺乏持续性，往往是处于一种被动教育的状态，而且在具体工作的时候，因为一些学生性格或者是出于对自我的保护等，也很难真正了解学生的精神状况，这非常需要一个长时性的、系统化的模式让我们能依据它进行常规操作。

（五）访谈人员戊：学生组织负责人

该学生组织负责人从开展效果的角度认为：对于我们学生组织而言，我们开展活动也要贯彻学校育人的根本任务，秉持为学生服务的宗旨。在生命教育方面，结合我组织活动的经验来谈，这个时代的大学生追新追热，活动主题的新颖与开展方式的时代化决定了一次活动的效果，结合互联网的互动、线下的实践一般来说反响较为热烈，大学生的体验感也更好。对于我们开展这些主题活动的组织者来讲，一个很大的问题是我们专业性没有那么强，这有可能会导致一种现象——学生玩得开心但真正吸收的东西较少，如何把形式的创新和内容的深度同时结合也是需要解决的问题。

第三节 新时代大学生生命教育存在问题的原因

新时代大学生生命教育在发展进程中存在着多种多样亟待解决的问题，主要表现在社会层面存在的负面影响冲击大学生生命观，学校生命教育重视程度还需要提升，家庭生命教育存在误区，个人生命教育观念还有待提升，等等。

一、社会层面：社会的负面影响冲击大学生生命观

马克思认为，"人天生就是社会动物"，人无法完全脱离社会而单独生存，人的生存和发展离不开特定的社会环境，离不开社会的熏陶与影响。① 社会环境作为人们通过交往建构起来的社会存在，同时又是制约和决定人的存在的先在前提，社会环境的变化和发展也会给处于社会中的人留下烙印。当前中国特色社会主义事业正处于高速发展时期，经济总量不断上升，政治制度不断完善，国际地位不断提高，然而这些成绩背后存在的社会矛盾是不容忽视的。当前社会贫富差距日益增大、城乡差距日益扩大、环境污染问题严重、腐败问题滋生、青少年犯罪率上升等社会问题给人们的工作和生活造成了负面影响。同时，因特网进入了千家万户，一方面，因特网为人们了解世界、浏览信息、加强沟通提供了方便，也为民众的发声提供了渠道；另一方面，网络中存在的不良信息，如错误舆论、色情内容、暴力游戏、网络暴力等，由于监管困难等因素，在一定程度上冲击着人们的生活，给人们的思想观念造成不良引导。随着经济全球化的推进，世界文化出现了一种交流和融合的现象。自中国改革开放以来，多元文化就逐渐进入中国，对人们的观念、信仰产生了较大的影响和冲击。传统的力量正在慢慢减弱，人们的世界观、人生观和价值观发生了深刻的变化，新的价值体系正处在不断否定、重建和完善的过程中，有些人在这样的背景下逐渐迷失了准则和方向。

大学生正处于世界观、人生观和价值观发展、成形的重要阶段。通过与外界的互动和交流，这些逐渐形成的观念构成了大学生独特的自我意识。大学时期又是大学生情感经历较为复杂和丰富的时期。此时的大学生对社会有初步的了解，由于经验不足，其看待问题的角度比较片面且容易冲动，更易受到社会

---

① 陈荣荣，余斌. 思想政治教育人学取向研究的方法论问题［J］. 马克思主义研究，2013（10）：146-152.

上负面信息的影响。

网络已经成为当下大学生生活的一部分，而社会中存在的各种非理性观点、非主流观点和不良舆论动向等在网络中流窜和传播，这些观点势必会影响大学生对事物的判断和对生命的看法。处在社会转型期的大学生，势必存在这一时代背景下所有人都有的彷徨和迷茫。面对多样化的选择和多元文化无形的影响，大学生对意义认知逐渐变得模糊不清，社会主义理想、信念和价值取向都存在左右摆动的问题。部分大学生受不良社会思潮影响，出现过分关注物质利益、追求名利的趋势，心灵逐渐呈现出萎缩、麻木的现象，在价值观上出现漠视自己和他人的生命的迹象，此类现象的出现亟须引起社会各界的广泛关注。

二、学校层面：生命教育的重视程度还需要提升

高校作为大学生心灵、品格培养的主阵地，理应引导学生热爱生命、享受生活，教导学生树立正确的生命观。然而现代的高等教育更多的是培训技能，为了迎合市场需求，提高高校就业率，大学的教育就成了将受教育者塑造成政治的或者经济的工具，因而学校不断地给学生培训一些能适应社会的技能以迎合当前社会的发展，却很少体现出对学生的人性的关怀，也很少注重对学生的生命观的培养。但是在这种教育模式下，教育谋求的是"何以为生"的本领，放弃了"为何而生"的思考，忽略了教育的本质是教授学生尊重生命和承担人生的责任。

由于高校教育长期处于以培养技术人才为目标的模式，生命教育长期处于不被重视的状态。高校生命教育的师资队伍较为薄弱，对生命教育的研究和应用也并未形成完整的体系。同时，高校的课程设置和教学计划中也并未设置生命教育。高校的生命教育的开展很多时候是学校中的某些学者个人的努力，这些努力大多零星散落于学校开展的与生命教育相关的讲座、参观或对某些应急事件的处理上，这样的教育效果必然大打折扣。目前高校生命教育环境建设的硬件条件尽管比原先有了很大的提高，但是学校"以学生为本"的校园软环境却没有跟上，因此，高校的教育者在推行生命教育的时候不仅需要提升自身的理论和实践素养，还须重视学生的身心健康发展。

目前，心理学的手段经常被运用于大学生生命教育，虽然生命教育的目标是使学生身心健康和热爱生命，但是实际工作中运用的教学思想多半是沿袭消极心理学的模式。也就是说，高校的生命教育的开展，教导学生如何积极生活的这一部分被忽略不说，教师的主要任务还不是以大学生在学习和生活中出现的困惑和问题为工作的出发点。在这种情况下，教师和辅导员队伍的着眼点就落在了大学生的心理问题和缺陷上了。换言之，只有心理出现问题和明显缺陷的大学生才可能博得为数不多的生命教育者的关注。在实施心理援助的过程中，从消极方面看待学生的思维模式会给受援助的学生造成一种反向思维，使他们过度关注自己身上消极的品质，而忽视自己身上积极的优点。更确切地说，现在的大学生生命教育很大程度上已经沦为大学生心理问题防治。事实上，生命教育拥有更为丰富的内涵，教育者大可将视线放在发展大学生积极人格、培养大学生的人际关系协调能力和教授学生如何调动自己的积极情绪上。

在生命教育中，教育者往往处于传道授业解惑的角色，生命教育的形式并不丰富。在这种"老师在台上照本宣科，学生在下面无心进学"的状况下，教育者和被教育者双方是一种对立的关系。一方面，老师期望的教育效果达不到；另一方面，学生认为这些是大道理不能落在自己的心上，因而不能解决自己的困惑。

三、家庭层面：生命教育存在误区

家庭场域由行动者、环境、资本等复杂元素构成，形成了一种无形的家庭学习场域，个体生命的成长并不能完全依赖学校教育，家庭与人的生命成长无法剥离。《习近平总书记教育重要论述讲义》指出，要重视家庭教育，充分发挥家庭是第一个课堂、父母是第一任教师的作用，帮助孩子扣好人生第一粒扣子。家庭是孩子的第一所学校，父母是孩子人生的第一任教师，家长的言行举止会给孩子的心灵刻下烙印。[①] 生命作为个体存在的前提，个体的生命是每个家庭首要关注的问题。在日常生活中，任何一个家庭每时每刻都关注着其成员的生命情况，日常家庭话语中也充斥着关于生老病死等生命内容的讨论。这些有意或无意的关于生命的闲谈，对家庭成员来讲都是一种接受生命教育的机会。同时，家庭中关于生命的话语内容直接决定了个体生命观的养成。如果家庭中有关生命意识的表述是急功近利、短视无知的，那么家庭成员往往很难形成良好的生命观；如果家庭生命话语中不仅包含科学的生存与生活技能，而且还具备有关生命本质、生命责任、生命价值的合理探讨，那么个体将通过耳濡目染养成符合社会需要的生命观念。一旦个体具备了强烈的科学生命意识，那么珍惜生命的行为也将呼之欲出。

生命教育是家庭教育的必然内涵，任何一个家庭都会对家庭成员生命观的

---

① 石颖. 积极心理学在大学生生命教育中的应用研究［D］. 重庆：重庆交通大学，2014：46.

形成产生重要的影响，无论是有意的还是无意的。不同的教育内容以及教育方式都会对生命教育产生重要的影响，这就造成不同家庭中的成员具有不同的生命观。一个家庭的和谐与否关系到孩子日后能否健康成长，一个家庭是否具备正确的生命价值观直接影响着孩子的价值观念形成的好坏。曾有研究表明，和睦幸福家庭出来的孩子的幸福感比其他对孩子动辄打骂家庭里出来的孩子的幸福感要高。也有研究表明，家长给予尊重和充分自主权的孩子在日后的学习生活中更积极、主动和乐观，而在严厉的父母包办一切下长大的孩子不论是在生活、学习还是在工作上，都缺乏积极能动性，对问题喜欢采取回避的态度。因此，家庭应该是生命教育的第一阵地。父母有责任给予孩子良好的示范和教养，让孩子从小就热爱生命和珍惜生命，树立孩子正确的人生观和价值观，培育他们良好的生活情趣，培养健全的人格。

一方面，父母教育存在一定误区。现在的父母，可能由于受到社会转型期负面因素的影响，对成功的定义过于片面和单一，在学校的时候要求孩子一味向高分看齐，找工作时要求孩子找个好工作。这种片面的标准下，父母培养的孩子只知道学习的技能，孩子大部分课余时间被各种习题占据，孩子所有的兴趣和爱好都只能是成功路上的绊脚石，孩子的理想被考大学所代替。所有学业的压力终将成为孩子不能承受之重，甚至有些孩子郁郁寡欢，不知道生活的意义，容易丧失积极努力的动力。当孩子顺利上了大学，实现父母夙愿的时候，父母极少与孩子交流理想是什么？理想在哪里？这一系列的问题与现实困境造就许多大学生在学校虚度光阴，找不到生活的目标和价值意义。

另一方面，孩子自身存在的问题。现在的大学生中独生子女居多，他们从小就生活在蜜罐里，得到家人的溺爱，独立性不强，缺少生活的智慧、处理实际问题的能力和社会责任感。考上大学后，这些学生离开父母，没有家人的呵护，同时要和来自五湖四海不同性格的同学成为室友朝夕相处，如果没有为他人着想的心，就很容易与同学产生矛盾。同时，学生在高校中生活、学习难免会遇上不顺心、困难的事情，如果他们的内心脆弱、不能接受失败，就很容易产生心理问题，失去对生活的希望。

有些孩子成长的家庭环境堪忧，如一些父母长期吵架的家庭。在这种不和睦的家庭环境中成长的孩子，容易出现与家庭的联系不强，对家庭没有归属感，家的概念对他们来说并非幸福和温暖的代名词。在这种长期的家庭压力下，他们的性格很有可能变得孤僻和自卑。而当这样的学生在大学的求学和就业中遇到挫折时，由于家庭已经无法给予他们良好的支持，他们很有可能出现一系列的心理问题，也许会做出让家人、同学和老师痛心的事情。

四、个人层面：大学生生命观存在误区

个人持有的生命观如何，直接决定了其对待生命的态度，决定了其对待生命的方式。在经历了残酷的高考后，一些大学生觉得自己完成了人生目标，他们没有意识到大学只是人生中的一个重要部分而已，根本谈不上终点。在这种思想的影响下，有些学生急于从高三紧张的学习氛围中挣脱出来，于是过度追求当下生活的快乐感受而提前透支自己的身体和生命。比如，有些大学生没日没夜地沉溺于网络游戏而荒废了学业。由于过度纵容自己的感官快乐，一些学生不得不面对成绩不及格、被迫留级的现实问题。甚至有的大学生将大学生活视为生命的全部，一旦遭遇挫败，便变得灰心丧气，觉得自己的世界是没有意义的，而后心理问题一天天堆积，最终走向自杀的道路。

受到社会上功利思想的影响，且当前就业形势并不理想，很多大学生的思想难免会打上功利主义的烙印。因此，一些大学生为了获得一份优越的工作，更加注重知识技能的培养，而忽视了生命的长远发展。部分大学生将大把的时间花在计算机考级、英语四六级考试、教师资格证考试等考试上面，忽视了对自己生命厚度和宽度的拓展，忽略了探寻生命的意义、追求生命的价值，长此以往，不但失去了追求生命深层次意义的动力，也容易淡化、丧失正确的生命价值观。当挫折来临时，部分学生容易产生茫然无措、无意义感。

当前一些大学生缺乏培养自身社会责任感的意识，更谈不上对生命的敬畏和珍惜。《孝经》有言："身体发肤，受之父母"，时刻警醒着人们，人的身体的每一寸皮肤和每一根头发，都是父母给予的。古言的背后提醒着人们好好照顾自己，不要让父母担心。而那些遇到问题就想一死了之的大学生很明显觉得自己生命只是自己独有，自己有权利处置它的去留，这就失去了对父母的感恩心、责任心和孝心。同时，社会责任感淡薄使这些学生在人生道路的选择上更注重自己的成长和该获得的权利，缺乏了为"中国梦"而奋斗的勇气、理想和信念。

第四节　关于大学生生命教育的反思

教学反思，是教育教学实践环节中的再认识、再思考，并以此来总结经验教训，进一步提高教育教学水平的重要过程。在大学生生命教育中，教育反思是极其重要的一环。反观整个大学生生命教育过程，发现自我教育是决定环节、学校教育是中心环节、家庭教育是基础环节、社会教育是保障环节。

一、自我教育是决定环节

自我教育是指在教育过程中，受教育者根据教育目标要求和自我发展的需求，主动确立自我教育目标，选择教育内容，通过自我自觉地提出任务，持续健全与完善自我道德品质以及思想政治素质而实施的教育活动。在大学生生命教育中，自我教育是决定环节，要积极努力提升自我生命意识、加强自我生命实践，以此更好地完善自我生命教育。

（一）提高自我生命意识

内因是决定事物变化发展的决定性因素，因此，要实现生命教育效果，切实帮助大学生形成珍惜生命、热爱生命的思想观念，关键在于大学生自己要自觉主动地学习关于生命的知识，提升抗挫折能力，树立正确的生命观，进而提高对生命的认识，掌握生命知识，懂得生存之道和避险知识。大学生是祖国的未来，是实现民族伟大复兴的希望，树立正确的生命价值观是大学生不断发展的内在动力。大学生应努力在实践中不断提升自己的生命认知水平，主动承担自己的责任，对自己的生命负责，尊重生命，善待生命，为社会的发展不断贡献自己的力量，在奋斗中实现自己的人生价值，提升自己的生命价值意义。

（二）加强自我生命实践

在学习和内化生命知识的同时，还应该在实践活动中强化生命意识，理解生命真正的含义。在社会实践过程中，要充分了解自然、尊重自然，要积极参与社会、融入社会，体味人生百态，感受生命的可贵，培养对自己、他人和社会的责任感，提升自身的幸福感。例如，将自身具备的生命价值观念融入社会实践，积极参加青年志愿者公益活动，帮助失学儿童、孤寡老人，传递社会爱心，让孩子感受社会的关怀和温暖，等等。通过参与此类活动，夯实自身的生命价值观念，巩固自身的生命知识，升华自身对生命的敬畏之心。

二、学校教育是中心环节

习近平总书记在全国高校思想政治工作会议上强调，"要坚持不懈促进高校和谐稳定，培育理性平和的健康心态，加强人文关怀和心理疏导，把高校建设成为安定团结的模范之地。"[1] 学校作为教育主阵地，是实施大学生生命教育的

---

① 习近平在全国高校思想政治工作会议上强调把思想政治工作贯穿教育教学全过程 开创我国高等教育事业发展新局面 [N]. 人民日报，2016-12-09（1）.

中心环节。① 为了实施更为完备的生命教育，学校生命教育中应当切实完善教育内容和教育方式，充分发挥教师的引导作用，不断完善高校管理工作，打造丰富多彩、极具特色的生命教育机制。

（一）完善教育内容和教育方式

教育内容是指为实现教育目标，经选择而纳入教育活动过程的知识、技能、行为规范、价值观念、世界观等文化总体。教育形式是实现教育目标的有效手段与方式。在大学生生命教育中，教育内容与教育形式是不可或缺的重要环节，因此，学校要充实教育内容，完善教育方式，将生命教育落到实处。不仅要对大学生的生命安全、生命责任和理想信念加强教育，也应该拓展生命观教育、死亡观教育等多种其他类型的教育内容。依托已有的专业课程，把生命教育的理念融入高校的课程教学之中，特别是生命科学类的专业课程更要重视这方面的相互结合，充分发挥专业优势，将生命教育作为研究的重要课题和环节，让学生在掌握专业知识的同时，深刻领悟生命的意义与价值。

（二）充分发挥教师的引导作用

"师者，所以传道受业解惑也。"教师作为教育工作者，是人类文明的主要传承者。教师作为履行教育教学职责的专业人员，承担着教书育人的重要使命。在大学生生命教育中，教师要充分发挥生命教育的引导性作用。教师要积极引导学生在接受生命教育时，主动学习和了解生命教育知识，激发大学生的主观能动性，鼓励同学之间相互学习、互帮互助，提高对生命的认知，共同形成良好的生命观。教师是最适宜做引路人的角色，在大学生思想认识陷入困惑迷茫时，要鼓励他们振奋精神、勇往直前；在他们遇到困难时，要帮助他们重拾信心。

（三）不断完善高校管理工作

高校的管理工作是一项系统工程，对当代大学生生命教育的效果起着十分重要的作用。专业教师、年级辅导员以及班主任要主动积极地了解学生的心理健康状况，对出现或存在情绪波动以及心理问题的学生，应及时予以沟通和开导。学校相关部门应定期组织大学生心理现状调查和生命教育实施现状调查，对学校的生命教育情况及时予以反馈和完善，制定相关制度保证实施并及时予以调整和细化。

---

① 郑丹凤，王涛．"三全育人"视域下高校心理健康教育工作探析［J］．学校党建与思想教育，2021（1）：88-90．

三、家庭教育是基础环节

家庭教育是人生的最初教育，也是指导人生的终身教育，具有基础性、普遍性、长久性、渗透性等特点。在大学生生命教育过程中，家庭教育应充分发挥辅助作用，应积极改进教育方式、完善教育观念，营造民主、温馨的家庭氛围，加强引导孩子的生命教育，对高校的生命教育取长补短、互为补充。

（一）改进教育方式，完善教育观念

家长的教育方式和教育观念直接影响着孩子生命观的形成和行为的选择。父母不能打着一切都为孩子好的名义，按照父母自己的意愿安排孩子的人生规划。父母应当转变强制性、命令式的教育方式和教育观念，为孩子营造一个民主、自由的发展平台。

（二）营造民主、温馨的家庭氛围

家庭氛围，是指家庭环境的气氛与情调。家庭氛围客观地存在于每个家庭之中，并且严重地影响着生理和心理都处于迅速发育和发展过程中的青年。良好的家庭氛围能使孩子活泼开朗、积极向上。因此，建立和谐、愉快、有序、完好的家庭氛围是保证孩子健康成长的有利途径。父母是孩子的第一任教师，父母的言传身教与孩子生命观和人格的形成有很大的关联。通常情况下，在和谐、温馨的家庭氛围中成长起来的孩子，性格多活泼开朗、积极向上、乐观自信，在父母正确的、积极的人生观耳濡目染的影响下，孩子也更易形成积极向上的生命观。相反，不和谐的、消极懈怠的家庭氛围，容易将不良情绪传递给孩子，不利于孩子正确生命观的形成。

（三）加强引导孩子生命教育

青年形成正确的生命观不是一蹴而就的，需要发挥多主体协同力量，强化引领共同培育塑造。习近平总书记在纪念五四运动 100 周年大会上的重要讲话指出："我们要主动走近青年、倾听青年，做青年朋友的知心人。"父母要充当孩子知心人的角色。父母要在充分信任和理解孩子的基础上，突出他们的特点，了解他们的思想动态、行为方法，及时发现不正确的生命价值取向和行为方式，和他们说真话、交真心。① 父母在积极引导孩子的同时，与孩子相互信任，相互学习，取长补短。

---

① 陈虹. 新时代高校心理育人内涵、困境与应对 [J]. 思想理论教育导刊, 2019 (7)：110-113.

四、社会教育是保障环节

社会教育在本质含义上有广义和狭义之分，广义上指与学校教育、家庭教育并行的影响个人身心发展的社会教育活动；狭义上指社会文化教育对青少年和人民群众开展的各种文化和生活知识的教育活动。在大学生生命教育中，社会教育是保障环节，为了完善大学生生命教育体系，要制定生命教育的法律法规、营造正面的社会环境。

（一）制定生命教育的法律法规

政府及相关部门制定相应的规章制度保证生命教育的开展和落实，为生命教育的开展和落实给予政策支持和制度保障。同时，社会应多多给予大学生生命教育物质帮助、政策支持和精神支撑。党政机关、企事业单位、团体组织，以及各个街道、社区应把生命教育贯穿其工作中，准确把握主流意识形态的方向和传播，加强文化市场监管力度，健全文化法律法规，严厉惩治不健康文化行为。

（二）营造正面的社会环境

社会环境是指人类生存及活动范围内的社会物质、精神条件的总和。社会环境是一个多面集合体，在整个社会环境中，社会成员有责任和义务营造一个积极正面、和谐健康的社会大环境，为生命教育的开展提供环境支持。让大学生在社会大背景下潜移默化地接受生命教育的影响。相关部门要切实加强校园周边场所的查处力度，及时排除影响大学生生命健康安全的因素，营造良好的生命教育环境。

第四章　新时代大学生生命教育常态化模式的构建与运行

　　从新时代大学生面临的生命问题特点入手，客观定位新时代大学生生命教育存在的表层化、片面化、碎片化、孤立化的突出问题，未来大学生生命教育在总体实施上必然要以协调统筹、提档升级为发展改革主题，以连点成线、阔线成面为主导方向，推动构建新时代大学生生命教育常态化模式。

第一节　新时代大学生生命教育的常态化模式的构建思路

　　开展大学生生命教育，不仅要让大学生学会感悟生命、敬畏生命、珍爱生命，还要促使大学生将追求人生价值与人生信念的理论付诸实践，进一步升华生命。

一、提出并践行"德心共育"的新时代大学生生命教育常态化模式教育理念

　　深入研究德心之间的辩证关系，提出了"以德养心，以心育德，德心互哺，德心交融"的德心共育核心价值观教育新理念。注重优化大学生道德认知、道德情感、道德意志、道德行为等道德心理结构，注重发挥大学生心理过程与接受、个性心理与接受、心理状态与接受等价值认同接受机理，为思想品德与心理教育的深层次有机结合提供了理论支撑，确立了大学生生命教育常态化模式的理论和实践模式。

二、创建并运行"协同创新"的新时代大学生生命教育常态化模式

　　运用"协同创新"的先进组织模式，创建多主体、多因素共同协作、相互

补充、配合协作的教育模式。模式的构建与运行由接受主体、接受中介和接受客体，通过方案实施、信息反馈、方案调整、效果评价四个环节的有序循环，有效促进接受主体循序渐进地完成注意信息、保持信息、接受信息、心理内化、改变认知、转变态度、影响行为的接受过程。通过教育由物理过程向心理过程的转化，进而表现出相应的外化行为，最终实现教育目标。

三、创设"六位一体"大学生生命教育常态化模式的运行路径

大学生在接受教育的过程中，心理具有"开关"和"选择"的特点。设计思路运用情境设置技术，创设了创新教学模式、运用"互联网+"、拓展心理素质、营造校园文化、建设实践基地、进行挫折教育等富有吸引力、感染力的教育活动，形成了"无处不在、无时不有"的教育情境，给学生提供了选择、摄取、体验、实践的空间，使其在潜移默化中将外部教育影响转化为内在稳定的生命价值观。

四、构筑大学生生命教育常态化模式持续有效运行的保障基础

为保障大学生生命教育常态化模式持续有效运行，需要组建大学生心理互助联盟、营造生命教育心理环境、建立生命危机干预系统。

（一）组建大学生心理互助联盟

将传统的"管理本位"转变为"学生本位"，建立大学生心理互助联盟，构筑大学生社会支持系统。以大学生心理成长动机为基础，以互助自助为活动方式，引导大学生在团体氛围中实现生命观的转变。充分调动了学生自我教育、同伴教育的积极性，构筑了学生互助成长的能动体系。

（二）营造生命教育心理环境

打造以"校园、班团、网络、社团、寝室"为要素的生命教育校园环境，以三级心理之家建设为主线，开展生命教育环境创设活动。增强了学生自我成长的主动性，实现了良好的朋辈互助互动氛围，为生命教育营造和谐的心理环境。

（三）建立生命危机干预系统

以医院、学校、院系（社区）、班级、寝室为纵向体系，以危机预防宣传、心理普查、生命教育、心理之家建设、生命危机干预为横向内容，建立五级联

动、五位一体的生命危机干预体系，实现生命危机的有效预防、预警和干预。①

第二节　新时代大学生心理接受特点分析与运行机理

大学生接受心理具有独立性、主动性、前瞻性、多变性、选择性、层次性、非理性等特点。运行过程因不同个体的特点不同，大学生接受心理具有复杂性。分析大学生心理接受特点以及运行机理分析对于生命教育常态化模式的构建与运行十分重要。

一、新时代大学生心理接受特点分析

"物以类聚，人以群分。"不同群体的心理接受活动，有不同的特点。不同的年龄段、不同的文化水平、不同的生活习惯等，都会对人的心理接受活动产生不同的影响。因此，把握大学生群体的心理接受特点，对于生命教育常态化模式的构建与运行，有至关重要的作用，决定了模式能否顺利构建与有效运行。

（一）大学生接受心理的独立性

随着社会的发展和文化的进步，人们逐渐由"自然人"，变为"社会人"，大学生自主、自立、自强的意识随之增强。大学生正处于走向成熟与自我完善的阶段，随着生活和经济逐步独立，思想活动的独立性进一步强化。高校在对大学生进行生命教育时，必须尊重大学生的个性，采用大学生能够接受和喜欢的方式与途径，引导大学生学会关心自我、关心他人、关心自然、关心社会，热爱生命，提高生命质量，理解生命意义，创造生命价值。

（二）大学生接受心理的主动性

大学生因为其身份和年龄特点，对新鲜事物的求知欲非常强烈，表现为求异心理强，易于接受各种轰炸信息，喜欢关注新的知识领域。这种对已知信息的不满足，是他们接受新知识的原动力。把握大学生这一接受心理特征，可以为生命教育提供一种新的思路，即放弃原有的"填鸭式"教育，创造条件与环境，激发大学生自主学习的兴趣与动力，这样不仅可以节省教育投资，还可以取得事半功倍的教育效果。

---

① 廖桂芳，金春寒. 大学生生命教育创新模式的构建与运行［J］. 教育与职业，2012，738（26）：85-87.

（三）大学生接受心理的前瞻性

大学生有追求理想的愿望，总是喜欢对现实做批判性的思考，对未来充满幻想，因此，不喜欢对已有经验进行传承，而更多地关注思想、舆论的前沿，对于新的理论与思想有较高的包容性。生命教育正好迎合了大学生求新的前瞻性心理接受特点。

（四）大学生接受心理的多变性

人的接受心理从来就不是一成不变的，总是随着社会实践的改变而改变，在社会转型的活跃时期，心理接受活动的变化显得尤为突出。当前大学生心理接受活动的多变性，也符合这个时代的特征。高校在对大学生进行生命教育时，必须保持敏锐性、洞察力和针对性，随时关注大学生心理变化的最新动向，及时洞察苗头性的问题，以科学的预测性和灵活多样的工作方法去适应大学生心理接受活动多变性的特点，引导大学生随着社会实践的深化，不断补充、修正、丰富自己对生命的认识，使大学生的生命观向积极健康的方向发展。

（五）大学生接受心理的选择性

随着现代科技的发展，信息传播工具和传输手段越来越多，现代媒体加上传统媒体，为大学生提供了大量的信息，形成了一个巨大的信息"买方市场"。随着大学生生活独立性增强，这种选择表现为一种自主性的选择。直接影响大学生信息选择的因素，一个是大学生的接受心理，另一个是被选择对象的吸引力。大学生接受心理选择性的特点，为高校生命教育的工作提出了更高的要求，这就需要生命教育工作增强"阵地"意识，一方面，要研究大学生的接受心理，利用现代科技手段增强各渠道信息的吸引力；另一方面，对一些会导致大学生产生错误的观念和认识的负面信息进行果断而有效的遏制，以减少这些信息的影响。

（六）大学生接受心理的层次性

不同地域、不同文化层次、不同生活环境的大学生，其接受心理会产生较大差异，甚至会迥然不同。随着社会经济的快速发展，社会的大变革和社会结构日益复杂，这种差异性更趋明显。比如，城市大学生和农村大学生的差别，生活在先富起来的家庭的大学生与其他大学生的差异。教育工作者应认真地去寻找他们的差异，并根据不同的情况因材施教。

（七）大学生接受心理的非理性

非理性是指对问题缺乏理性的思考，对外来的思想不愿做归因分析，不善于做后果思考，或处理问题感情用事，情绪处于一种浮躁的状态。在社会经济发展处于转型期的大背景下，大学生的心理感受到极大的压力，容易产生强烈的孤独、焦虑和不安情绪。这就要求生命教育工作努力提高教育和引导的质量，通过预防教育，大学生能够正确认识和理解生命，提高他们的自我保护意识和生存能力，提升他们的生命意识和生命价值，防范可能发生的危害。同时，对已经出现问题的学生，给予科学有效的教育干预。

二、新时代大学生心理接受的运行机理

大学生心理接受的反应状态、接收状态、解读状态、筛选状态、整合状态、化解状态构成了大学生的心理运行机理，运行机理的建构不仅是为了说明大学生的心理接受"是什么"，更是为了说明大学生心理接受状态是如何发挥作用的。因此，大学生对生命教育接受的大脑运行机理可做如下解读。

（一）反应状态

大学生主体的感觉系统，对施教信息做出大脑反应，移入大脑，形成相对应的观念形象。心理学上将注意分为两类：一是由外界刺激引起的结构性注意；二是由人的主观状态引起的功能性注意。反应的强弱受外刺激的强弱度和内需要切合度的高低影响。这个环节是接受活动的起始环节，是思想接受的准备阶段。

（二）接收状态

大脑把外来的信号所具有的物理能量转化为思想信息予以接收，但并未涉及思想信息的潜在意义，并未注意其信息意义的不确定性。接收状态受其心理准备状态的影响，但不会因需要而出现选择性舍弃。

（三）解读状态

对已接收的思想信息，做出自己的解读，这是对外来思想信息的对应状态，是由感性反应向理性反应的过渡，即产生第一印象。对外来信息的解读，受以需要的认知为基础的双因素影响。

（四）筛选状态

这是接受、解读后对外来思想信息的分解、选择过程，是大学生主体的理性反应。大学生主体根据对信息的解读与自身的需要，对施教信息进行筛选、过滤，进入思想库。每个人各有不同的筛选标准，从而产生不同的取舍与应对状态。

（五）整合状态

即对外来的信息的容纳、加工与整合，进而产生自己思想的重构过程。只讲新思想的获得，忽视新知与已知的整合、重构，思想接受难以到位。一般来说，只有外来信息与已有知识产生共振，在思想自组织规律的作用下，才能产生新知。

（六）化解状态

外来思想信息经过加工整合，转化为自己新的思想认知结构以后，接受活动并未停止，后续接受活动仍在进行。一是内化，经过接受者的自省、反思过程，内化为情感，融入意志、信仰等主体意识，使认知深化，出现稳定性的思想状态。二是经过社会生活的验证，转化为社会行为方式，在劳动、交往、生活的各个方面表现为行为习惯，转化为接受新知的预备状态。三是外化，融入人群、社会，影响周围人，扩散为社会意识和行为，表现为新的思维释放与吸纳。

第三节　新时代大学生生命教育常态化模式构建的原则与要素

构建新时代大学生生命教育常态化模式必须坚持以大学生为主体、重视体验与实践，强化德育与心理健康教育相结合原则、主导性与主体性相结合原则、时间与空间二维整体性原则、集体教育与个别教育相结合原则、继承借鉴与发展创新相结合原则。

一、构建原则

大学生生命教育常态化模式的构建，必须要有正确的原则作为指导。原则是人们在既定目标和特定条件下，观察和处理问题时必须遵循的准则和标准。生命教育常态化模式的构建原则，就是在生命教育规律的指导下，为实现生命教育常态化模式的构建目标，开展生命教育常态化模式的实践所必须遵循的基本准则。

（一）德育与心理健康教育相结合原则

德育与心理健康教育的相互融合，是一种崭新的教育视角，把生命教育的问题，从德育或心理健康教育的单一视角，转入德心共育的视野中进行关注，

"以德养心""以心育德",体现了学科交叉、协同教育的特点,具有创新意义。①

德育从关注社会对个体的政治思想、行为规范的角度出发,培养提高个体的思想道德素质。个体思想道德的形成是一个道德认知、道德情操、道德意志、道德行为共同协调发展的过程,其核心是道德内化,即将新的道德要求变成主体的道德行为。实践已经充分证明,德育的绩效取决于道德内化程度,而道德内化是道德教育信息通过个体心理素质,进行多方面的选择、分化、融合、顺应的过程,它必须建立在人的全部心理能力的全面发展和开放的基础上。因此,德育的实效性需要心育的支持和补充,即"以心育德"。同时,心育应以德育为导向,为有效实施心理健康教育提供一个背景更为广阔的理论支撑。心育在重视学生最一般、最基本的心理需求的同时,适时帮助学生澄清一些似是而非的价值观念,引导他们运用科学理论和方法对自己的内心冲突进行正确归因,进而帮助学生做出充分理智的、合乎需要的价值选择,从而使他们健康发展更具有后劲,并最终使心育的基础层次目标合理有效地延伸到德育这一较高层次的目标中,起到"以德养心"的效果。

在德育中注重遵循学生心理发展规律的特点,善于运用心理学的理论、方法、技术去辅导、引导、启发学生,培养学生高尚的道德品质。在心育中,遵循德育的原则,其教育目标、内容合乎社会规范、道德标准、价值取向。在教育实践中通过主题教育、团体辅导、社会实践、网络互助等途径,把德心共育的教育理念贯穿模式的构建与运行。

(二) 主导性与主体性相结合原则

传统的教育模式是以教师为主导,引领整个教育过程,教师在教育中起主要作用。不可否认,教育活动的开展和实施、教育方向的引导,都离不开教育者主导性的发挥。生命教育也不例外。但是,过去那种完全包办的主导教育做法已经不适用,在教育过程中,教育者要逐渐从一个完全的主宰者转变为"信息的提供者"和"顾问"。大学生在成长的过程中,已经具有独立自主的意识,教育者需要尊重他们的自主选择权,为他们的健康成长提供必要的指导,同时也要以身示教。"身教重于言教",即教育者只有在道德修养、文化水平、人格魅力等方面为学生树立榜样,才能保证教育者主导性的权威地位,才能把握生命教育的正确方向,才能顺利推行生命教育。

---

① 徐园媛,周优文,蓝善康. 大学生思想政治教育心理接受机制构建 [M]. 成都:西南交通大学出版社,2013.

主体性是现代教育的一种新理念，也是生命教育的一个特点，因为生命与主体不可分割，没有无生命的主体，也没有无主体的生命。因此，主体性就不仅是一般的教育原则，更应当是人们构建和运行生命教育常态化模式的原则。作为具有较高文化素养和主体意识的大学生，在生命教育中他们具备了一定的思辨能力和主观能动性，必然要注意主体性原则的运用，以此取得真正的实效。

生命是独特的，每个生命都有着不同的天赋、兴趣、气质、情感体验等，世界上不会有一模一样的人、一模一样的生命，当然也没有一模一样的个性。生命的独特性，是生命丰富多彩的基础。学生个性的完善不仅是生命教育发展的目标，而且是学生主体性发展的体现。生命教育要从大学生个人实际出发，构建学生的个性，让每个学生都能够展示出自己的风采，从而实现生命教育的目标。

在生命教育中，学生是生命的主体，教师同样也是。因此，尊重、关心、理解、信任主体生命是双向的，即学生也要以同样的态度与心情，尊重富有主体生命的每一位教师。生命教育的主体性原则就是要求高校在生命教育中把学生与教师互为主客体，加强师生"双主体"之间的互动。生命教育的过程是生命与生命的沟通和交流，甚至可以说，一切的教育与教学，都是在演奏生命的交响乐。

（三）时间与空间二维整体性原则

一般教育中，整体性原则强调的是从全局的角度把握整个教育的环节和过程。生命教育常态化模式也应遵从这一整体性原则。生命教育是一个系统工程，它有不同层面、不同对象的内容。面对复杂多变的社会，面对不同的生命个体、群体，高校的生命教育模式，既要具有针对性的措施，又要从生命教育的整体上、全局上进行把握，对生命教育的内容、实施等要从整体上进行规划部署。这里，生命教育的整体性原则要从时间维度和空间维度两方面来把握。

1. 时间维度上注重生命教育的终身制

注重教育的全面持续发展是教育的一个重要目标。生命教育作为一项系统工程，应该在其实施过程中围绕生命教育的目标，进行有计划的、分阶段的整体规划，对生命教育的各个层次的目标进行具体的分解、具体的落实并及时反馈实施目标过程中的问题。只有这样，才能真正实现生命教育的目标，达到教育的效果。学校期间的生命教育要体现在学生学习、生活、毕业的各个阶段，根据学生身心发展规律和全面发展的需要，分层次、分阶段、有针对性地科学规划生命教育的内容，把生命教育与学生的生涯规划结合起来，与学生的成长阶段联系起来，让学生实现健康成长。同时做好学校教育与家庭教育、社会教育的良好衔接，在整个生命教育的时间维度上，实现生命教育的终身制。

2. 空间维度上注重生命教育的全方位发展

生命教育既要发挥学校教育的积极引导作用，又要积极开发、利用家庭和社会的教育资源。在学校课程教学、综合实践活动等方面落实生命教育的同时，还要通过家长、学校、社区活动等多种途径，积极引导家庭和社会培养学生健康的生活习惯、与人和睦相处的技能和积极的生活态度，形成生命教育的合力，在空间维度上实现生命教育的全方位发展。

总之，要根据新形势下大学生的特点，积极探索和创新纵向衔接、横向联系，学校、家庭、社会相互沟通，课堂教育、环境熏陶、社会实践相互补充的生命教育常态化模式。

（四）集体教育与个别教育相结合原则

生命教育工作既要开展面向大学生集体的教育活动，又要注重对个别存在问题的学生进行心理干预，及时洞察学生的异常情绪与心理，做到防患于未然。

集体教育是一种普遍的教育，是依据集体的特点，面向集体中所有的成员，解决共同问题的教育方式。学校、院系、班级是大学生基本的社会环境，是社会关系的重要方面。学生的活动、交往大部分是在集体及其影响下进行的，集体的风气对每一个学生思想品德的形成都有着极其重要的特殊作用。因此，要以切实有效的教育活动努力促进学生集体的优良风气的形成与发展，帮助学生在集体生活中确立正确的人际交往态度，形成相互合作、相互关心、相互尊重的人际关系。

个别教育是针对个体的，是生命教育者根据个别学生的思想特点和心理特征，根据不同情况进行的生命教育、引导工作。每个学生的气质、性格、观念不同，他们对待集体教育的主观态度、接受程度也会有所差别，因此，要深入了解每个学生的特点，辅之以个别教育。与集体教育相比，个别教育的难度更大。在个别教育中，对集体中特殊成员的教育是重点。大学生的思想觉悟、道德水平、兴趣、性格、需要、动机等千差万别，应做到研究个别，注意特殊。个别工作的关键是深入、细致、有针对性，真正做到动之以情、晓之以理，立足于疏导，立足于转化。

集体教育与个别教育相互促进，相辅相成。集体教育可以为个别教育创造良好的环境和氛围。一个好的集体的标志是拥有共同的目标、共同的利益、共同的活动规范和正确的舆论，拥有坚强的核心，能够依据教育的要求完成各方面的工作任务。这样的集体是个体全面发展的条件,是激发人们上进的动力源泉,也是教育和转化后进者的熔炉。集体中的正确舆论和先进榜样,是个体成长的重要条件,特别是正在成长的大学生群体,由于兴趣一致、感情相投、思想相似,更容易接受同学、同伴的影响。同样,集体是由个体构成的,个别教育的成功,又会使集体教育更顺利、更有效,两者相互促进,形成良性循环。

(五)继承借鉴与发展创新相结合原则

生命教育在我国虽然起步较晚,但在中国传统文化中,蕴含着丰富的关于生命的哲学思想。探寻传统文化中关于生命价值与意义的思想并加以继承与发展,也是人们追溯生命教育的文化根源之旅。

生命教育在我国尚处在深化阶段,很多教育方式与模式还在不断探索中,而在美、澳、日等国家及我国港台地区,生命教育已经颇有成效,取得了许多经验,这就要求我国高校在进行生命教育常态化模式的构建与运行过程中,多参考借鉴国内外已有的经验与成果。生命教育要面向社会、面向世界,打破地域和国家的限制,加强同其他地区、国家的交流与联系,了解它们的生命教育情况以及经验和教训,吸收、借鉴一切对我国高校有益的东西,以便我国高校及时掌握国内外的思想理论动态和实践经验与可能对我国高校的生命教育造成各种有利或者不利影响的因素,从而及时反馈,制定相应的对策,促进大学生生命教育的不断进步和发展。

继承是发展的前提,借鉴是创新的基础。在继承传统文化中关于生命教育的优秀思想和借鉴国内外生命教育经验教训的基础上,重庆交通职业学院戴倩生命教育研究团体构建了大学生生命教育常态化模式,以德心共育理念为指导,以大学生生命观调查为依据,从心理接受与内化的角度,运用心理学的相关理论开拓大学生生命教育的路径,构建完善相应的保障与评价模式,在大学生生命教育的理论与实践发展中进行了有益的探索。

以上所述是大学生生命教育常态化模式构建的基本原则,它们结合了我国教育现状,综合了生命教育学、心理学、教育学、思想政治教育学等相关学科的知识和理论。这些原则不是互相孤立的,有着紧密又和谐的关系,都反映了人们对生命教育规律的把握,是大学生生命教育常态化模式构建与运行的指南和保证。

二、构成要素

大学生生命教育常态化模式的实施必须坚持接受主体、接受客体、接受中介的辩证统一，才能更好地优化常态化模式的运行。

（一）接受主体

接受主体即接受者，在生命教育活动中，是指接受生命教育的大学生及其群体。接受主体是人，但不等于人。"人并非都是和总是主体，只有在与一定客体的关系中通过自己的自觉能动而获得对客体的主动态势，发挥出能动的积极作用并取得支配地位的人，才会成为主体。"[1] 在实践中，接受主体之所以成为主体，是因为主体和客体的关系，从根本上说，是主体的活动与活动对象的关系。在大学生生命教育活动中，大学生及其群体是现实的、生动的、多样的，具有鲜明的心理接受特征。

接受主体主要指受教育者，即大学生。接受主体的生命教育，本质上是一种接受活动。接受主体的接受活动由注意信息、保持信息、接受信息、心理内化、改变认知、影响行为六个环节构成。接受信息，即受教育者通过眼睛、耳朵等感觉器官选择性地接受外界的信息。接受信息后，受教育者心理发生了内化行为，将自己所认同的新思想、新观念同原来的思想观念整合为一个统一的系统，具有持久性。信息经过接受主体的心理内化，进而造成态度发生改变，影响到接受主体以后的外界行为。这六个环节相互影响、紧密联系，构成了接受主体的心理接受活动。

（二）接受客体

大学生生命教育作为接受主体的一种对象性活动，总是收到接受关系系统的另一级——接受客体的信息。接受客体是外部世界中那些客观存在并被设定同接受主体相关联，而被纳入大学生社会生命教育活动接受系统结构，同接受主体一起发生了接受上的功能关系的生命教育信息。在大学生生命教育活动中，接受客体是由具体的接受主体根据自己的接受图式和接受能力进行的有目的选择，设定以外的不是接受客体。接受客体是一个复杂的系统，一方面，有许多构成因素、属性及规定性，因而客观上它的不同方面对接受主体的意义也不同；另一方面，面对同一接受客体，不同的接受主体根据自己的接受图式、接受能力，从不同层面、不同角度，选择接受客体。接受客体决定教育内容，生命教育的内容主要包括四个方面：生命意识教育、生命价值教育、挫折教育和死亡教育。

---

[1]　张耀灿. 现代思想政治教育学 [M]. 人民出版社，2001.

（三）接受中介

从哲学层面讲，接受中介是指事物之间借以相互联系和相互转化的条件或中间环节。马克思主义哲学认为，世界上的一切事物都是相互联系和相互转化的，这种联系和转化只有通过一定的中介环节和条件才能实现。在大学生生命教育活动中，接受主体和接受客体作为接受活动的两极，具有一般联系的特点，在两者之间，存在一个中介系统，人们称之为"接受中介"。它把接受主体和接受客体联结起来并使之产生相互影响和相互作用，从而使大学生生命教育得以展开。需要注意的是，接受中介是一个复杂的系统，由若干要素构成，教育者在接受中介中居于主导地位。课内教学、课外团学、学生社团、团体心理辅导工作坊、校园文化与家庭环境、网络互助平台、社会实践和成长论坛七者相互渗透、相互影响、相互作用，构成了接受中介的主要内容。

第四节 新时代大学生生命教育常态化模式运行因素分析

新时代大学生生命教育常态化模式的形成有多方面的影响因素，生命教育常态化模式运行因素也是丰富多样的。分析模式运行的四个循环系统以及心理接受的七个渐进过程，有利于促进新时代大学生生命教育常态化模式运行的优化与完善。

一、模式运行的四个循环系统

接受主体、接受中介和接受客体，通过方案实施、信息反馈、方案调整、效果评价四个环节的有序循环，共同构成一个整体性的运行模式，有效促进了接受主体、接受中介和接受客体之间的相互联系、相互作用、相互影响。

（一）方案实施

方案实施是指对大学生生命教育的实施从目标要求、工作内容、方式方法及工作步骤等做出全面、具体而又明确的安排。然后，在一定的活动目标下，按照特定的时间、地点和人员，安排开展一系列独特的、相互关联的活动并根据规范完成。做好方案实施的全过程管控，实行动态管理、全程督导和督查。从事前谋划、事中督导、事后应用三个环节着手，周密部署、扎实推进，确保大学生生命教育常态化模式有序、有效运行。

（二）信息反馈

信息反馈就是指由控制系统将信息传输出去，又将其产生的效果和影响反馈回来，并对信息再输出进行调整与控制，以达到预期的目的。心理活动会随着信息输入而不断变化，因而对方案实施出现的心理现象做动态分析很有必要。生命教育实施过程中的信息反馈是指大学生对生命教育内容提出意见和建议。信息反馈要做到正确、有力、灵敏。信息反馈的正确、有力、灵敏是教育实施具有充沛生命力的标志。要"正确"，就必须有高效、敏锐的分析系统，以精确过滤和精细加工接收到的各种数据、信息和情报等，做到"去粗取精、去伪存真，由此及彼、由表及里"。要"有力"，就必须将反馈回来的信息汇总后转化为有效的实际行动，以改进先前的教育实施方案，使教育更具实效，更有利于控制和管理目标的实现。要"灵敏"，就必须有敏锐的"感受器"，以便能适时察觉变化着的客观现实与既定计划的冲突。

（三）方案调整

方案调整指事物发展比较复杂，人们对它的认识往往难以一步到位，随着认识情况的不断变化及认识程度的加深，将原方案设计与实际状况不相符的部分，进行调整而编制的方案。本文特指针对大学生生命教育常态化模式运行实施工作中的信息反馈情况，对初始运行方案进行优化，使方案更有可操作性，效果更好。

（四）效果评价

效果评价主要是评价生命教育目标的实现程度。效果评价的目的在于对生命教育的价值做出科学的判断。生命教育需要教育效果评价模式的支持。科学的评价模式不仅能检验大学生生命教育的效果，还能对大学生生命价值观的培育起到激励和鞭策作用，增强生命教育的实效。

二、心理接受的七个渐进过程

（一）注意信息

注意是大学生对生命教育信息的指向和集中过程，是生命教育信息被大学生所觉察和吸引并专注于生命教育信息而产生的一种特殊的心理状态。通过这一过程，课程内容会被进行知觉编码，储存在短时记忆中。在大学生生命教育实施过程中，注意过程决定着大学生在大量的信息中选择生命教育信息。在大学生生命教育实施过程中，需要关注注意的两大要素，即外在刺激的强弱度和与内在需要的契合度，促使合理的外部刺激与内在需要有效结合，以实现教育效果的最优化。

（二）保持信息

保持，即把习得的生命教育信息转变为符号概念，以语义编码的形式进入长时记忆储存，形成内部表征。人们通常对一般性、普遍性的信息保持较短时间的注意，而对趣味性、特殊性的信息保持较长时间的注意。对信息保持的程度，与接受者自身的兴趣、外界事物的刺激强度及刺激持续性有关。因此，在大学生生命教育实施过程中，需要通过各种途径和方式不断刺激大学生，使其在相当长的一段时间内持续保持对教育内容的注意，减少干扰，提高信息保持的程度，为之后的信息接受与心理内化打下良好的基础。

（三）接受信息

接受信息的过程包括对信息的解读、信息的筛选和信息的整合。这个过程是教育目的实现的重要一环。只有接受教育内容，才能通过后来的努力内化为自身的一致价值观或价值取向。信息的解读包括两个方面，一是对思想信息传递源的意图性解读，二是对思想信息与自己的相关性的解读。在教育的过程中，必须让学生明确教师进行生命教育的意图，同时使学生明确生命教育对于自身发展的重要性。对于信息的筛选，被教育者因思维习惯的不同而各有各自的筛选程序，所以教师在实施教育活动的过程中，不能一概而论，而应把握不同学生的不同接受模式，因材施教。信息整合是被教育者依据信息化发展趋势，按照其自身发展的需要，对信息资源进行分配和共享，进而实现信息资源配置最优化、拓宽信息资源应用领域和最大限度地挖掘信息价值的接受过程。因此，应设定多种教育影响，形成"步步是景，处处是情，总有一处触动你"的教育情景。信息整合是大学生依据先前的认知经验来整合各种相关信息，形成新的知识体系。

（四）改变认知

被教育者在接受了教育内容并将其内化为自身的认知结构的一部分以后，就会逐步改变以往的认知结构，开始按照新的认知来理解和对待周围的人和事物。

认知改变是生命价值观改变的基础。认知改变过程是个体心理活动发生发展的一系列信息加工程序。个体对生命价值观知识的学习、理解依赖于其认知能力的水平。当大学生的观点、信念与生命价值观的要求发生矛盾时，就会有一种动力倾向性推动其进行自我调整，因而会呈现出与以往不同的价值取向。

（五）转变态度

个体对某一对象的态度改变不是凭空产生的，它是以个体所持有的价值观念为基础的。当大学生将生命价值观内化为自身的价值取向时，他们对待周围的人、事、物会产生暂时性的认知失调，通过寻求新的平衡，产生符合生命价值观要求的心理倾向。在集体利益与个人利益的选择上、在艰苦奋斗与奢侈享受的追求上、在诚实劳动与弄虚作假的权衡上、在遵纪守法与违法乱纪的判断上、在奉献社会与实现自我价值的认识上，都将发生转变。

（六）影响行为

当大学生将生命教育的内容内化为自身的理念意识之后，他们的行为就会随之发生变化。他们对待周围的人、事、物的态度也必将更加客观和理性，面对困难和挫折的时候也会更加坚强和勇敢，在很多关键事情和问题上能够做出正确的选择。

第五节　新时代大学生生命教育常态化 模式的运行分析

教育活动的具体内容，四个循环环节之间的相互作用，教育内容、教育活动和接受活动三者通过教育方式和心理认知两个环节共同构成了新时代大学生生命教育常态化模式的运行三个层面。三个层面相互联系、相互影响、相互作用，构成了层次鲜明、不断循环、有序有效运转的新时代大学生生命教育常态化模式。通过模式的运行，实现德育与心理健康教育的深层次有机结合，增强大学生生命教育的针对性和实效性。

大学生生命教育常态化模式的运行过程和大学生生命教育的接受活动是同时进行的，由此助推教育由物理过程向心理过程转化，进而表现出相应的外化行为，最终实现生命教育内化于心、外化于行、固化于性的教育目标。

大学生生命教育常态化模式的运行是以大学生为接受主体、以生命教育为接受客体的教育接受活动。其运行过程反映的是接受主体（大学生）通过接受中介（教育实施路径）对具体价值信息的认知实践过程。从构成上看，大学生、生命教育内容、教育实施路径是基本元素，这些元素按照一定的运行方式形成了稳定的接受结构。在运行过程中，这一接受结构通过各元素之间的相互作用，形成了层次鲜明、多维互动、持续运转的循环系统。

运行的第一个层面是课堂教学、团辅工作坊、网络心理互助平台、校园文化、社会实践、挫折教育等教育途径，通过相互渗透形成合力，构成知识的价值传递过程，形成教育信息的"从认知到实践、再从实践到认知"的循环过程。①

运行的第二个层面是接受客体、接受中介、接受主体之间通过方案实施、信息反馈、方案调整、效果评价四个环节的有序循环，有效促进了接受主体、接受客体、接受中介的相互联系、相互作用、相互影响，实现了教育由物理过程向心理过程的转变。②

运行的第三个层面是接受主体通过注意信息、保持信息、接受信息、心理内化、改变认知、转变态度、影响行为这样一个循环渐进的心理接受过程，表现出相应的外化行为。③

模式运行过程中，还包括大学生心理互助联盟、高校心理环境建设、大学生危机干预系统、组织保障、物质保障在内的五项保障措施，共同组合成一个集学校、学生、家庭、社会"四位一体"的保障支撑系统来维护模式的正常运行，从而构成一个层次鲜明、不断循环、有序有效运行的大学生生命教育常态化模式。

第六节　新时代大学生生命教育常态化模式
运行的保障基础

为了保障大学生生命教育常态化模式有序和有效地运行，本文进行了一系列创新性的探索和实践：将大学生心理互助联盟、高校心理环境建设、危机干预系统、组织保障、物质保障五者结合起来，形成一个完善的保障系统，在生命教育常态化模式的运行中，发挥查缺补漏、完善保障的功能。

一、组建心理互助联盟

大学生心理互助成长联盟由大学生组成，充分发挥学生的主体作用。大学

---

① 徐园媛，廖桂芳. 论大学生核心价值观教育心理接受机制的构建［J］. 学校党建与思想教育，2012（2）：65-68.

② 徐园媛，廖桂芳. 论大学生核心价值观教育心理接受机制的构建［J］. 学校党建与思想教育，2012（2）：65-68.

③ 徐圆媛，廖桂芳. 论大学生核心价值观教育心理接受机制的构建［J］. 学校党建与思想教育，2012（2）：65-68.

生心理互助成长联盟下设心理互助网络平台、心理互助热线、心理互助邮箱、心理互助 QQ 群、心理互助留言板、心理互助信箱、心理互助协会。心理互助网络平台属于交互主体性交流渠道，凸显大学生主体地位和主动功能，贴近自身问题和语境。心理互助热线是实时交流的对话平台。心理互助邮箱、心理互助留言板和心理互助信箱为交流平台提供非实时补充渠道，时空间距更能增强大学生主体意识。心理互助协会为互助联盟提供支撑平台，是心理互助联盟的载体。大学生心理互助联盟将传统的"管理本位"转变为"学生本位"，依托大学生社团、互助成长网络平台、互助成长热线、互助成长 QQ 群、互助成长微信等载体开展活动。大学生互助成长联盟充分调动了学生自我教育、同伴教育的积极性，构筑起了学生互助成长的能动体系；凸显了学生追求成长的主体性，为生命教育常态化模式的运行提供了强有力的主体支撑。

二、营造高校心理环境

建设和谐的高校心理环境，为大学生生命教育常态化模式的运行创设能动的教育环境，奠定良好的心理基础。前苏联著名教育家苏霍姆林斯基指出："用环境，用学生自己创造的周围情景，用丰富集体精神生活的一切东西进行教育，这是教育过程中最微妙的领域之一。"精心设计、创建良好的校园环境是培养"全面和谐发展的人"的前提。同时，它又是对学生精神世界施加潜移默化的影响的手段。受教育者在各种活动中所接受的信息，要经过一个内化的过程，即经过上述矛盾运动过程，这会使其原有的思想和心理状态得到进一步的发展和提高，外因转化成内因。而新的思想境界和认识水平一经形成，就会产生一种新的能动力量，并反作用于外部世界，使外部环境得到改造，内因又转化为外因。心理环境的工作重点就是要促进这个内外因的相互转化，从而形成高校心理环境的良性循环系统。

本书与高校心理环境建设研究相结合，探索构建对大学生生命教育起积极作用的、能动的教育环境。生命教育的开展应充分利用一切有利条件与教育资源，努力营造具有时代性、高品位、和谐开放的校园文化氛围，使学生在耳濡目染、潜移默化中接受教育。良好的校园文化环境可以让学生感受到大学学习生活的美好，提高他们的学识与生活质量，更重要的是能使他们以更饱满的热情、更充沛的精力去创造生命的价值。

通过建设心理环境，强化环境育人的渗透性和引导性，学生在良好的环境氛围中，接受生命教育的熏陶和感染，发挥环境育人"润物细无声"的教育功效为模式运行奠定心理基础。

三、建立危机干预系统

大学生正处于人生的特殊发展时期，对外界的探索和求知欲望与自身的心智发展成熟度存在一定落差，这就使其心理状态处于危机状态的可能性大大增加。危机干预系统是通过家庭、学校、社会各方面形成合力，预防大学生心理危机的发生。建立大学生心理危机干预系统，确定心理危机预警指标，对预测危机、防范危机和积极主动地应对心理危机具有十分重要的意义。心理危机干预系统的建立有助于引导当代大学生正确认识心理危机，理性面对和处理心理危机，适时把握转机，获得健康发展。[①] 危机干预系统还有助于及时发现和识别内在的和现实的危机，以便采取措施，减少危机发生的突发性和意外性。主要包括建立大学生心理档案、确定预警指标、形成监控网络以及高危对象的发现与主动干预四部分。

（一）建立大学生心理档案

第一，大学生基本情况。主要提供一些背景资料，以帮助教师深入分析大学生心理，正确诊断心理问题产生的原因。第二，能力情况及其教育建议。主要指大学生的智力水平、智力特点如何，怎样进行有针对性的智力训练；学生的言语智能和数学智能水平如何；能力倾向鉴定及创造力测量；等等。第三，人格特征分析及培养建议。主要是指大学生的性格类型及特征、气质类型及特征、个性心理特征，怎样进行教育，大学生的兴趣、态度、人际关系及品德特点等。第四，心理健康状况及辅导策略。主要是指大学生的心理健康水平鉴定，有无心理问题或心理障碍，程度如何，怎样进行教育或矫治。第五，学习心理分析及教育对策。主要是指大学生的学习态度、学习动机、考试心理等的诊断及因素分析。第六，职业能力倾向类型分析及指导。主要是指大学生的职业兴趣、职业能力的诊断分析其适合哪一类工作，从而为大学生做职业生涯规划和就业指导。

（二）确定预警指标

大学生心理危机的预警指标通常包括预警的重点对象指标体系、信息评估和危机处理。通过分析预警指标，获取预警信息，从而评估信息、评估危机严重程度，并决定是否发出危机警报，进行危机干预。

（三）形成监控网络

大学生心理危机监控网络包括监控机构和监控队伍建设。心理危机干预工

---

① 廖桂芳.“六位一体”大学生心理互助网络模式的构建与运行 ［J］. 教育与现代化，2010，96（3）：79-83.

作是系统工程，需要学校相关部门的配合，通过学校、心理健康教育与咨询中心院系、校医院—保卫处—教务处—学生社区、学生班级与寝室的学生心理危机干预六级网络，建成危机应对的快速反应通道，做到早期预防、早期发现、早期诊断、早期应对。

学校心理危机干预工作队伍分成专业人员与相关人员。专业人员主要为学校心理健康教育咨询中心的专职人员；相关人员包括各学院全体学生工作者，教务处、保卫处、校医院等职能部门人员，学校心理协会会员，学院班级学生骨干分子以及校外相关精神卫生与医疗机构人员。

（四）高危对象的发现与主动干预

高危对象通常是指有自杀心理倾向的、想自愿结束生命以求尽快摆脱困境的大学生。这些有自杀意愿的大学生在遇到难以解决的问题时，想逃避现实，为解脱自己想把自杀当作解决问题的手段。一旦发现高危对象，必须及时进行主动干预，以便将其自杀意愿消灭在萌芽状态，从而避免不堪设想的后果。

第一，建立心理健康教育机构。由专门从事心理卫生专业人员和负责学生工作人员共同负责心理健康教育。同时开展培训工作，使班主任、辅导员和学生干部等了解大学生自杀的心理特点和过程，掌握对高危对象自杀危险性的早期评估知识和干预技巧。第二，对大学生进行心理监测，筛选高危对象。对新入学的大学生应有心理监测专业培训人员为其进行心理测试。第三，对大学生进行心理健康教育。心理健康教育的内容必须根据大学生的整体心理素质，完善大学生的个性，培养社会适应性，树立正确的婚恋观，在建立和谐的人际关系以及控制能力等方面下功夫。第四，及时发现心理危机，给予紧急干预。研究发现，许多自杀现象并不是突然发生的，从自杀念头形成到自杀行为的选择有一个心理发展过程。第五，熟悉大学生自杀危机干预的步骤。做好自杀事件相关学生的心理修复工作，包括自杀未遂的个体和当事群体。[1]

四、组织保障

组织保障是指为某一特定目的服务的组织机构、相关人员的组成及其运行。为保障大学生生命教育常态化模式的构建，须提供相关组织保障，确保模式构建的人才需求。

（一）构建四级联动的"生命之家"组织

组织并不是由单一人员构成，而是由多方人员构成的一个群体。因此，需

---

[1] 胡凯. 大学生心理健康理论与方法［M］. 北京：人民出版社，2010.

要为大学生生命教育常态化模式构建提供全方位的组织保障。构建四级联动的"生命之家"组织，为常态化模式注入新的生命力。

1. 一级"生命之家"（班级、宿舍）

设立班级生命健康委员和宿舍生命健康信息员，充分发挥舍长、学生干部与心理工作爱好者的积极骨干作用，广泛联系同学、关心同学，在心理自助与互助的过程中，及时了解同学的思想、生活动态和心理变化。一旦发现异常，及时向班主任或宿舍管理员反映。

2. 二级"生命之家"（年级、楼栋）

年级辅导员、宿舍管理员和学生心理工作者要经常深入学生中，通过与学生面对面的谈话或心理互助网络平台的交流，了解学生的生命观及心理状况。在帮助学生解决心理困惑的同时，对学生的心理异常情况要有一定的敏感度，发现问题及时上报并给予能力范围内的心理援助。

3. 三级"生命之家"（院系、社区）

各院系社区负责学生工作的领导、教师、职工要对学校或院系组织开展的有关生命教育的各项活动予以支持和积极响应，同时，对有异常心理、行为的学生予以密切关注。学生干部、班主任要积极配合院系开展生命教育工作，充分认识到生命教育对学生自身健康与成长的重要性，做好本职工作，帮助有心理困惑的同学解决问题，或在专业人员的帮助和指导下对有异常情况的同学进行及时干预。

4. 四级"生命之家"（学校）

学校应充分认识到开展大学生生命教育的必要性，制订科学、系统、可持续的生命教育培养培训计划，有目的、有计划地开展生命教育活动，将生命教育列入学校课程安排和学生工作的长远规划中，从物力、人力各方面给予保障；聘请专业人员给予专业指导，培养教师队伍的生命教育意识，从宏观方面把握"生命之家"建设和生命教育的方向性。

（二）培养具有生命教育能力的教师队伍

提高教师队伍的教育素质是加强生命教育组织机构保障的重要一环。生命教育的实施是一项系统工程，"教育者必先受教育"。生命教育在整个教育领域中是一个新生概念，普及力度还不够。一方面，专业的生命教育教师队伍的不断完善，加之相关的教材、教案、培训材料的不断丰富，为高校开展生命教育提供了主力支撑。另一方面，学校的组织机构，上到学校领导，下到具体负责学生工作的辅导员、班主任，以及平日给学生上课的各科任老师，提高他们的生命教育意识及日常工作中开展生命教育的能力与素质，可以将生命教育潜移默化于无形，从而取得事半功倍的效果，这也是进行大学生生命教育的有力保障。

五、物质保障

物质保障即后勤保障，为保障大学生生命教育常态化模式的构建提供设施、经费、教育实践基地等。充足的经费、完备的设施和意义深远的实践基地是生命教育保障的重要内容。

（一）基本建设

大学生生命教育的开展，必须具备一些基本条件。首先，必须具有固定的办公场所，这是开展各项工作的先决条件。其次，办公用品的配备要齐全。生命教育的形式丰富多样，如参观访问、观看影音影像及各种各样的社会实践活动和社团活动。因此，除了日常办公所需的电脑、打印机等，还应配备照相机、摄像机、录音笔等高科技产品，以增强生命教育活动的趣味性、时效性，同时便于日后的存档与备查工作。再次，应有合适的生命教育活动场所。除了一般的会议室、报告厅等，还包括一些室外空间比较大的公共活动场地以便举行大型活动。最后，还应具备一定的宣传场所，包括文化长廊、宣传栏、校报、校园广播站、网络中心等传播媒体来加强生命教育的宣传和影响。

（二）经费投入

经费投入是大学生生命教育的重要保障之一。教育经费有国家财政拨付的，也有学校自筹的。构建经费保障体制，需要从教育行政部门及高校两方面进行。

1. 经费保障体制

教育行政部门、高校主管部门和学校要合理确定生命教育工作方面的经费投入科目并列入预算，逐年加大投入，确保各项工作顺利开展。

一是教育行政部门。对组织高校联合开展的大学生生命教育工作列出专门预算，保证各项工作的顺利开展。

二是高校主管部门。每年末与主管高校召开商讨促进大学生生命教育的专门会议，确定下一年主管高校的生命教育工作内容，并就相应工作做出经费预算。

三是高校。大学生生命教育工作的开展重在学校，而学校领导的重视程度，主要表现在经费保障方面。要做好生命教育工作，就要将开展生命教育所需要的设施、设备、活动场所（如情绪宣泄室、心理咨询室等）等纳入本校的总体建设规划中，每年都要有专项的生命教育经费预算，确保各项生命教育活动能够顺利开展。

2. 具体经费投入

除了日常办公经费，生命教育经费不仅包括用于受教育者身上的活动经费和教育经费，还包括用于生命教育教师的培训经费、科研经费和奖励基金。

（1）活动经费和教育经费。无论是开展大型的宣传教育活动，还是参观访问、组织社会实践活动，都需要一定的经费保障。

（2）培训经费。为了提高生命教育教师的知识水平、工作能力和工作效率，拓宽工作思路，改进工作状态，各高校需要经常性地组织和参加校内外各种级别的生命教育工作研讨会、专题培训会和交流会等。这些都必须获得经费支持。

（3）科研经费。随着社会环境的变化和教育对象的发展，大学生生命教育工作需要与时俱进、不断创新。创新不是信手拈来的东西，需要不断地调查、探索，经过反反复复的实践才能实现。为实现生命教育的不断发展与创新，有必要设立专项生命教育科研基金，保证生命教育的理论研究与实践调研的经费，鼓励一线工作者积极参与，探索生命教育工作的新路子。

（4）奖励基金。生命教育是一项长期而影响深远的工作，它的成果不是立竿见影的。为了增强生命教育工作的吸引力，调动生命教育工作者的积极性，有关部门要积极宣传生命教育的先进人物和先进事迹，颁发荣誉证书并给予物质奖励。

（三）教育实践基地

我国教育的基本方针中明确指出，教育与生产劳动和社会实践相结合。这就要求学校的教育要贴近生活、贴近实际，教育要走出校园、走进社会，理论教育要与实践相结合。大学生生命教育也应如此。

1. 社会实践基地

通过社会实践来获得知识是学生喜爱的教育方式之一。通过参加社会实践，能够全面提升大学生的心理素质，深入理解生命的价值与意义，在珍爱生命的基础上逐步达到自我实现的教育目标。

2. 培训基地

基于德心共育理念的大学生生命教育活动的开展，生命教育工作者不仅要具备一定的生命教育理论知识，还要掌握如交际学、心理学、传播学等学科的相关知识，一线教育者甚至还需要具备一些歌唱、演讲的能力，以便于生命教育工作的开展。而教育者的这些能力与素质，都需要通过不断的培训来获得。

3. 素质拓展基地

素质拓展是大学生非常感兴趣的活动形式，而进行团体心理素质拓展训练也是开展生命教育的重要途径之一。通过团体心理素质拓展训练，大学生的身体素质和心理素质得到很大提升，这种寓教于乐的教育方式所展示出的有效教育成果也是值得人们重点投入和发展的。

第七节　新时代大学生生命教育常态化
模式的运行效果

新时代大学生生命教育常态化模式的运行效果，实际是指生命教育常态化模式理论运用于实际，由实践检验得出的结果。理论联系实际是马克思主义主要的理论品质，是中国共产党的三大优良作风之一。理论联系实际，是马克思主义"活的灵魂"，是"共产党人从斗争中创造新局面的思想路线"。因此，分析新时代大学生生命教育常态化模式的运行效果，对于检验大学生生命教育常态化模式提出的构建理论有实际指导、反馈的作用。

一、新时代大学生生命教育常态化模式的创新

相较于以往单方面、不连通的路径构建，本研究从教育理念、组织模式、运行路径、研究方法等方面进行系统的创新，力图构建协同合作的大学生生命教育常态化模式，具体创新如下。

（一）教育理念创新

将德心共育的教育理念运用于大学生生命教育，并贯穿模式设计、构建、运行全过程。该理念将德育与心育有机结合，兼而施之、相互借鉴、互为转化，寻求最优化的交融和渗透，突出和强化了受教育者的主体性、能动性。实践意义的参与性、体验性，技术手段的自助性、互助性，心理接受意义的认同性和内化程度。

（二）组织模式创新

运用"协同创新"的先进组织模式，创建并运行多主体、多因素共同协作、相互补充、配合协作的生命教育常态化模式，形成了物理与心理、课内与课外、教师与学生、学生与学生、自助与互助、线上与线下、校内与校外等多层次、多形式、多功能有效运行的大学生生命教育全员参与模式。

（三）运行路径创新

运用"情境设置"技术，创设"七位一体"大学生生命教育常态化模式的运行路径，形成有效发挥学生知、情、意、行整体功能的教育情景。激活各种心理要素共同参与教育活动，促进各心理要素协调一致，实现了教育由物理过程向心理过程转化，体现了教育回归生活、教育融入生命的思想，为教育提供了新的载体。

（四）研究方法创新

1. 用团体心理训练的方法，拓展生命教育的接受渠道

对大学生开展开放性和接受性团体心理训练，优化学生接受心理，增强其接受新观念的主观能动性，为生命教育疏通了心理接受渠道。[①]

2. 将教育和心理实验手段运用到生命教育的教学改革实践中

将教育活动转变成实验干预条件，研究其对大学生生命价值观的影响。通过实验手段，提升了研究的科学性和规范性，提高了研究的信度和效度。

科技部西南信息中心查新中心于 2022 年 4 月 23 日完成的《科技查新报告》显示：本项目所述将德心共育的教育理念运用于大学生生命教育，运用"协同创新"组织模式、运用"情境设置"技术，创设"七位一体"大学生生命教育常态化模式及运行路径，构筑心理互助联盟、心理环境、危机干预系统等三项大学生生命教育常态化模式保障基础，在所检文献以及时限范围内，国内未见文献报道。涉及本项目所述特点的德心共育协同创新——大学生生命教育常态化模式构建与实践，在所检文献以及时限范围内，国内未见文献报道。

二、新时代大学生生命教育常态化模式的实践效果

学校结合成果的实施成立了以院党委副书记为组长的学校生命教育和危机干预领导小组，在下发的《关于加强学生心理危机干预及自杀预防工作的实施意见》中，要求各系和学生社区积极应用、反复实践。建立了重庆市大学生心理咨询专业委员会、重庆精神卫生中心、重庆交通大学等 16 个成果协作实践基地，依托协作实践基地深化理论成果并进行模式推广运用。自 2010 年以来，在大学生生命教育常态化模式（以下简称"模式"）运行中，重庆市高校约 48.3 万人次（其中，参加心理素质拓展和生命团体工作坊 18 万人次，参加生命教育

---

① 张建兴. 团体心理辅导在高校大学生心理健康教育课程中的应用［J］. 教育现代化，2018，5（11）：105-106，113.

普及宣传活动 2 万多人次，接受网络心理互助和网络生命专题教育 8 万人次，接受心理普查 12 余万人次，针对普查中发现的问题个别反馈 5860 余人次，选修心理学课程 1.5 万人次，参加生命教育讲座 6000 余人次，组织生命教育学生骨干培训 3600 余人次，参加心理互助社团 6000 余人次，参加三级心理之家建设 9000 余人次，参加大学生心理成长论坛 20 余万人次）的大学生参与到生命教育活动中。一个以学校为支撑，以教师为主导，以学生为主体，以课堂、团学、社团、网络、社会实践为路径，以心理环境建设为依托，以家庭、社会为保障的多维度、多层次的生命教育常态化模式正在有序、有效地运行。一个课内与课外、学校与学生、家庭与社会、自助与互助、社团与社区、网络与电话等多层次、多路径、多形式、多功能的影响力大、覆盖面广的生命教育全员参与模式已经形成。通过模式的运行，关注学生生命教育成了学校师生的共识，学生的心理素质得到提高，学生的生命观得以升华。

（一）学生认为：模式的运行为大学生成长打开了一扇"心"的大门

模式的运行取得了明显的效果。10 年来，接受生命教育的约 48.3 万人次学生参加了课堂教育、素质拓展训练、生命团体训练工作坊，接受了生命教育专题讲座，在网络平台中体会了助人自助的生命成长，在社会实践中感受了挫折教育带来的生命观改变；更加认识到生命的意义和生命价值体验，是自己大学生涯中的一次全新的成长历程和蜕变的开始，认为生命教育势在必行。马同学在参加生命教育系列活动后对生命有了新的感悟："人要像树一样活着，倘若还没有成长为一棵大树，也要像树的种子，即使被踩在脚下，也会吸收养分，苗壮成长。"曾因家庭变故有过自杀行为的刘同学说："参加了《生命如歌》团体辅导工作坊后，我对生命有了敬畏之心，感受到生命的伟大和珍贵，每个生命都是那么来之不易，每个人都应该好好地珍惜生命，对自己和他人的生命负责……"来自"5·12"汶川地震灾区的曲同学通过参加心系灾区、服务家乡社会实践活动后说："通过活动，告别了当初的迷茫和痛苦，已经能够面对挫折和灾难，以更清晰的视觉看待生命和未来，为自己的成长打开了一扇'心'的大门。"

（二）实验数据表明：前后测有显著差异，受试大学生生命观更趋健康成熟

通过使用"大学生生命价值观现状调查问卷"对重庆市 11 所高校 2578 名学生进行前后测数据比较表明，大学生生命教育实验活动对大学生的生命价值观在生命认知、生命态度和生命价值行动等方面具有重要促进作用，模式对大学生生命观有显著的影响作用，大学生的生命价值水平从中得到了显著提高。

表 4-1 实验组生命价值观问卷前后测比较 （N=2578）

项目	前测（M±SD）	后测（M±SD）	T 值	P 值
对身体的了解程度	2.311±0.665	2.202±0.673	2.543*	0.011
是否懂得保养身心	2.553±0.621	2.407±0.651	2.711**	0.007
生存技能评价	1.945±0.509	1.873±0.493	2.156*	0.031
自我态度	1.852±0.526	1.680±0.521	3.713***	0.000
对自杀的态度	1.394±0.567	1.301±0.558	2.074*	0.038
对生命目的的看法	1.670±0.619	1.540±0.790	2.115*	0.035
对死亡的态度	1.993±0.492	1.920±0.472	2.449*	0.015
缓解压力的方式	2.253±0.549	2.161±0.637	2.638*	0.029
对心理问题的求助方式	3.210±0.907	2.971±0.879	2.189**	0.006
是否能独立自主	3.348+0.816	3.343±0.674	2.062*	0.048

注：* 表示 P<0.05 ， ** 表示 P<0.01 ， *** P<0.001。

根据实验前后数据的统计分析表明，由以上教育路径传递的生命教育内容对于大学生生命观有显著的影响作用。①生命教育使大学生更加重视生命价值中的社会贡献、精神信仰等评价因子，对形体容貌和物质环境等的评价有显著下降。②生命教育使大学生的自我认同态度更加积极，生命目标的精神层次得以提升，更倾向以社会贡献和自我实现为人生目的。③生命教育改善了大学生对生死的态度，对生命和死亡的态度更加合理，对自杀的预估风险态度显著下降。④生命教育提高了大学生对自然生命的认知能力，增强了大学生生存风险技能，并且应对压力和心理问题的态度更加合理。

（三）专家及研究机构认为：模式丰富了生命教育理论，拓展了生命教育渠道

大学生生命教育常态化模式的理论研究和实践应用得到了心理学专家和相关机构的高度评价。其中，中华医学会全国委员、重庆市心理学会心理危机干预专委会主任、重庆医科大学教授况利评价：该成果结合大学生心理规律，激活了大学生在教育活动中去认识、感恩和发展生命，促进了大学生的成长和发展的统一，对生命教育具有重要意义。全国大学生心理咨询专业委员会委员、重庆市大学生心理咨询专委会主任朱卫嘉认为：该成果的实践运行表明了学生在生命认知、生命态度和生命价值行动等方面具有显著效果，成果具有内容创新、载体和方法上的创新，值得推广和学习。西南大学教育科学研究所、西南

大学心理健康教育研究中心评价：模式遵从教育规律和大学生心理发展规律，提出并实践德心共育的教育理念。利用校园网资源实现教育共享，通过班团活动实现集体成长，利用社会实践开发大学生自助互助意识，是值得推广和借鉴的生命教育模式。

（四）成果实践单位认为：模式操作性强，受益面广，具有很好的推广价值

2010 年以来，相继建立了重庆市大学生心理咨询专业委员会、重庆交通职业技术学院、重庆城市管理职业学院、西南大学、重庆交通大学、重庆邮电大学等 16 个协作及成果推广基地，为成果的推广和应用提供了有力的保障。实践单位认为：成果在理论与实践的结合上下功夫，针对大学生普遍存在的生命意识和价值观淡漠等问题，建构了切实可行的生命教育常态化模式。在教育模式的思路、载体和路径上有创新、有突破。模式设计的教育活动和方案具有很强的实用价值和可操作性，实践效果显著，为大学生生命教育起到了理论和实际操作指导。模式的运行，使生命教育渗透到大学生的日常思想政治教育工作之中，为思想政治教育提供了很好的教育契机和教育手段。

（五）媒体的关注与评价：模式是大学生成长发展的心灵家园

模式自运行以来，由于其新颖性和有效性，相继得到了重庆卫视、《重庆晨报》《中国心理卫生协会大学生心理咨询专业委员会简报》《中国交通报》等媒体的关注和报道。重庆卫视、《重庆晨报》在 2010 年 5 月 16 日相继报道了重庆市首届大学生心理成长论坛的实况，对论坛上大学生代表围绕大学生的心理成长展开的讨论高度关注，肯定了论坛的作用和价值。中国心理卫生协会大学生心理咨询专业委员会在 2009 年第 1 期简报中对重庆市大学生心理健康服务团 2009 年暑期活动总结进行了全文刊登，高度认可服务团"心系家乡，服务灾区，回报社会"的服务理念和实践。《中国交通报》在 2016 年 11 月 5 日以《学生互助缔结心灵之约》为题，报道了大学生心理互助网络平台的建设和运作模式，并详尽阐述了该平台的四大特点和三大创新点。2017 年 3 月，《中国教育报》《香港文汇报》、新华网、人民网、凤凰网等 28 家媒体以《生命教育课上很多大学生泪流满面》为题，报道了模式的应用效果。媒体的关注与积极评价，充分肯定了模式的理论价值和实践价值，促进了成果的迅速转化、应用和推广，产生了广泛的社会影响。

第五章 创新教学模式，提高生命教育实效

——新时代大学生生命教育课内教学模块

课内教学是新时代大学生生命教育的主渠道、主阵地。课程教育是新时代大学生接受教育的主要方式。课内教学是向大学生传授系统、扎实的生命教育内容的依托，要在理论层面让大学生对生命有正确的认知，才能更好引导大学生完善生命个体的成长、探寻自我生命的意义。开展生命教育要具有系统且完善的生命教育课程体系。通过课内教学加强新时代大学生生命教育，能够为生命教育的开展提供理论保障。设计新时代大学生生命教育课内模块，丰富教学手段，触及学生心灵，激活学生意愿，转变学生认知，改善学生行为，使大学生拥有健康的生命观。

第一节 新时代大学生生命教育课内教学模块的架构

课程是一切教育的载体与核心，合理且科学的课程设置势必会丰富新时代大学生生命教育内容。[1] 大学生是中华民族伟大复兴的中坚力量，高校教育工作者需要用心去观察，用心去思考，用心去构建适合大学生成长规律的生命教育课程。因此，要做好顶层设计，构建完善的生命教育课内教学模块。新时代大学生生命教育课内教学模块由思想政治理论课、生命教育专题选修课、课程思政构成。

一是要将生命教育融入思想政治理论课。生命教育是大学生思想政治教育元基点的现实呼唤。当前高校的思想政治教育课是由马克思主义基本原理概论、中国近现代史纲要、毛泽东思想和中国特色社会主义理论体系概论、形势与政策等课程构成的。思想政治教育者要充分挖掘思想政治理论课中的生命要素，

---

[1] 杨柯. 大学生生命教育课程的问题研究［J］. 中国职业技术教育，2016（29）：83-86.

将生命化教育从理论、教学、实践等全过程进行设计和完善，使生命化教育成为思想政治课教学的重要内容。完善生命化教育课程体系是推动生命化教育在高校思政课中深化应用的前提。

思想政治教育只有建立在生命教育基础上，才能真正实现立德树人这一高等教育根本任务，激活其内生动力。① 从教育目标达成角度来看，思想政治教育和生命教育不可分割。生命教育与思想政治教育应进行有效整合，实现两者之间相融相通、协同发展。与此同时，两者在教育理念、学生成长的目标等方面高度契合。思想政治教育需要"引导人的精神最深层的结构内容，使主体能够最大限度体现出对人生的终极依据、本体意义和价值目标的追求与寻找，是对人类自身有限性的超越，促使受教育者逐渐从被灌输到自觉认知乃至信仰的发展"②。正是这种精神牵引的作用，才使思想政治教育得以从关注人的生存完成飞跃，进而变为关注每个人自由而全面的发展，而在这个精神牵引的过程中，教育者必须要在思想政治学科背景下开展生命教育。思想政治教育的价值必须通过"有生命的活动"来体现。生命教育是现代思想政治教育发掘其自身生命力、展现其亲和力、保持其长久活力、实现灵根深植的一条发展之路。思想政治教育的重要任务是帮助人们发现、追求与建构生命意义，要真正做到这一点，思想政治教育就必须回到个体生命本身，回到个体生命本身的特性、所处的生存环境和当下状态，回到个体生命的经验和体验、具体而现实的活动之中，回到他们在现实生活中遭际的事件中。③ 因此，只有进行生命教育，尊重生命，关爱生命，揭示生命的意义和价值，思想政治教育才能真正回到本真，回归生活世界。将生命教育渗透到高校日常的思想政治理论课教学过程中是完全有必要的，这能够帮助大学生走出生命困境、提升思政教育的实效性、助力社会和谐健康发展。

在高校，思想政治理论课是贯穿大学四年教育的基础课程。近年来，各大高校都纷纷创新思政课的形式，增加了分组调查、社会实践等有趣的形式，对学生思想理论的引导和教育成效明显。④ 同时，学生自杀或伤人等不珍惜生命的

① 王铭. 基于课程思政的大学生生命教育有效路径探究［J］. 高教学刊，2020（33）：173-176.

② 朱萌. 思想政治教育视域中的大学生生命价值观教育：内涵、特征和功能［J］. 理论与改革，2015（2）：189-192.

③ 闫艳，王秀阁. 现代思想政治教育方法新探［J］. 思想政治教育研究，2008（1）：14-17.

④ 刘子萌. 将生命教育融入高校思政课的价值意蕴及实践路径探究［J］. 大学（思政教研），2021（3）：39-40.

现象偶有发生，因此，高校要在思政课中加入生命教育相关理论。首先，为思政课教学内容提供素材。高校思政课以培养学生的情感、态度、价值观为主要内容，渗透生命教育，能让教育内容更加丰富。其次，更有利于教师以及学生在课堂上角色的发挥。生命和每个人息息相关，生命是每个人都必须关注的话题，也正因为人的个性的不同，人的存在才更有价值。最后，有利于高校思政课感染力的提高。思政课不应该是枯燥乏味的理论课，应该是形式多样的体验课程，在教学过程中加入生命体验、生命意义的探寻等实践课程，一方面，能促进理论知识的学习，另一方面，还能增强思政课的亲和力。

二是开设生命教育专题选修课。设置专门的生命教育课程可以打破以往只有教育学专业学生能够接触到完整系统的生命教育，使其他各专业学生都有接触生命相关教育的机会，进而能够更好地提升整个大学生群体的生命素养。这种系统化、层次化的教学可以确保教育的系统性和实效性。高校生命教育专题选修课程的设置应从"感悟生命""敬畏生命""珍爱生命""升华生命"四个核心理念出发，整合"教育健康""预防艾滋病""毒品预防教育""环境教育""心理健康教育""青春期教育""安全教育""法治教育""地方教育""国防教育""民族教育"等专项教育，由浅入深、由表入里、由理论到实践，逐步深化和推进。由具有生命教育特质的元素搭建出具有生命教育特质的结构，才会具有生命教育的独特功能，受到大学生的认可与喜爱。四个核心理念互为前提、相互依存、彼此促进，共同构成了高校生命教育专题选修课的逻辑框架。

高校要想系统开展生命教育课程，必须先编制一套科学规范的教材，确定课程标准，并根据学生特点和我国文化特色制定操作性强、预期效果好的教学大纲，从而形成一套系统的、完整的生命教育课程体系。[①] 构建生命教育课程体系需要先明确此项课程想要达到什么样的教学目标，因为教学目标决定着教学内容和教学方法。同时，还应建立与生命教育课程相适应的教学评价体系，通过问卷调查、笔试、心理测试、访谈等方式来评价学生在学习生命教育课程后心理、认知、行为等方面发生的变化，并定期收集学生对此门课程的反馈意见，为后期课程的完善和改革奠定基础。

三是积极探索和挖掘高校专业课程中的生命化教育资源。拓宽生命化教育影响面，增强生命化教育在其他学科中的感染力。课程思政开展时间并不长，基本还处于探索阶段，这对基于课程思政的生命建设来说是挑战，但更多的是

---

① 王春艳. 高校开设生命教育课程的重要性及措施分析［J］. 黑龙江科学, 2022, 13 (17)：87–89.

机会，有利于高校教学管理工作者将课程思政和生命教育整体规划、协调推进。目前，多数高校对课程思政建设没有明确要求，课程思政的实施还停留在文件中和会议上。要将课程思政和生命教育相结合，实现基于课程思政的生命教育，学校层面应该采用自上而下的理念，做好顶层设计工作。想要将生命教育渗透到专业课程中，就需要专业课教师将生命教育思想、理念和内容有机融合到专业课程中。这种融合不仅充实了教学内容，而且体现了教书育人的根本目的和任务，同时体现了将自然科学和人文科学高效融合的教学理念。在实践性较强的教育课程中，可以鼓励教师设计职业岗位情境，将学生的职业生涯规划、职业岗位需求、团队协作能力、心理素质素养等能力贯穿一体化教学，潜移默化地将生命意义、人生目标等生命教育内容融合其中，不仅能够提高教学效果，而且完成了大学生生命教育的另一使命。

第二节 融入思想政治理论课，发挥课程的导向作用

2016 年 12 月，习近平总书记在全国高校思想政治工作会议上为课程思政建设指明了方向。在会议上，习近平总书记强调要用好课堂教学主渠道，各类课程都要与思想政治理论课同向同行，形成协同效应。课程是教育之本，合理且科学的课程设置势必会丰富新时代大学生生命教育的内容。在多元化的价值观视域下，生命教育所承担的教育理念是思想政治教育课程的重要组成部分，陈旧的生命教育内容不仅不能适应多元价值观的发展，更不能适应新时代大学生心理发展的特点。思想政治教育有着其他教育无法代替的效能——导向效能，这是思想政治教育目标性、意识形态性的反映。思想政治理论课是大学的一门公开课，是新时代大学生的必修课。该课程是培养新时代大学生正确有益的学习观、思想观、三观的重要途径。生命教育教会人们正确看待生死，热爱生活；思想政治教育则使人树立正确的理想信念、远大的奋斗目标以及规范自身的行为方式，从而使生命更加鲜活有意义。因此，在思想政治教育课程中融入生命教育的理念与内容，使生命教育的使命与课程内容相契合，符合提高思想政治理论课程有效性的客观需要。

结合思政课程，透析思政课中的生命教育内容。利用思政课这一主渠道来开展生命教育，应对思政课进行透彻的学理分析，强化大学生对生命教育的理论认知，进而运用学术话语支撑价值观层面的意识形态话语，这样的思想理论

才能说服学生，才能用真理的强大力量引导学生。思想政治理论课蕴含着丰富的生命教育资源，将生命教育融入思政课中，通过多种形式、方式，发挥课程价值的引领作用，构建充满生命力的课堂，触及学生心灵、转变学生态度、改善学生心态，转化学生行为，促进学生良好习惯的养成。思想政治理论课的价值是借助生命活动得以呈现的。思政课教师要认识到自身的价值和使命，主动发掘课程中的生命教育元素，在教学的过程中注重传达积极健康向上的生命观。要发挥思想政治教育的课堂功能，在教学中增加生命教育的知识，逐步从引导学生认知生命自觉开始，学会正确的自我生命认知，从而将习得的知识转化为自己的生命自觉，体悟生命的意义，进而去关照他人、社会以及自然，由内向外进行生命探索，实现自我与自我、与他人、与社会以及自然的和解与和谐，去追求为中国特色社会主义事业而努力的生命价值。下面列举在不同的思想政治理论课中如何融入生命教育元素（见表5-1）。

表 5-1

课程名称	课程板块	课程内容	课程目标
马克思主义基本原理	哲学	1. 阐述了关于世界观、人生观、价值观、历史观等内容 2. 辩证地看待困难和结果之间的关系，探析生与死的关系	树立正确的人生理想、信念、价值观等，提供追求真、善、美的衡量标准
	政治经济学	揭示了资本主义生产条件下人的异化的现象，进而表达了要求推翻旧的剥削制度，消除异化，实现人的本质的复归。	如何让有限的生命绽放无限的价值，引发学生对生命价值和意义的思考。
毛泽东思想和中国特色社会主义理论体系概论	近代中国救亡图存的历史	历史人物的生命观，介绍革命先烈的生命态度和生存技巧	构建大学生的意义世界，帮助大学生正确认识生命价值
	习近平新时代中国特色社会主义	以人为本	对学生生命个体的尊重与敬畏，体现出一种积极、乐观、向上的健康生命发展态势

续表

课程名称	课程板块	课程内容	课程目标
思想道德修养与法律基础	弘扬中国精神	讲述抗击新型冠状病毒感染疫情的爱国人士和组织的先进事迹介绍	弘扬中国精神，在大是大非面前有正确的义利观、生死观，最大限度地实现自己的生命价值
	明大德、守公德、严私德	讲述优良家风的传承	认识到每个家庭成员在优良家风建设中的作用
	尊法、懂法、守法、用法	法律条款的颁布	"捍卫生命价值""生命至上"

在"马克思主义基本原理"课程中，哲学部分科学地阐述了关于世界观、人生观、价值观、历史观等内容，要将其中的辩证法、对立统一规律与生命教育相结合。将"质量互变原理"与心理健康教育相结合，对大学生进行理性的引导，教导大学生正确面对挫折、面对成功，让大学生懂得任何事情都有一个从量变到质变的过程，对学生形成健康的心理品质有重要意义。在"辩证唯物主义"板块教学中，让大学生辩证地看待困难和结果的关系，引导大学生勇往直前地面对和解决问题，帮助大学生们树立正确的、有意义的、有价值的生命观。在知识习得中启迪生命自觉，寻觅生命的本质，从而建构自己的生命关系，实现人与社会的统一。与此同时，可以引导新时代大学生用辩证的思维来思考和探析生与死的关系，引导大学生理性、科学、辩证地看待死亡问题，让其更加重视生命的质量，为提升生命的质量不断努力。在"政治经济学"板块，通过对劳动学说和剩余价值说的深刻阐述，向人们揭示了资本主义生产条件下人的异化的现象，进而表达了要求推翻旧的剥削制度，消除异化，实现人的本质的复归，实现人与自然、人与社会、人与自我的和谐统一，实现共产主义社会的崇高理想的强烈愿望。这些充分彰显了马克思体系关于整个人类生命发展的伟大胸怀。基于此，思想政治教育者可以对这些素材进行挖掘、整理和提炼，让大学生懂得人的一生只是无限的历史长河中的一个短暂的瞬间。如何让有限的生命绽放无限的价值，引发学生对生命价值和意义的思考，引导大学生树立正确的人生理想、信念、价值观等，为人们提供了追求真、善、美的衡量标准。

在"毛泽东思想和中国特色社会主义理论体系概论"这门课中，将以人为本融入生命教育，以人为本引申到教学活动中，即重视学生个体的发展，以学生为中心，体现出对学生生命个体的尊重与敬畏，体现出一种积极、乐观、向上的健康生命发展态势。同时，在讲授近代中国救亡图存的历史时可以拓展历史人物的生命观，介绍革命先烈的生命态度和生存技巧。例如，毛泽东的生命观。毛泽东的生命观蕴含着丰富的内容。首先，毛泽东生命观的核心是为人民服务，一切为了人民的利益。毛泽东认为，生命的长短、出身的贵贱、职位的高低等，都不能作为衡量一个人生命价值高低的标准。一个人的生命是否有意义，应该看他是否是为了人民的利益，能否"全心全意为人民服务"。在毛泽东看来，一个人只要能为了人民的利益而努力奋斗，那他的人生就有意义、有价值，因此，"全心全意为人民服务"是毛泽东生命观的核心思想。1944年9月，在悼念张思德同志时，毛泽东说："人总是要死的，但死的意义有不同。中国古时候有个文学家叫做司马迁的说过：'人固有一死，或重于泰山，或轻于鸿毛。'为人民的利益而死，就比泰山还重；替法西斯卖力，替剥削人民和压迫人民的人去死，就比鸿毛还轻。"其次，毛泽东认为生命价值的实现在于斗争。斗争是一种奋发向上、昂扬进取的生命状态，在生命的长河中，形成昂扬进取的生命状态，就能为实现理想的生命价值而砥砺奋进，闯出一条辉煌灿烂的生命价值之路，从而促进生命价值的实现。毛泽东在一生中，始终以斗争作为生命价值实现的方式。马克思在回答为什么要斗争时，指出："在观点、利益和目的不一致的情况下，新时代的幸福是不能用假想的合理妥协和虚伪的合作等办法来达到的，这种幸福只有经过各个党派的斗争才能达到。"斗争，也是毛泽东的性格特点，同时，也是他对生命价值实现的理解。可以说，毛泽东的一生是斗争的一生，他与天斗，与地斗，与人斗，始终保持着昂扬进取的精神，这种生命状态来自他对生命价值的理解，是贯穿在他一生中的，表现为绝不向命运屈服，表现为机敏灵活应对挑战，也表现为超期思考出奇制胜。因此，毛泽东的生命观能使大学生在历史熏陶中增强生命意识，获得情感慰藉，有利于构建大学生的意义世界，帮助大学生正确认识生命价值。生命对于每个人来说都只有一次，即生命是宝贵和无可替代的。人们无法决定生命的长度，但可以拓宽生命的宽度，提升生命质量，实现人生价值。只有积极探索生命的意义，树立正确的人生态度，热爱生活，才能拥有一个丰富而完整的人生。

在"思想道德修养与法律基础"这门课的"弘扬中国精神"部分中融入生命教育，该部分主要是对抗击新冠疫情的爱国人士和组织的先进事迹进行介绍，可以以演讲的方式或者课件讲解的方式进行。那些最美"逆行者"不惧生死，把肩上的责任、民族和国家的大义放在第一位，这是"公而忘私、国而忘家""先天下之忧而忧，后天下之乐而乐"等伟大的中国精神的体现。他们当中有很多非常年轻的面孔，用自己的行动向世人展示新时代青年的风采，成为大学生学习的榜样。与此同时，通过对革命先辈的成长经历和环境进行全面了解，他们能够进一步加深对历史人物和历史事件的了解，还原历史真相，从而增强大学生的爱国主义情怀，升华爱国主义情感。新时代的大学生一定要弘扬中国精神，在大是大非面前有正确的义利观、生死观，最大限度地实现自己的生命价值。在"人生的青春之问"章节教学中，可以结合近几年发生在大学生身上的正反面典型案例进行生命价值教育。引导大学生认识到每个人在当今社会虽然都是独立平等的个体，但在高度信息化社会中，不可能一个人单打独斗，必须要有较强的团队协作意识。因此，要对团队每个成员及其生命抱有一颗平等敬畏之心。如孔子的"推己及人"就反映了人与人之间一种互相尊敬的精神。在"坚定理想信念"板块教学中，教师要结合新时期大学生的特点，重点对大学生的责任意识和奉献精神进行培育。在本章教学中，激发学生思考"我从哪里来、该到哪里去、如何面对学业、人生的职业目标是什么"等问题进行课堂思考讨论，结合专业使命和"两个一百年"奋斗目标，引导大学生把个人前途与国家发展态势紧密相连。在"明大德守公德严私德"板块教学中，大学生要认识到每个家庭成员在优良家风建设中的作用，要用积极向上的生命价值观引导家庭全体成员建设优良家庭美德，并一代代传承下去。在"尊法懂法守法用法"板块教学中不能仅仅解读法律条文，应结合相关案例就"珍惜生命"和生命价值思考进行讲解。结合《中华人民共和国民法典》的颁布，使学生意识到全面依法治国实则就是"捍卫生命价值"的体现；结合《中华人民共和国宪法修正案》的颁布，引导大学生明白生命至上正体现了我国宪法以人民为中心的原则。

第三节　开设生命教育专题选修课，增强课程的生命效能

保罗·赫斯特指出："不同知识领域在专业化关系方面有独一无二的概念。例如，数学有数、整数、矩阵的概念，物理学有物质和能量的概念。在任何知识领域之内，概念都被组织到专业化的网络之中。不同类型的考试和流程适用于不同的知识领域。"独一无二的概念和专业化的网络不仅是一门课程区别于其他课程的重要特性，也是课程开发者和实践者共有的关注焦点和思想支撑。当前高校大多将生命教育视为"隐性教育"，较为零散，要将生命教育独立出来进行完整的教学体系构建，就当前现状而言，其可操作性不高。虽然目前大学生生命教育作为必修课的可操作性不高，高校可以选择开设生命教育专题选修课。

生命教育选修课也要形成自己的核心概念和专业化的网络，只有由具有生命教育特质的元素，搭建出来的具有生命教育特质的结构，才会具有生命教育的独特功能，才能受到学生的肯定和喜欢。生命教育专家冯建军也提倡使用这样的方式，他指出："即使学科可以渗透一定的生命教育，但这种渗透也是不全面、不系统的。生命教育具有它不可替代的独特性，有其固定的内容，实有独立设置的必要。"

　　独立的生命教育课程能够使教师有目的、有计划、有组织地开展教育活动，系统地向大学生传授生命教育专业知识，使大学生深刻地认知生命、了解生命，使其在尊重生命、珍爱生命的基础上，创造生命的价值、追寻生命的意义、拓展生命的宽度。① 基于现实资源，笔者提出开设生命教育专题公共选修课。生命教育专题选修课以"感悟生命""敬畏生命""珍爱生命""升华生命"为核心理念展开，四大核心理念构建起初步的生命教育架构（如表5-2所示）。

表5-2

核心理念	教学目标
感悟生命	人的自然属性
	人的社会属性
	人的精神属性
敬畏生命	生命敬畏感
	死亡教育
珍爱生命	珍视生命
	生存技能
升华生命	审美教育
	寻找人生真谛

一、感悟生命

　　感悟生命是生命教育的第一个重要步骤。想要推动大学生树立正确的生命观，第一步就是让学生对生命这一常识概念具有正确的认识。古往今来，有无数学者对于生命的认知问题发表了自己的见解，这些关于生命的论断为当下开展大学生生命认知教育提供了丰富的理论资源。本书主张基于"马克思的人的

---

① 李永玲．社会转型期大学生生命教育研究［D］．长沙：湖南大学，2014：54.

本质理论"感悟生命的内涵。

马克思关于人的本质理论指出人生命的本质在于其自然性、社会性和精神性。这也与现代生命教育研究者何仁富的观点有相通之处。何仁富在生命教育著作中提出"人的生命是身、心、灵的统一体"。生命的本质由肉体、心理和精神三部分构成。现阶段进行生命认知教育，依然需要根据生命本质的属性构成与内在逻辑逐级展开。

首先，要基于人的自然属性感悟生命。人的生命是依靠着自然的肉身呼吸和生存的，生命具有自然存在、客观存在的价值，自然层面的认知是个体生命认知的基础，学生应当了解什么是自然生命，认识自然生命的构成要素、阶段特征、发展规律。人是自然世界的产物，也必须遵循自然物的发展规律，必须经历生老病死的生命历程。生命是平等的，也是唯一的，每一个独特的生命在灭亡后都不可能重生。毕达哥拉斯说过，生命无比神圣，人类存在的本身就有价值，只有人类能存活，才能有人类这一物种的不断延续，才能有物质生产和文化艺术。人的生命的自然存在是实现生命价值的前提条件，人应当充分珍视自己的自然生命，同时尊重和敬畏他人的自然生命。大学生都应当认识到生命的可贵，不能轻易放弃自己的生命，更不能漠视、伤害他人的生命。

其次，要基于人的社会属性感悟生命。人类是社会性的存在，每个个体生命都与社会中的他人存在着千丝万缕的网络关系，社会交互性已经沉淀为人类生命的重要属性。正是由于人的生命总是依托社会关系存在，人的生命意义也总是凭借社会关系实现。当代大学生应当明确意识到自己不是孤岛般独立存在的，而是依附于复杂多样的社会关系而存在的。认知自身的社会生命，可以从社会角色认知、社会生存认知、社会责任认知等方面着手。每个个体生命都拥有包括民族角色、性别角色、工作角色、家庭角色等在内的形形色色的社会角色，应当充分认知和认同自身所处的社会角色，将自身生命更好地融入这些社会关系与社会角色中。对于社会生存的认知，是当代大学生跨入成年、迈入社会的重要认知内容。没有谁一出生便懂得如何在社会中生存、如何经营自己的社会生命，人们必须在充分理解什么是社会生存、如何实现社会生存的基础上，来进行社会适应、生存发展的积极尝试。依附于社会关系存在的人，理应对所处的社会关系负有天然的责任。大学生应当认识到这种蕴含于社会生命中的社会责任。

最后，要基于人的精神属性感悟生命。人的精神属性指人的生命是一种超脱于客观现实的超越性存在，它超越了人的肉体、人的社会关系，追求精神世界的觉醒与提升，追求心灵的升华与人格的完美。人的精神生命在人的生命存在中起着慰藉和引领的作用，当代大学生不能忽视或轻视精神生命，而是应当积极探寻自身生命的意义追求、建设自身生命的精神家园，使自身的行动成为超越生理本能的生命活动，以有限的生命追求无限的知识、追求自由的境界、追求更高的价值。认知和构建自身的精神生命，可以从培养生命智慧、滋养生命道德做起。古希腊大师苏格拉底说过，哲学就是爱智慧。要追求精神生命的充盈，离不开在知识学习中磨砺智慧的过程。精神世界的觉醒建立在充分的知识积累上，对生命意义的追问建立生命智慧的积淀上。生命道德对精神生命同样重要。一个人的道德境界较大程度上决定着一个人的精神境界，崇高的道德总是指向心怀天下、奉献社会的精神追求。要想领悟和实现生命的精神属性，就离不开对生命智慧、生命道德的追求。

二、敬畏生命

生命伦理学家阿尔贝特·施韦泽指出："只有人能够认识到'敬畏生命'，能够认识到休戚与共，能够摆脱其余生物苦陷其中的无知。"人方知敬畏，敬畏感是立足于人的生命本身的特性，它的存在是人的生命发展臻于美善、整全、卓越的动力。探究人的生命敬畏感是新时代发展过程中亟须思考的话题，是身处后疫情时代的人类在生存中需要坚守的生命伦理，更是以发展生命、完善生命为价值旨归的教育在当前需要思索的问题。

第一，明确生命敬畏感是人独具的生命特性的要求。敬畏使人超越动物性，成为"厚德载物"的人性丰富之人。哲学家赫舍尔主张"敬畏不只是一种感情"，"它也是一种理解方式，是对比我自身更伟大的意义的洞察"。就此意义来说，生命敬畏感是隶属于人的生命特性，它指向的是人的生命发展到一定阶段形成的有所敬畏的心理状态与敬畏一切生命的价值坐标，它指向的是人负责地、超功利地、虔诚地、心怀敬意地对待一切生命的态度，它烛照着人的内在生命与外在生命、内在生活与外在生活。持敬畏、知敬畏使人的行为指向对自我自然生命的保存与发展、他者自然生命的尊重与呵护、自我精神生命的眷注、自我价值生命的充盈、自我智慧生命的省察。它使人意识到自我生命与他者生命的联系，心怀对他者自然生命与自我自然生命的怜爱与敬重，促使人孜孜求索生命意义的崇高、精神生活的丰富、内在人性的美善、有限生命的超越。这正契合了赫舍尔所认为的，敬畏是对"更伟大的意义"有所洞察。舍勒也曾指出，"我们一旦关掉敬畏的精神器官，世界就立即变成一道浅显的计算题。只有敬畏才使我们意识到我们的自我和世界的充实与深度，才使我们清楚，世界和我们的生活具有一种取之不尽的价值财富"。一个失敬之人很难意识到生命的可爱与可贵、崇高与神圣，他也将陷入虚无与荒诞之中。因此，生命敬畏感使人能够自主理解自我与其他生命的价值、意义、联系，能够以超越的态度对待自身生命的发展，以虔敬的姿态同宇宙间其他生命和谐共存。

第二，死亡教育。生是个体生命历程的必然开端，死是个体生命的必然结尾。死亡教育探讨了大众、社会以及其他领域对死亡的主张与观点。通过死亡教育来帮助大学生在理性认识生死关系的基础上追求生命的意义。首先，应当正确认识死亡。死亡，意味着丧失生命、停止生存。从自然科学的角度来看，死亡是停止呼吸、停止心跳、停止大脑功能的运作，是自然生命体的衰亡。从社会科学，特别是哲学的角度看，死亡有着更加深刻的含义，例如，人生命属性的丧失以及不可逆转的终止。存在主义哲学家海德格尔在《存在与时间》这本书中提出，死亡是"此在"的终结，死亡这一终结使人的生存成为一个整体，人的存在就是朝着死亡的存在。作为生命存在的一部分，死亡具有丰富的生命价值，它能激励人不断审视自己的生命、不断探寻自己的生命意义。正是因为有死亡，人才会认真审视和反省自己的人生，思考自己存在的意义。也正是因为有死亡，自然环境才能保持良性的生态循环，让生命得以代代延续，让人类族群得以完善和进化。生命的死亡往往强调的是其自然属性的死亡，人的生命还有精神方面的属性，这种超越客观自然的精神生命在自然生命死亡后还有存在的可能，例如，杰出的科学家、哲学家死亡之后，他们的思想、理念、精神还能够在世间传播和延续。自然生命的死亡是生命存在的必然归宿，而精神生命却有永不消亡的可能性。有的死亡轻于鸿毛，身体的衰亡意味着一切的消失，而有的死亡重于泰山，自然生命虽然终结，精神生命却依然存在、影响着他人，乃至整个社会。开设"生命共同体"课程，在课中引导大学生尊重生命，尊重生命的基本内核是平等，认识生命尊严所具有的平等意义，并以此树立起生命共同体意识。在和谐自我与他人的关系、自我与社会的关系中，经历种种苦难，在事业、感情的历练中走向更高的生命境界。

其次，应当正确看待生与死的辩证关系。生命与死亡是互相对立的也是互为统一的，二者相辅相成，共同构成了生命的全过程。没有生的前提，就没有死的结果。没有死的终结，又怎样定义生的存在？道家有云："物方生方死，方死方生"。有些人恐惧死亡、排斥死亡，不能正确地看待和接纳死亡，是因为他们不懂得死亡就在人生之内，完整的生活过程是包含自然死亡的。海德格尔认为，人就是走向死亡的存在，死亡对于人的生命具有重要的意义。新时代大学生应当学会正确看待生命与死亡之间的辩证关系，懂得死亡是生命不可或缺的一部分，以豁达的心态面对生命中必然来临的死亡，在死亡来临以前努力创造有无限价值的人生。在这部分可以开设"向死而生"课程，在课程中，通过影视赏析分享自己对于生死的观点，运用一段段浓缩的、夸张的、丰富的影视素材，生动、鲜活地呈现众生百态，给大学生带来身临其境的直观感受和深切触动。例如，观看《寻梦环游记》《入殓师》《人间世》《急诊室故事》等优秀影视作品。

最后，要引导大学生处理好自我生命与他人生命的关系，要做到平等地对待万物的生命，引导大学生敬畏他人的生命，尊重他人的生命。生命是平等的，一切生命都应该平等地被人对待，包括平等地对待动物、植物的生命。新时代的大学生出现伤害他人生命的行为并不少见，所以，必须正确地引导大学生尊重和敬畏他人的生命。开设"生活从学会与人沟通开始"课程，让大学生学会以真情换真情、从情绪心理的维度学会与人交流，促进大学生身心健康发展。开设"珍惜生命，做好生命加减法"课程，将课程延伸至社会，充分利用医院、临终关怀机构、红十字机构、养老院等开展公益性、体验性的生命教育实践活动。让大学生在近距离感受自然生命生存发展的过程，逐渐培养大学生健康的生命观念，让大学生在关爱自己生命的同时也关怀其他生命体的生命，增强其对生命的责任感。

三、珍爱生命

生命具有唯一性、不可重复性的特征，"珍爱生命"是新时代大学生生命教育核心理念之一。需要以更健康、更合理的生活方式，善待生命、珍爱生命、呵护生命。

第一，珍视生命。要让学生从内心体验到每个人的生命都是唯一且不可重复的，生命对于每个人来说，都只有一次。开设"生命只有一次"的课程，在课程中不仅要从生物规律方面来给学生普及生命的不可重复性，最重要的是要从情感上认可生命的唯一性和不可逆性。此外，在课程中还要引导大学生悦纳自我生命。进入大学后，大学生除了学习成绩，家庭条件、综合素质、见识眼界等，各方面都会引起大家的关注，大学生群体中的人际交往、情感恋爱、社会交往充斥着大学生活，一股攀比之风在大学生群体中兴起。盲目的攀比容易造成现实的自我与理想的自我发生激烈的冲突，会出现想要摆脱现实的自我的想法，做出伤害自己生命的行为。因此，要对大学生进行自我生命悦纳认同的教育，只有坦然接受自我生命的优点与不足，才能真正地珍惜与爱护自己的个体生命。

第二，生存技能的学习。生命的存在不仅是生命教育，还是一切人类社会活动的前提和基础。只有珍爱生命的存在，才有发展一切的可能。开设"掌控人生之生存技能"的课程。生存技能是一个人生命历程中最基础又是最重要的能力，是保证个体成长和人类向前发展的基本能力。这门课程包括生命安全保护、生命安全救援。首先，在课程中，要引导大学生关注自身生命安全防护与保护，教育他们树立和强化保护自身生命安全的意识与行为。在人身财产安全、消防安全、交通安全、食品卫生安全、网络安全，心理健康等方面提高防范意识，掌握安全基本常识与避险技能。其次，教育大学生掌握必要的救护知识、安全救援知识，遇到危险时能够在保障自身安全的前提下对处于困境的人员实施生命安全救援。例如，应该使学生具备足够的防火常识，一旦发生火灾如何处理；地震时应该如何自救和互救；面对常见的气象灾害（台风、雷击）应该怎么处理；各种交通事故中应如何自救和互救；等等。除此以外，随着互联网的迅猛发展，大学生在获取各种信息的同时，也容易在面对繁杂的信息时，产生焦虑，因此，培养大学生鉴别、提取信息的能力，提高他们在信息时代的生存能力也应该被重视。

四、升华生命

升华生命，即在人生旅程中实现个体的生命价值与意义。生命意义由生命主体自主构建又在物质世界中得以体现，兼具主观能动性与客观物质性；生命意义既是人脑认知发展的产物又是人实践活动的成果，又是认识性与实践性的统一；生命意义既可以看作生命价值存在的单一整体，又可划分为多重的意义境界，是单一整体性和多重境界性的统一；生命意义既是人在某时段稳定存在的精神寄托，又是随发展境遇不断超越进步的意识信念；生命意义既具有稳定性，又存在超越性。①

第一，注重对学生的审美教育。审美教育的过程就是生命教育的过程。因为审美追求就是对生命的追求，审美创造就是对生命的创造，热爱审美就是对生命的热爱，审美态度的不同就是对生命态度的不同。因此，人们对生命的享受实质上是一种最高的美的享受。生命价值的提升不仅应贯穿生命的全程，还应超越生命的时间界限。有时，个体的生命价值，甚至是以牺牲生命作为代价来体现的。这正如臧克家所写的："有的人死了，但他还活着。"教育是生命增值的重要工具。生命增值的途径有很多，但教育却是使生命展现活力的最主要的途径。开设"发现生命之美"课程，让学生走进自然，在观赏万物，爱莲玩

---

① 朱冰．当代大学生生命意义教育研究［D］．长春：东北师范大学，2020：45.

草、望花随柳中，将个体生命与宇宙生命打成一片，以真挚的感情来欣赏和理解大自然的奥秘，从而获得一份生命的喜乐，一种充盈流荡于宇宙人心间的生命诗情。

第二，寻找人生真谛。人在实践过程中，需要对自身的本性和生存的意义不断地深化追问，对自身的处境进行深刻反思，只有这样才能深入地理解自我、给自己更准确的定位，从而更明确生命的追求和真谛。因此，人的发展是一个长期的过程，是在人的社会生活中逐渐形成的，同时，又是对人的物质生命的超越和升华，承载提升人生命质量的重要任务。可以开设"为生命增彩"课程，该门课程立足于大学生自我实现的需要，以探索和实现生命价值为目标。在课程中，教师应该引导大学生懂得人生的意义，过好人生的每一阶段。在步入一个新的阶段时，能在这个阶段设定目标和最高规划，在每个阶段要有一定的收获。大学生在成长发展过程中，正确理解人生意义；在学习与生活上，都会更加的自信和有目标，在整个人生过程的实践中，都会过得充实和踏实。生命价值的实现有很多方式，在课中还应引导新时代大学生把为人民服务作为最高理想，以此来实现自身的生命价值。弘扬生命价值，为大学生生命价值提供发展方向，也为社会营造一个良好的生存和发展环境。与此同时，还可以开设"积极暗示为生命赋能"课程，培养大学生积极健康的心态，给大学生传达积极的心理暗示，鼓励大学生不断领悟知识，进行自我教育，从而在面对人生逆境或顺境时，不断调整、适应、学习、成长，逐渐成熟并实现自身的生命价值。积极情感的表达更有助于形成个体积极的生命观，塑造更健康的人格。

第四节 依托课程思政，挖掘全课程的生命教育潜力

除了思政课的主渠道作用，其他各科也要种好责任田。课程思政不是依靠一门课程、一个教师开展，而是全程、全员、全课程的育人格局，这与新时代大学生生命教育倡导的关注生命个体的发展历程、个性的生成过程是一致的。新时代大学生生命教育依托课程思政，就是要将生命教育通过"基因式链接"植入各门课程的教学中，使每一门课程都渗透"生命教育"元素，实现"塑造生命"的"润物细无声"。每一位教师不仅要成为传授知识的大先生，也要成为"用生命影响生命"的"灵魂工程师"。这要求每一位教师都必须具有生命教育意识和生命教育责任，主动挖掘课程中的生命教育因子和生命逻辑，在教学过程中注重传达积极向上的生命价值观。课程思政旨在建立"大思政"格局，其

目的是通过将思想政治教育融入"全课程"中，以增强思想政治教育的有效性。高校应以"课程思政"为载体，积极探索新时代大学生生命教育的有效途径和措施，充分挖掘各个学科课程中的生命教育元素，有效发挥课堂教学的全员、全方位、全过程育人作用。基于课程思政对新时代大学生开展生命教育，通过课程思政的"三全"立体化育人模式，能将生命教育"润物细无声"般渗透在人才培养中，增强生命教育的系统性和协调性。

生命教育渗透到专业课程中，需要专业课教师将生命教育思想、理念和内容有机融合到专业课程中。这种融合不仅充实了教学内容，而且体现了教书育人的根本目的和任务，同时体现了将自然科学和人文科学高效融合的教学理念。很多高校不同专业学生的专业课程大多有实践性、操作性强等特点，教学形式多为理、工一体的教学模式。在实践性较强的教育课程中，可以鼓励教师设计职业岗位情境，将学生的职业生涯规划、职业岗位需求、团队协作能力、心理素质素养等能力贯穿一体化教学中，潜移默化地将生命意义、人生目标等生命教育内容融合其中，不仅能够提高教学效果，而且完成了大学生生命教育的另一使命。

一、运用发展眼光，打造生命课堂

专业课教师要运用发展的眼光、动态的视角将与生命教育相关的理念、目标、方法融入课程。首先，大学生生命教育本身会随着高等教育的改革、国家与社会发展、国家对生命教育的要求及时调整自己的教育内容、教育方式。只有采用发展的、动态的视角与眼光去构建大学生生命教育课程，才能真正释放出生命教育的活力和生命力。其次，高校大学生本身就存在年龄、知识结构等的不同，因此，专业课老师应注意各个年级间教育内容的区别与相互承接，使生命教育达到有的放矢，在大学生成长的关键期实现持续性与阶段性的有机结合，保证高校大学生的生命教育得以持续有效的发展。教育的中心是人，"是一种绝对存在的有意识、有价值、有趣味、有尊严、有烦恼、有问题也有希望的人"。知识掌握的关键是受教育者将新知识和"旧"知识进行有意义的联结。这样的联结需要知识的"主人"积极地亲身参与和主动地建构。每个学生都是生命的个体，都有接受教育的权利，在专业课的讲授中，教师要以学生为本，唤醒其生命意识，让其生命健康生存和发展。根据学生心理发展水平制定多层级的课程目标，注重因人而异，用"人"的方式理解人、对待人、关怀人，善于发现每个学生的兴趣、潜能、个性、经验，引导学生参与课堂，主导课堂的走向。根据大学生个体的特点与差异进行不同教育，用心呵护，使其自然生长，以提升学生的生命价值为最高目标，充分发挥个体的作用。

二、挖掘全课程潜力，充实生命教育内容

充分挖掘专业课程生命教育资源，实现生命教育在专业课程中的有效渗透。生命教育同专业课程的有机结合是开展生命教育的最直接手段。在具体实施时应全面考虑生命教育内容体系，合理编排教学内容，实现专业课程与思政理论课程生命教育的无缝对接。通过有计划、有步骤地将生命教育落实到具体课程中，努力实现知识传授与价值引领的有机统一。大学学科分为哲学、经济学、法学、教育学、文学、历史学、理学、工学、农学、医学、军事学、管理学和艺术学十三大门类。专业课教师应分别挖掘其中蕴含的生命教育资源。

（一）在大学语文教学中渗透生命教育

语文作为一门人文学科，其学科性质决定了其蕴含着丰富的生命教育意蕴。作为母语，语文是民族文化的载体，记录着一个民族生命发展的历程。承载着延续民族文化精髓的使命；作为母语教育，语文伴随每一个人的生命成长，奠定了人一生的灵魂的底子。与此同时，语文还是对日常平淡、无意识生活的一种抛弃和对诗意生活的发现和创造，语文的存在就是要从纷繁平淡的生活中发现美、创造美、体验美，就是让学生在真实的生活体验中向往生命的辉煌。因此，人们不可忽视语文学科拥有的文化、精神和生命成长价值。在语文学科教学中，教师要把生命教育作为教学改革的一种新视角，在语文教学的各环节、各方面渗透生命教育，既要突出其作为母语教育在延续民族文化、增强民族凝聚力方面的重要作用，又要关注个体的生命成长，注重记录个体生命的跃动，成就生命的个性发展。首先，教师应通过解读文本，使学生看到生命的美好和价值，使学生领悟生命的意义，树立正确的生命观。其次，教师应通过阅读教学，实现一种生命与生命的平等对话。在对话中让学生体验、欣赏生命的美好和张力，引导学生认识"生"的可贵，从而"重生、乐生"。最后，语文教学可以帮助学生丰富文化的底蕴。文化的底蕴包括学识的积累，情操的陶冶，人格境界的提升，等等。例如，莫怀戚的《散步》、朱自清的《背影》体现了生命中浓浓的亲情，体现了一种美好的生命关系，读后感人至深，使人的灵魂得到净化。在这样的文字浸染下，生命会获得一种心灵深处的力量，人也不会变得冷漠无情。

（二）在体育教学中渗透生命教育

体育已成为人类生活中不可或缺的一部分，在影响和塑造现代人的精神与身体方面发挥着越来越大的作用。德国体育教学法专家海克尔教授评价体育课的质量时提出了这样的标准：一是"出汗"，二是"笑"。在海克尔教授看来，出汗多少，是学生运动量大小的标志之一。每当竞赛胜利或者某种愿望实现时，人就会发出各种各样的"笑"。适当的"笑"能使大脑皮层中的兴奋灶转换，消除精神紧张，加快疲劳的消除，提高机体的工作能力。实际上，体育的价值远远不止于它具有促进身体发育、强健体魄和劳逸结合的功能，更深层次的价值是其可以培植、释放和提升人心灵深处潜存着的狂热与痴迷，其还可以提升身体感知世界的能力，从而充分调动人们所有的感官投入生活，使心灵丰满和生活圆融。在体育课中，教师要让学生充分体会到体育中的游戏精神、竞争精神、超越精神，让学生在自觉遵从共同规范的前提下，最大限度地发挥个人的潜力，追求卓越和成功。此外，要让学生认识到真正杰出的运动员绝对不是"四肢发达，头脑简单"的人，而是拥有沉着与机智，同情与关爱诸多美好的品质。

三、在医学中渗透生命教育

医学课程主要由基础医学、临床医学、人文社科课程、思想政治理论课程等四部分组成。在专业课程方面，学生主要学习医学方面的基本知识和基础理论，培养对人类疾病认识、诊断、治疗、预防方面的能力。与人类性命相关是医学专业的鲜明特征。生命教育以生命为核心，以教育为手段，引导学生感悟生命、敬畏生命、珍爱生命、升华生命，从而促进人的全面发展。生命教育以生命为中心内容，各门医学专业课程也围绕人类生命相关知识展开。医学专业课程本身蕴含生命教育的知识，以之为载体，从中阐发思政意义，在学习中融思想性、知识性于一体，将科学与人文有机结合。思想性是课程思程的目标所在，即在专业课程中融入思政要素实现思政教育，从而实现专业课程"守好一段渠、种好责任田""与思想政治理论课同向同行，形成协同效应"。具体说来，医学专业课程从各个角度说明"生命来之不易的事实，保卫生命健康的科学规律"，提供了在专业课程中阐发"珍惜生命，敬畏生命，尽责地保卫生命，努力实现生命价值"等思想的知识素材。

生命教育对于培养合格的医学生至关重要。医学兼具自然科学和社会科学双重特征。现代医学以数学、物理、化学、生物学、解剖学、药理学等自然科学为基础，形成了系统的人类防病、治病科学知识体系。医学服务的对象是人，人是有感情的社会人，人的防病、治病又受到人的心理、感情、意志等多重因素的影响。医者只能在国家法律、社会伦理和职业道德等框架内去实施防病、治病的行为。医患关系绝非等价交换的买者与卖者的关系，正如现代医学之父威廉·奥斯勒所指出的："行医是一种艺术而非交易，是一种使命而非行业。"医患之间也并不处于对等的地位。由于医患之间在专业知识和技能、医疗信息等方面存在差距，患者只能依据医者提供的信息选取与自身生死攸关的治疗方案。患者以性命相托，医者需具有仁心仁术。一个合格的医学毕业生，即将成为人类生命的保卫者，对于生命需有深刻、厚重、正确的认识，方能承担起爱护生命、提升生命质量的职责。因此，在专业课程中有机地融入生命教育的课程内容，使单纯的专业课程兼具思政课程的功能，在专业课程中实现加强生命教育，可以较好地解决课时的矛盾。在专业课程中渗入生命教育，使医学生在专业课程学习中实现"知、情、意"的统一，在"一课"中实现专业课和思政课的两种功效是可行的。

四、在艺术学中渗透生命教育

当今社会，人们在各个领域中都在提倡"艺术性"，如语言的艺术、交流的艺术、创造的艺术、领导的艺术、相处的艺术等。因为人们发现，工作与交流中充满艺术性就会产生美感，这不仅能够化解乏味与枯燥，同时不容易产生负面效应。能够使人在身心平衡的状态中面对压力，更能使人发现其中美好价值的存在，激活生命活力。生命本身就是一件美妙绝伦的艺术品，生命活动本身就是精美别致的艺术创造过程；生命中的情感、欲望、灵感、顿悟、激情、热情、创造力、好奇心、求知欲等本身就展示着充满艺术魅力和美学意蕴的生命之美、身体之美、生存之美和生活之美。

艺术类专业课教师要充分挖掘专业课中的生命元素，通过系统分析作品创作背景、作品内涵、创作过程等，将生命教育与美育紧密融合起来，潜移默化、润物细无声地对学生进行培养与塑造。音乐催生着人的高贵的气质、温和的性情，通达着生命的"天堂"；绘画培育着和谐的灵魂、端庄的品格和飘逸洒脱的人格；舞蹈展示着生命的激情、活力和创造力；经典著作唤醒了人性真善美的良知、厚植着精神生命、提升着高贵的灵魂、美化着高雅的境界。在这样艺术之美的境遇和场域中，生命、艺术、美德难舍难分、融为一体、彼此指称。例如，京剧专业开展传统戏曲剧目《穆桂英挂帅——捧印》教学时，采取历史与现实比较分析的方法，结合新时代最美"逆行者"——耄耋之年再度"出征"的钟南山，剪断青丝的"白衣战士"，从临危受命和挂帅亲征的角度，对剧中人物和抗疫英雄进行比拟，把疫情危机化为生命教育的契机，正确辨析历史朝代中英雄的家国情怀和新时代青年的责任担当。开展音乐教学时，在音乐教育中，教师应该以正确的心态看待这些音乐作品，选择性地把正面积极的内容传达给学生，每个课程都要用心挑选出有利于学生身心发展的作品，让学生在名作中得到启发，用一些鼓舞人心，生活态度乐观积极的作品，带动学生的情绪，使他们透过作品看到生命的本质和真谛，从而理解到生命的伟大，在面对挫折时有不屈不挠的态度。

第五节　生命教育融入课堂的实践案例

本节将从思想政治理论课"形势与政策"，生命教育选修课"生命起源与进化之谜"，专业课"植物学""大学英语"论述如何讲生命教育融入课堂。

一、思想政治理论课——以"形势与政策"为例

本部分以"形势与政策"课程为例，以"尊重学生、爱护学生"为基本思路，按照"挖掘教材，渗透生命教育""拓展课堂，凸显生命教育""在话题讨论中渗透生命教育"的方法挖掘课程中的生命要素。

（一）基本思路

尊重学生、爱护学生，把学生视为教学的主体。学生是有思想、有情感、有自尊的人，他们需要教育，也需要别人的理解和尊重。学生千差万别，但有一点是共同的，即他们都处于生长期，可塑性很大，每个学生都有可待挖掘的智慧。在教学中注意发现每个学生身上的闪光点，培养学生的自信心、自尊心。指导学生主动学习，正确使用网络，通过分析比较、归纳判断，将知识系统化，条理化，让学生学会关心社会科技、健康、生活质量、自然资源、生态环境等与个人生活密切相关的问题。

（二）具体措施

在课程中按照"挖掘教材，渗透生命教育""拓展课堂，凸显生命教育""在话题讨论中渗透生命教育"的方法挖掘课程中的生命要素。

1. 挖掘教材，渗透生命教育

教材中蕴含着丰富的生命教育资源。立足教材本身，整理挖掘生命教育素材，并以此为依托，深入开展新时代大学生生命教育。如在"共同构建人与自然生命共同体"这一板块，从"现实之困：全球环境治理面临挑战，中国方案：推动构建人与自然生命共同体，中国担当：做全球环境治理的行动派"三个方

面讲述本课堂内容，通过向大学生讲述全球环境治理面临的挑战，如气候变化加速、生物多样性丧失、荒漠化加剧、极端气候事件频发等现象展现中国治理方案，展现人与自然生命共同体理念，深刻把握新时代我国人与自然关系的新形势、新矛盾、新特征。引导新时代大学生了解"人与自然生命共同体"论断是以敬畏自然、尊重自然、顺应自然、保护自然为核心的要义，其逻辑起点是人的生存与发展、逻辑要义是经济发展和生态环境保护的良性循环、逻辑指向是人类命运共同体的构建与发展、逻辑归属是人与自然和谐共生的现代化；引导新时代大学生充分珍惜一切有生命的生物；重视生命与生命之间、生命与环境之间的共生性。在此基础上，从历史的角度去了解和思考人与人、人与社会、人与自然的关系，进而关注中华民族以及全人类的历史命运；帮助社会成员建立人与动物、人与自然协调发展、互利共生的科学生态文明建设思想，树立人与动物、人与自然是生命共同体的理念，构建生命共同体新格局。

2. 拓展课堂，凸显生命教育

在课堂教学中选择恰当的资料将课堂进行拓展，力求保证课堂的生命活力。例如，在"构建人与自然生命共同体"一讲中，在"生态修复"部分就可以引入我国成功的案例，播放相关视频，如"中国脐橙之乡——江西省信丰县退耕脐橙林基地""湖北省随州市曾都区棋盘山退耕茶园"等，告诫新时代大学生，每个生命都是平等的，应该敬畏自然，促进人与自然和谐共生，共创美好家园。

3. 在话题讨论中渗透生命教育

教师在每节课开始之前可以组织学生进行短暂的话题讨论。例如，话题："你认为什么是有价值的人生？"大学生对这些话题都很感兴趣，会积极讨论。有的说报效祖国，有的说去看更大的世界，有的说快乐地活着……最后教师进行总结，每个人有每个人的选择，只要热爱生活，珍惜生命，活在当下就是有意义的人生。通过话题讨论进行生命教育渗透的方式优于知识传授，话题讨论给了大学生充分发言的机会，相互影响。最后由老师提供主导方向，在讨论的过程中无形地引导了大学生的生命观。

二、生命教育选修课——以"生命起源与进化之谜"为例

开设"生命起源与进化之谜"选修课，通过认识生命的起源、发展和终结，大学生能够感悟生命、敬畏生命、珍爱生命、升华生命，进而促进大学生价值观、生理心理、社会适应能力的全面均衡发展。同时，将大学生所学习的有关化学、生物学、考古学、地理学及物理学等相关知识融会贯通，培养大学生的科学思维方法和科学探索精神，增强其热爱自然、探索科学难题的志趣与信心，使其自觉加入保护环境行列。并在潜移默化中启动"生命教育工程"对大学生进行心理健康、生命价值、环境保护、和谐发展等方面的教育。

（一）内容设置

本课程收集了大量国内外有关生命起源与进化的读物与网络资源，利用现代化信息技术，借鉴国内外大型探索片、纪录片和科幻片，用通俗易懂的语言、图文并茂的内容、生动活泼的形式，制作"生命起源与进化之谜"系列多媒体课件，并建立"宇宙大爆炸""黑洞""生命本质"等模型（课程思路见图5-1）。其主要内容涵盖：①宇宙、地球的形成、演化，环境系统的演变与发展史。②生命起源的科学探索历程与发展阶段，主要学术观点的形成与发展，各家学说的主要论点、证据，提出和论证历程并辨析。③介绍和展示生物进化的历程：物种起源、进化、竞争和某些物种绝灭的片段。④介绍生命的起源、发展和终结，引导学生认识生命，进而敬畏、珍惜生命；教育学生正确认识死亡，培养健康理性的死亡态度和有效行为；探讨生命的意义，提升对生命的尊重与关怀，陶冶健全人格。⑤围绕"谜"点问题，介绍和讨论相关主题：恐龙灭绝之谜、有没有活恐龙、人类起源地、现代人起源的争论、野人问题、鸟类的进化和起源、陆生四足动物的直系祖先之争等。⑥生物与环境的协同关系，树立人与环境的和谐、人与人的和谐、可持续发展的观念，认识人类的发展和生存空间与自然环境的相互关系，增强保护环境与生物多样性的意识。⑦围绕生命起源主题介绍和展示文化进化与人类未来。

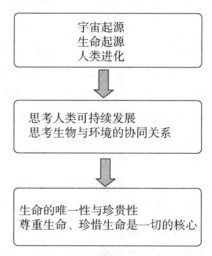

图5-1　"生命起源与进化之谜"课程思路

（二）"生命起源与进化之谜"选修课的教学方式和考核方式

"生命起源与进化之谜"课程将采取"运用现代教学手段，提高课堂教学质量""课堂讲授与课堂讲座有机结合"的方式开展生命教育。

1. 运用现代教学手段，提高课堂教学质量

在授课形式上，充分利用多媒体，特别是相关音像资料，剖析重点激发学生兴趣。收集大量国内外相关科普读物、网络图片及最新研究成果并参考国内外史学、古生物学教材及相关网页基础，经过不断地筛选和重新编辑制作多媒体课件，以图片为主加少量文字说明，使课件具有信息丰富、概念形象、通俗易懂等特点。并利用3D技术建立"宇宙大爆炸""黑洞"等三维立体模型，穿插在授课过程中播放易于被学生接受，便于他们掌握重点内容。在讲授过程中，借鉴并剪辑国内外大型探索片、纪录片、科幻片中的相关内容，其中涉及的电影片段包括《宇宙与人》、《宇宙的诞生》（BBC影片）、《与原古人同行》。这些音像资料的成功运用，极大丰富了课堂内容，比较好地吸引了学生的注意力，有效地提高和调动了学生的学习兴趣，为他们更深入地探讨一些科学问题提供了良好的学习平台，从而丰富了上课的形式，提高学生求知的兴趣。

2. 课堂讲授与课堂讲座有机结合

在授课方法上，摒弃注入灌输、死记硬背的教学方法，除充分采用多媒体、录像等资源外。在课堂上开展各种形式的讨论，将课堂讲授与课堂讲座有机结合。利用大学生已有的自学能力、理解能力、思维能力乃至鉴别能力，培养大学生观察、思索和解决问题的能力，发表独立见解必备的口头和书面表达能力。同时，开展《21世纪的生命科学》《生物进化历程》《宇宙、地球未来学说》等讲座，从深层次挖掘生命的根源，并联系大学生中的自杀、杀人、残害动物等事件，教育大学生懂得生命权利、敬畏生命，善待一切自然的生命。并利用克隆技术及未来世界各种终极学说，开展死亡教育和生命价值教育，使大学生获得广泛的死亡方面的社会、伦理、哲学知识，由对死亡的思考进而更深刻地认识生命的意义，即由"死"而思"生"。引导学生领会"活着"与"有意义地活着"两种不同水平的生命观。

三、专业课

在专业课程教学中挖掘课中的科学精神、价值观念、人文情怀、高尚品质等生命要素，将思想价值引领贯穿教学内容设计和教育教学全过程，努力探索价值导向与知识传授相融合的新的课程教学。本节以"植物学""大学英语"

为案例，激活学生的学习热情，增强学生的生命感悟，进而促使其学以致用，创造出生命价值。

（一）以"植物学"为例

中国有着悠久而灿烂的园林文化，植物景观作为古典园林中的一大主体，其展现出的丰富的文化内涵更是园林意境和情趣营造的手法，将当代城市植物景观设计与生命教育的结合和互动是实现文化传承的关键。在"植物学"课程中按照"用专业知识解答生活中的常见问题""用鲜活的故事传递生命价值的彰显""用植物生命的多样性揭示人与自然命运共同体的辩证关系""用校园植物资源开展日常美育""用典型的工程案例传达正确的设计价值观"等内容开展教学活动。

1. 用专业知识解答生活中的常见问题

用日常生活中接触到的园林植物设计与应用问题作为课程的导入内容，发掘专业知识与生活的密切关系，抛开问题表面迷雾，深入问题内部，挖掘问题根源，从本质上解决问题，让学生认识到专业知识其实就在身边，和生活的环境息息相关，专业知识也很广泛，解决问题要学会举一反三。

2. 用鲜活的故事传递生命价值的彰显

在园林事业的发展中，从古至今，有一群人，他们将满腔的热忱投入热爱的工作当中，他们追求精益求精，追求完美，在工作中实现着自己的人生价值，不断学习，不断进步，在讲解学科发展史的内容时，结合学科发展史中生动感人的前辈的家国情怀、敬业奉献的故事，树立中国造园工匠们的伟大职业形象，让优秀的园林精神世代薪火相传。例如，中国近代植物学的开拓者、国内第一个用近代科学方法进行广泛植物采集调查的人——钟观光，他把自己的一生都献给了植物学，他虽年逾花甲，但老骥伏枥，志在千里，他抓紧一切时间和机会，以滴水穿石之精神，一点一滴地收集文献资料，把《诗经》《易经》《齐民要术》《梦溪笔谈》《植物名实图考》等古籍中的植物，按国外植物学原著以农艺、园林、林木、蚕桑、医药分类的方法，进行分种、分属检索，还对文献引证、地理分布和生态环境等逐一地考证、修改、补充和注释，整理分辑成册，写出《近代毛诗植物解》《山海经植物》《北山画谱序》《物贡纪要》《有关植物古籍释例、注解书目》《名实图考校录》等52卷约150万字的毛笔手稿，它们凝聚了钟观光的毕生心血。他还对《毛诗》《尔雅》《离骚》中所记载的146个科的高等植物和低等植物进行了详细的考证，写出了《植物中名考证》一书的手稿，总计14卷（册）2700多页，供植物学家们研究、参考和借鉴。钟观光一生廉洁，只有奉献不知营求，搏节所余兴办教育。他没有进过高等学堂，也没有留洋深造，但他为了振兴中华，刻苦学习，自学成才。他治学严谨，多年来不畏艰辛危险，从事植物学采集、考察和研究工作，积累了丰富的知识和经验，为发展我国的科学教育事业和研究植物学拼搏了一生，对我国近代植物学的开拓和发展做出了重要的贡献。引用他的事例可以教导大学生活在当下，为祖国的繁荣昌盛和攀登科学事业的高峰而努力奋斗，实现生命价值，达到人生高度。

3. 用植物生命的多样性揭示人与自然命运共同体的辩证关系

植物是生命的重要形态之一，植物和人类有着密切的关系。植物资源提供了地球上生命的基础，植物是地球各处以及每个人赖以生存的生物圈之基本要素，课程思政通过强化人与自然是生命共同体的概念，把生命与自然的主题贯穿在课程教学中，引导学生敬畏自然、尊重自然、顺应自然、保护自然，进而构建生命共同体。

4. 用校园植物资源开展日常美育

利用网络教学平台开展一日一花的主题讨论，利用校园植物资源开展各类认识美、发现美和创造美的教育活动，大学生参与分享、竞猜游戏、参与比赛等互动环节设计，帮助大学生了解植物拟人化的高贵品质，深刻理解传统园林植物文化，感受植物景观多元的审美价值，从而学会欣赏自然的美，能从植物的自然美中发掘创造美好的源泉，激发学生积极向上的生命观。

5. 用典型的工程案例传达正确的设计价值观

从正反两方面，把行业中违反自然规律的种植设计、随意引入外来植物品种、不顾国家法律法规建造违规花园等一些浪费资源与环境成本的错误做法，与政府保护自然的生态、建设美好生态环境的各项措施联系起来，引导大学生建立营造可持续植物景观的意识，在职业中坚守道德底线，培养大学生正确的价值观。

（二）以"大学英语"为例

通过融入生命教育的英语课程思政实践教学，既提高了学生英语学习的热情，又为生命教育探索出一条新的途径。作为通识课程的大学英语，更有机会接近高等学校的各个专业学生。因此，加大英语课程思政的教学力度，加深通识教育的内容，将生命教育融入英语课程思政教学势在必行。希望这种融入生命教育的英语课程思政实践能够成为王云岭所说的"中国开展生命教育的理论方法和实践模式有待进一步丰富和完善"的一种方式。

1. 促进中西方生命教育交流学习

在殡仪技术与服务专业的英语教学中，可以融入生命教育内容，了解中西方对待死亡的不同态度，不仅有助于用英语讲述中国生死哲学的内容，弘扬中华优秀传统文化，而且也有益于了解西方生命教育的发展状况，促进中西方文化交流。两千多年前，孔子回答学生季路有关生死的疑问，代表着人们传统的生死观，引导大学生珍惜时光，树立积极的人生观和死亡观。在讲解西方葬礼及服务时，强调举行葬礼是为了让失去亲人的生者能够通过某种仪式顺利进入生活的另一种状态。谈"死"是为了更好地"生"。

2. 弘扬中华优秀传统文化

在用英语讲述中国生死哲学时，强调"出世"和"入世"的新时代含义，讲述"内圣外王"的高贵品格和气质培养。引导大学生在人生奋斗阶段，抱有"撸起袖子加油干"的"入世"心态去积极创造美好生活，不负青春时光，退休之后的生活才能安逸平和。"内圣"，是讲求内心致力于心灵的修养；外王，是讲求在社会活动中好似君主。这并不是说圣人必须是一国之君，但政治领袖应当具有高尚的心灵。

3. 用英语讲好中国故事

用习近平总书记"只争朝夕，不负韶华"的寄语来鼓励新时代大学生珍惜青春时光，赋予生死教育的时代意义。在清华长庚医院疼痛科主任路桂军《关于死亡的教育，生命尽头切莫让爱如此纠结》的演讲中，谈到结合中国象形文字"患"是由"串"和"心"组成的寓意，意指穿在绳上的一组东西，把穿在绳子上的一组东西放在心上面悬挂起来，就是"悬而未决"或"提心吊胆"。在生命进入最后阶段时，中国传统文化认为人应该善始善终，心无挂碍。英语课程思政教学从中国传统文化中汲取营养，真正做到用英语讲好中国故事，树立中国文化自信心。

第六章　运用"互联网+"，丰富生命教育载体

——新时代大学生生命教育网络心理互助模块

将网络载体作为生命教育的重要手段，在校园网、"心灵之约"、"心价值·新视界"等专题网站、微博、微信等新媒体平台，融入微言心语、生命如歌等板块，全方位、全时段开展"互联网+"生命教育。将生命教育的理念利用网络载体传递给学生，让学生在耳濡目染中获得成长与收获。

第一节　网络互助模式对新时代大学生生命教育的影响

网络互助作为一种生命教育的重要形式，其包含的网络传播、网络资源、网络环境对大学生生命观具有极大的影响力。在网络心理互助优势的影响下，网络心理互助模式对大学生生命教育具有"助人自助"、信息反馈、预防预警以及教育服务的意义。

一、网络对新时代大学生生命教育的影响

网络是一种崭新而又特殊的文化现象，网络传播具有鲜明的交互性、便捷性、广泛性、虚拟性等特性。其传播主要是通过传播者以互联网络为媒体，跨越时空限制，将信息传递给接受者，它反映了传播者、接受者和互联网络之间的社会关系，是一种建立在现代信息技术基础之上的文化传递扩散现象，其对大学生自我价值的形成与发展有着重要作用。

（一）网络传播对大学生生命观的影响

相较于传统的大众传媒，网络条件下"把关人"的作用更为模糊。大众传媒在互联网传播体系中对信息流通的主导权和控制权正在逐渐削弱，传播者与

接受者一律平等，二者在一定条件下既相互独立又相互转化，并易于实现更广泛、更迅速的双向互动。受多方面因素的影响，大学生学习、生活、就业及情感等方面的压力日益增大，加之生命教育长期缺位，大学生思想困惑、行为失控等"生命困顿"现象不断出现。近年来，大学生自杀或他杀现象时有发生，一度成为人们关注的焦点。对大学生受众群体而言，网络文化背景下关于生命观探讨的信息冲击力度更大，信息引导的内驱机制也更为复杂，其对大学生生命观形成的导向作用亦更为明显，引发了大学生对生命观的新思考。

（二）网络资源拓宽大学生生命教育途径

计算机和网络世界把人类带入了一个新的时代——网络化时代。网络化时代的到来要求大学生生命教育要适应时代的要求。在网络化时代，教育的性质及其社会功能、教育所能运用的传播手段、教育的社会需求和要求都有很大的改变。网络本身具有开放性，教育必须改变形式和内容，网络化时代的教育理念、教育内容、教育手段、教育方法、教育形式、教育目的、教育制度和教育价值都必须做出相应的调整。网络化时代的大学生生命教育应该是在终身教育和学习化社会理念的指导下，采取多种手段和教育形式，促使学生在知识、情感和能力方面全面发展的全民终身教育。

在新形势下，学校要坚持"以人为本，德育为先"的育人方针，通过生命教育引导大学生捍卫生命尊严，激发生命潜能，提升生命品质、实现生命价值。大学生生命教育具有以下四个维度：生命意识、伦理意识、和谐意识和责任意识。

因此，高校应充分利用网络教育资源，在学校网站上设立"生命教育"专栏，登载生命教育的有关内容和活动信息，便于学生及时浏览学习。在学校校园网上设立交流平台，让学生心中的困惑和疑问能得到及时解答。充分发挥网络的宣传教育作用，同时引导学生学会文明上网，帮助大学生网友走出行为界限不清、网络诚信缺失等现实困境。

（三）网络环境延展大学生生命教育场域

网络在成为人们社会生活的重要组成部分和社会成员互动的主要方式的同时，也带来了各种道德行为失范和社会伦理问题。网络不但打破了实体社会中各种制度、机构、权威对大学生的约束，而且极大地超越了传统物理空间的种种限制，在时空上延展了大学生活动的范围。因此，教育视野已不再局限于传统的物理意义上的班级、学校，教育时间也不再受限于学生的在校时间。学校必须正视网络的约束、受限的环境给大学生生命教育带来的正负两方面的影响，探讨有效的对策，实现角色转变。

1. 完善技术环境，发展网络技术，从技术层面控制网络失范行为

依赖纯粹的技术手段并不能解决当前网络所面临的各种问题，但对网络相关技术的完善仍是当前缓解网络道德缺失的一种重要手段。这主要包括网络社会交往中的登录、交往行为以及信息发布等方面。如通过推广网络实名制和建立与 IP 地址的关联等手段防止网络身份欺诈；利用网络防火墙等技术对黑客等攻击性行为进行严格控制，防止盗取信息现象的发生；在信息的发布与传播方面，可以通过加强内容审查或安装过滤软件等方式加以控制。

2. 建立完善的网络道德规范体系和法律法规制度

大学生网络生命教育必须结合网络社会的本质特征，从网络社会是现实社会在网络中的延伸这一观点出发，遵循现实与虚拟相结合的原则，立足于现实社会道德，加大网络道德的宣传力度，在大学生中明确现实道德规范在网络社会中的价值和意义，指导大学生在多元道德体系中遵守适合我国国情和社会发展要求的道德规范，发展和弘扬助人的道德传统。

目前我国已经颁布了《互联网信息服务管理办法》《互联网电子公告服务管理规定》《互联网站从事登载新闻业务管理暂行规定》等法规，对网民的行为做出了严格规定，这对网络环境的净化起到了一定的积极作用。学校应该加大相关法律法规的宣传与教育。

3. 引导大学生加强道德修养，强化道德自律意识

网络道德要求最终只能通过个人的自律才能真正落到实处。因此，高校在推动学生在大学生生命教育中的角色转变过程中必须强调自律机制的作用，引导大学生在自律的基础上遵守和践行网络道德规范。

总之，网络这种全新的生存方式正潜移默化地改变着大学生的认知、情感、思想与行为。大学生作为社会的一个特殊群体，大学生活是其个性的重要养成时期，也是思想观念和道德品质形成的关键时期。这个时期他们更容易接受网络这个第四媒体，也更易感受到网络的双面作用。因此，高校必须结合网络社会的本质特征，从网络社会是现实社会在网络中的延伸这一观点出发，遵循现实与虚拟相结合的原则。一方面，要从技术与制度等方面完善网络自身；另一方面，从现实社会伦理体系的完善出发，建构合理的道德教育体系与文化环境，使互联网成为大学生心理互助、生命互助的良性平台。

（四）网络虚拟性构建大学生生命教育网络互助

一方面，网络的虚拟性使网上互动交往间接，而且主要通过文字进行，缺

少面对面的语言交流；另一方面，由于网络具有广泛性、安全性和间接性等独特的优势，大学生在网络中很容易获得为人处世的成就感和满足感，甚至能感受到自身价值的极大化和他人对自己的终极关怀。与现实世界相比，这种虚拟的世界更易敞开心扉，当他们在现实中的人际交往遇到挫折时，就会更加倾向于在网络中寻求慰藉。

互联网给人们创造了一种新的生存方式——虚拟存在。在从人到机器再到人的转换过程中，交往者的真实身份被掩盖，身份虚拟化成为网络交往的一个极为普遍的现象，而且这种虚拟身份可以随时创设或终止，网民不必承担任何社会责任。[①] 同时，互联网作为一个自发的信息网络，它没有所有者，不从属于任何人或机构，因而也就没有谁可以左右它、操纵它、控制它。这样，互联网就成了一个"自由、平等"的世界，在这里没有政府、没有警察、没有等级、没有贵贱；在网络社会中，人人都把自己作为中心，使"本我"意识得到充分张扬，使大学生生命教育网络互助获得支持。

二、网络互助心理的优势

网络心理互助作为多项技术、多种教育理念的集合体，网络心理互助中网络资源的丰富性、网络的虚拟性有利于提高学生的主动参与度，有利于发挥学生的主观能动性，通过网络轻松获取生命教育的相关知识并寓于实践。

（一）什么是网络心理互助

网络心理互助将心理学、生命教育、信息网络技术相结合，构建并运行"学校、学生、家庭、社会、心理互助联盟、心理援助体系"六位一体的大学生生命互助网络模式，其宗旨是"一人求助，多人帮助"，目标是"共建大学生生命家园、提高大学生心理素质"，将传统的"管理本位"转变为"学生本位"，以学生主体作用发挥为抓手，建立大学生生命互助联盟，依托既有的大学生心理互助网络平台、心理互助热线、心理互助 QQ 群等载体，开展"助人、自助、互助"的生命教育活动，充分调动学生自我教育、同伴教育、朋友互助的积极性，构筑起能动的自助互助体系和牢固的社会支持系统。

学生一旦在网上留言求助，就会适时得到多人的回帖帮助（包含大学生心理互助联盟成员、"游客"、教师、专家等）。学生在成长过程中常遇的烦恼和困惑可以通过网上回帖得以缓解或解除。对于涉及的心理障碍或心理疾病，则依托后台心理援助体系（学校心理咨询中心教师、医院心理治疗专业人员等）予

---

① 赵爱芹. 论大学生网络道德缺失［J］. 经济与社会发展，2008（1）：208-210.

以解决。机制的运行确保了"学校、学生、家庭、社会、心理互助联盟、心理援助体系"多方位、多功能、多层次互动。

（二）网络心理互助的优势

运用网络途径进行生命教育，有利于提高学生的主动参与度，有利于发挥学生的主观能动性，使学生乐于接受此种教育形式。网络资源的丰富性，可以使学生通过网络轻松获取生命教育的相关知识；网络的虚拟性，可以使学生避免在现实中与他人交流时过于紧张，易于袒露心声。网络生命教育基本上不受时间、空间的限制，任何潜在的受教育主体都可以利用网络，及时获取生命教育的相关资源信息，扩大了生命教育服务对象的规模，扩展了生命教育实施的途径，降低了生命教育的实施成本。① 在传统教育模式下，生命教育的实施很多时候需要创设真实的情景，才能达到学习的效果。例如，在安全教育中，有些演练需要模拟真实情景，道具、工具的一次性成本较高，且难以循环利用。另外，学生在心理健康中接受生命教育的个别辅导，所付出的成本也是相当高的。利用网络资源，许多演练都可以在创设的虚拟环境中进行，既有趣又不存在风险，同时对于心理咨询，也完全可以借助网络来进行，简单方便。

三、网络心理互助的意义

网络心理互助在新时代大学生生命教育中具有广泛的意义，主要表现在"助人自助"、信息反馈、预防预警以及教育服务等多个意义上。

（一）"助人自助"意义

助人自助是社会工作者致力于对求助者心灵的一种支持，帮助求救者"自救自助、自主人生"的过程，是社会工作者本着坚信求助者的领悟力、自决力和创造性，发挥自身主导作用的一个过程。其原则是，不求教训他人，而求开导他人，不是包办代替，而是减少求助者的依赖性，增强他们的独立性和自主性，启发他们用自己的意志自主决策，使求助者由"他助"转向"自助自主"，做掌握自己命运的主人。因此，在网络心理互助平台上，学生注册后，写上自己的问题，单击"提交"，此种方式既克服了学生走进心理咨询室的恐惧心理，又使咨询员的帮助来得方便、快捷。学生注册后，选择自己感兴趣的问题，回复交流。通过参与回复问题，既帮助求助者，又丰富自己的心理学、生命理念

---

① 王文．基于 WEB 的青少年生命教育平台的设计与实现［D］．曲阜：曲阜师范大学，2010：56.

的知识，提高了自己的心理素质，从而实现"助人自助，互助成长"的目标。

（二）信息反馈意义

信息反馈，通俗地说，就是指由控制系统把信息输送出去，又把其作用结果返送回来，并对信息的再输出发生影响，起到制约作用，以达到预定的目的。信息反馈中的"信息"，是根据管理过程和管理技术而组织起来的在生产经营活动中产生的，并且经过分析整理后的信息流或信息集，它们所包含的信息种类繁多、数量巨大。信息反馈具有针对性、及时性和连续性等特点。因此，在网络心理互助平台中，通过平台上学生们的留言，一方面，学校可广泛收集学生中真实的信息，从掌握的真实信息中获悉学生中的热议、难点问题，把握学生的思想动态，了解学生中的不和谐、不稳定因素，了解学生群体的心理健康状况；另一方面，可对所掌握的信息进行分析，并将需要向上一级反馈的信息及时予以反馈。

（三）预防预警意义

预防预警是指预先做好事物发展过程中可能出现偏离主观预期轨道或客观普遍规律的应对措施，以及具备警示作用的应对方案。在网络心理互助中，教育对象通过一定的教育平台参与学习，并及时参与信息反馈，教育者通过该平台及时发现有严重心理疾病的学生并实施心理危机干预。比如，有学生在平台上提交"我觉得生活没意义，不如死了算了"的内容，就可判定该学生可能出现了生命危机。一方面，在线心理咨询员要及时对这类学生热情关怀、密切关注；另一方面，迅速告知后台网络技术管理人员及时锁定危机对象，同时迅速告知学校心理危机干预机构，及时对其给予心理危机干预，从而发挥模式的预防和预警功能。

（四）教育服务意义

教育服务也称教育辅助服务，是指在教育活动中，针对教育活动所提供的包含课程开发、师资培训、教材供应、教具供应、场地供应，甚至招生服务等的支持性工作。在网络心理互助中，教育服务主要承担以下重责。

1. 构建在线生命课堂

专业心理咨询师定时做客心理互助网络平台，对学生们遇到的如环境适应、人际交往、成长烦恼、情感困惑等问题进行深入详细的剖析、讲解。例如，开设生死学选修课，将生死本质与尊严、死亡意识、社会死亡、自杀问题等内容呈现给学生，为学生提供一个解答生死问题的平台，旨在以死观生，通过解释生命的哲学意义、科学意义，学生们能够更加理性地面对生死话题，在一定程度上，填补了生命教育的空白。运用好现有的网络教育资源，《人生大事》作为一部动人的影片，它在打破传统观念、突破死亡禁忌方面进行了大胆尝试，通过多角度直视死亡，让人们思考该如何好好活着。因此，在网络心理互助中，通过构建在线生命课堂，将生命教育课堂延伸到学校的每台电脑，使有限的生命教育资源得到最大限度的利用。

2. 传播心理健康常识

心理健康是指在心理、智能以及感情上与他人的心理健康不相矛盾的范围内，将个人的心境发展成最佳的状态。心理健康知识是知识的重要组成部分。心理健康的标准包含智力正常、情绪稳定、意志正常、适应良好、良好的自我意识、良好的人际关系、良好的人格等内容。心理健康常识作为网络心理互助平台中必备的知识板块，包含了环境适应、人机关系、性格与情绪、神经症等方面的问题，为了解决此类问题，网络心理互助平台设置了"心灵贴士"栏目，提供心理保健指南、心理健康常识等心理学知识。例如，"心灵减压十二招"：①开怀大笑，进行发泄；②保持沉默有助于降压；③听音乐、阅读书报是增长知识和乐趣的最好办法；④做错了事安慰自己"谁都有犯错的时候"，以便继续工作；⑤在无人处大声喊叫或大哭；⑥与人为善，不要怀恨在心；⑦享受过程，不要计较结果；⑧不要担心自己的能力有限，学会适当地说"不"；⑨大事清楚，小事糊涂；⑩给久未联系的朋友写封信，描述自己的感受；⑪换一个角度看问题，找出恰当的解决办法；⑫车到山前必有路，今天很快就会过去。"自我心灵平衡术"：自嘲法、遗忘法、激励法、闲聊法、哭泣法、移情法等方法"平衡术"。学生通过移动鼠标点击相应的蓝色字条便可浏览相关知识，以此学习和运用心理健康常识。

3. 发布时事"心"闻

时事是指近期发生新鲜的实事新闻，时事对人的情绪影响极大。在网络心理互助教育平台中，要及时发布有助于学生心灵成长的时事"心"闻，及时提供社会、校园最新心理话题，心理学进展信息资料，方便大家了解社会心理动态。例如，在平台上发布"朋辈心理辅导工作感悟"主题征文比赛、学生个人成长培训、心理电影展播等；添加《新时代大学生生命教育的责任伦理建构》《"拔节孕穗期"大学生思想政治教育的实践重点》《人生纪录片课程对大学生生命意义感的干预效果》等系列学术作品供学生阅读，以此提升学生的理论素养和认知素养。

4. 宣扬思想政治教育意义

思想政治教育的根本目的是立德树人，而生命教育是生命整全的教育。思想政治教育和生命教育都是基于"人"的需求而开展的教育。大学生生命教育基于生命发展需要，引导生命发展，激发生命活力，提升生命价值，这些也恰好是思想政治教育所希望达到的目标。除此之外，每个人的生命都只有一次，生命、生死问题是人类永恒的话题，生命利益是学生的根本利益，相对于单纯的思政话题而言，生命的神秘性使学生更乐于接触生命教育话题。[①] 另外，生命与人、自然、社会密不可分，生命教育的素材取之不竭，生命教育设计及开展方式具有较强的灵活性，这些都使生命教育充满了活力。由此看来，思想政治教育和生命教育不可分割，二者是相融相通、协同发展的关系。因此，在网络心理互助模式中融入思想政治教育内容，促使大学生生命教育与思想政治教育建立起和谐、融洽、紧密的关系，从而使大学生更好地正视生命、接受思想政治教育。

第二节 大学生生命教育网络心理互助模块构建的可行性

大学生网络心理互助模块的构建在人本主义心理学、亲社会行为理论、社会学习理论，以及建构主义学习理论的指导下，基于生命教育网络参与的紧迫性、大学生生命观的可塑性、大学生互助成长的主动性等主观条件，以及校园网络中心提供可靠的技术支持、教师网络信息技术培训提供师资资源保证、计算机的高普及率提供实施可能等客观条件的基础上，新时代大学生生命教育网络心理互助模块的产生具备极大的可行性。

一、网络心理互助模块构建的背景

网络心理互助模块的构建具备多重理论背景，离不开人本主义心理学、亲社会行为理论、社会学习理论，以及建构主义学习理论的指导，在多种理论指导下，新时代大学生生命教育网络心理互助模块具备更契合实际的可行性。

---

① 王铭. 基于课程思政的大学生生命教育有效路径探究 [J]. 高教学刊，2020（33）：173-176.

（一）心理学与社会学理论对生命教育的启示

1. 人本主义心理学认为，人不能脱离与他人的联系，成为"孤立的个人"

代表学者罗杰斯指出："人们之间的交流接触有利于人的正常生活，促进自己与他人的成长和发展，个体在交流的过程中体会和表现出内在的真正精神状态。"同时，人本主义心理学家还认为爱是人类的本性。渴望得到爱并把爱给予别人，就会使人产生良好的归属感，感到集体的温暖。

2. 亲社会行为理论

亲社会行为理论学者巴特森等人提出了一种"移情—利他模式"：当个体能够设身处地以他人的立场去体会当事人的需要和痛苦时，他将产生将心比心的助人行为。

3. 社会学习理论

社会学习理论学家班杜拉认为，"人的复杂行为主要是后天习得的，有两种不同的过程：一种是通过直接经验获得行为反应模式之过程；另一种是通过观察示范者的行为而习得行为的过程"。被观察的对象称为"榜样"，观察主体称为"观察者"，观察者通过观察榜样的活动受到影响懂得的过程，称为"示范作用"。

以上三种理论说明，人类的存在离不开互助，同时，互助又深刻地影响和改变着人类存在的状态。

（二）建构主义学习理论对生命教育的启示

建构主义认为，事物的意义并非独立于人们而存在，而是源自人们的建构，个人都会按照自己的方式去理解事物。同时，建构主义认为合作学习可以增进学习者之间的观点交流，使个体对事物的理解更加全面，促进学习者的意义建构。

第一，从建构主义的"主体主动建构"的主旨出发，结合生命教育的特点。笔者认为生命教育网络互助平台需要为大学生提供一个对生命教育知识内容的主动意义建构的情境。首先，在提供的学习内容上，尽量避免过多的结构化的学习材料限制学习者的学习主动性，要在教学内容的形式上趋向多样化，即同一知识点应含有多层次、多风格的教学内容，使学生在学习过程中，可选择学习内容、学习策略和学习路径，进而达到主动建构知识的目的。其次，在教学内容的呈现方式上，要趋向个性化，依据学习者身心发展的特点，增强趣味性、探索性、挑战性等教学内容，甚至可以让学习者添加相关学习话题、材料。这有利于学生积极参与进来，激发学生的学习兴趣，促进学生对生命知识的意义建构。

第二，建构主义推崇学习者的合作学习，这一点在生命教育网络互助平台的设计和建设中体现得尤为突出。平台不单单要为大学生提供学习的环境，还要创设条件方便大学生之间建立学习小组，实施合作互助。学生可以在小组中表达个人的观点、看法、交流经验，进而促进学习者对事物意义的深入建构。

二、网络心理互助模块构建的主观条件

网络心理互助模块的构建不是凭空产生的，是基于生命教育网络参与的紧迫性、大学生生命观的可塑性、大学生互助成长的主动性等多样的主观条件下应运而生的。

（一）生命教育网络参与的紧迫性

1. 传统的生命教育方式效果参差不齐

传统的生命教育的基本特点是以理论知识的传授为中心，过分强调教师的作用，扼制了学生的个性和创造性，忽视了学生的主动性与潜能的发挥，因此，教育的效果并不理想。主要表现在以下几方面：第一，生命教育的主流思想受到冲击。在教育中，主流思想指一种符合教育发展规律和社会需要且受广大教育者欢迎的常态性思想观念。我国开展生命教育的主流思想观念主要有马克思主义生命哲学观、中国古典生命哲学、中国近代教育思想。但随着经济社会的发展，大学生的思想越来越开放，他们认为生命教育的主流思想也是多元动态的，再加上目前生命教育教学方法单一和内容的枯燥与形式化，从而造成现代大学生对这些主流教育思想的反感和抵触。第二，传统生命教学形式的有效性被弱化。教学形式的有效性，是指教师在遵循客观教学规律的基础上，采用科学有效的教学形式以实现预定的教学目标和取得较好的教学效果。教学形式的有效性是亘古常新的话题，最典型的是班级授课制，不仅有利于发挥教师的主导作用，而且提高了教学效率。因此，必须结合个体的生活经历考虑采取有效的教学形式、选取有效的教学内容和手段，进行差异化的生命教育教学，这样才能使学生真正了解生命和感悟生命，从而敬畏生命和珍爱生命。第三，传统的生命教育课主要目标是让学生学习掌握生命的知识和生存的技能，课程设置比较单一，主要以"渗透式"生命教育课程为主，课程组织主要基于知识逻辑进行开展，教学方法以讨论和思辨为主，课程内容比较零散，很少列入高校教育教学计划，教育教学内容不完善，没有形成完整的体系。这不利于当代大学生生命教育的有效开展，因为对生命意义的追问、反思与获得是大学生生命教育的最终追求，因此，课程的设计应该是"渗入式课程""融入式课程""专门课程"三者的结合，课程内容应当从自然生命、精神生命、社会生命和价值生命四个方面进行选择，同时，生命教育的开展应该是认知和实践相结合，做到"知行合一"与"知行统一"。第四，传统师生关系亟须重构。受传统教育和现实因素影响，在生命教育中，教师和学生仍处于主客体二元对立的状态。科学的教育观强调尊重主体性和个体差异性，在教育领域应"去中心"，建立起一种平等对话的新型师生关系。一方面，教师不能再用身份、职位的权力来威慑和控制学生；另一方面，师生关系是一种平等对话的关系、主体间的"我与你"的关系、互惠式的关系等，教师和学生关系是多元共生的，是随着教学情境的变化而不断变化的。师生之间的平等、自由、尊重、信任、民主对话，对我国大学生生命教育中师生关系的重构具有重大的启示和影响。

2. 网络教育基地建设的契机

生命观传统教育方式存在着劣势与不足，这给网络教育基地的建设提供了契机，网络的优势可以较好地弥补生命观传统教育方式的不足，提高大学生生命教育的效果。首先，教师可以将过去传统的、静态的书本教材通过网络多媒体，将抽象的概念和理论以形象的、易于接受的形式展现给学生。同时，通过互联网络和非线性链接、跳转等功能，教师可以将教学内容从书本扩大到更大的范围，大大丰富和拓展了生命观的相关内容。其次，能够培养学生学习的自主性。网络教育基地凭借计算机网络巨大的信息容量、超强的信息处理能力及生动的人机交互，把学习的主动权交还给学生。它通过充分发挥学生的学习主动性，很好地强化了学生的主体意识。最后，教育走进大学生课余生活。课堂教育只是教育的一个方面，而对大学生进行生命教育就必须"润物细无声"地渗透到他们课堂以外的生活中。如今网络以其华丽的功能和丰富的信息迅速成为大学生课余生活的主要活动场所，利用网络教育基地对大学生进行生命教育，既可以延长大学生的学习时间，又可以加强生命观对大学生生活各方面的影响，全面提高学习效果。

（二）大学生生命观的可塑性

作为接受主体的大学生，生命观处在"拔节孕穗"期，这个时期的大学生在心理和意识特性上具有以下特点：一是自我意识和独立意识增强、富有朝气和幻想、可塑性强，但是情绪、心理不够稳定；二是有较强的知识接受能力和较高的知识水平，自我评价与自我期望明显提高；三是有较明显的求变、求新意识；四是具有情绪化的叛逆心理，以及非理性的标新立异等独特性。这些特性因大学生个体之间的差异而在他们身上不同程度、以不同的方式存在着。这些个体差异主要体现在他们既有的知识结构、价值取向、意志品格中，其中，知识结构决定着不同个体对新知识的接受能力、同化能力，从而规定着接受者可能接受的价值观的数量、质量，规定着他们的"视界"。

大学生在高校中处于快速的知识累积时期，他们所能接触的、理解的相关信息比同龄人更加多样化，视野更开阔，从而也就面临着更加纷杂多样的生命观信息，需要他们具有更强的对信息进行判断与择取的能力。价值取向则规定着接受者对价值观信息内容的"选择性注意、选择性理解、选择性接受"。也就是说，接受者只能对信息刺激做出有选择的反应。大学生已有的理想、信念、价值观，决定着他们对生命观的选择与取舍。心理意志品格则影响着接受者将外在的价值观内化为接受者内在的思想信念与行为能力的过程。大学生虽然自我评价与期望较高，追求较高人生价值的驱动力更强，可塑性强，但心理意识不够成熟、稳定，具有易变性，容易因外界的刺激而发生改变。

（三）大学生互助成长的主动性

大学生互助实质上是一种大学生中发生的同伴教育，助人者和受助者是同龄伙伴，他们关系融洽、彼此信任，并且助人者和受助者的角色随着时间、环境和自身面临问题的改变而发生转换，始终扮演"双重角色"。生命互助的内容主要是大学生在成长过程中遇到的困惑与问题。网络互助采用的主要方法是倾听与交流、关心与接受宣泄、接纳与尊重、理解与共情、支持与鼓励、解释与疏导、提醒与表扬等。在大学生互助过程中，助人者运用所学到的知识和掌握的技能帮助受助者，在助人的同时促进自身的进步和成长，真正实现"助人自助""予人玫瑰，手留余香"的高尚境界，延展生命的宽广。

"相互作用力"的影响如同空气和水一样起着至关重要的作用。大学生的生存、生活和生命离不开同学间的鼓励、支持和帮助。一个良好人生氛围的营造需要大家共同努力。每个大学生都不可避免地遭受着各种各样的挫折，恰恰是同学的理解、关心和支持，能赋予受挫者勇气和力量。事实证明，大学生相互间可以成为促进者、帮助者、合作者、辅助者。竞争促使大学生寻求超越，榜样示范助其取长补短，友谊润泽让其感受温暖。

因此，在网络心理互助平台中，要有针对性、细化地提升大学生互助成长的主动性，例如，在生命认知提升上，设计"自我生命探索""寻找生命的真谛""生命知识知多少"等活动，鼓励学生积极踊跃报名、积极参与其中；在生命情感方面，设计"生命轮""人生五项""给自己的寿词或悼词"等系列活动，促使学生在身临其境中感知生命，对生命产生敬畏之心。

三、生命教育网络心理互助模块构建的客观条件

生命教育网络心理互助模块的构建除了具备主观条件，还具备相应的客观条件，主要表现在校园网络中心提供可靠的技术支持、教师网络信息技术培训提供师资资源保证、计算机的高普及率提供实施可能等方面，客观条件的丰富性为新时代大学生生命教育网络心理互助模块的产生提供了可行性。

（一）校园网络中心提供可靠的技术支持

"黑板+粉笔"的传统教学模式已经逐步被多媒体教学和网络教学所替代，教学改革也因此注入了新的活力。在多媒体和网络教学模式下，各高校有效地建设网络信息资源，有效地开展网络教学，学生可以自主地利用网络环境，自主学习，获取新的知识，构建自己的知识体系，以满足个性化教学的需要。

网络教学资源是建设网络教育基地的前提和基础。目前在校园内主要是以多媒体教室、网络机房和基于 Internet 的远程教学为主要教学环境。开放型网络环境和网络教学资源库支持网络技术及多媒体技术，在网络环境中，汇集了大量教学资源，包括数据、资料、程序、教学软件等，形成了一个高度综合集成的信息库。这种开放式的网络教育资源库有利于网络教育基地的建设和发展。因此，在学校网络心理互助平台中，要积极发挥校园网络中心能够给予的网络技术支持，促使生命教育网络心理互助模板朝着更高效、更具时效性的方向发展。

（二）教师网络信息技术培训提供师资资源保证

有一支掌握现代教育信息技术的高水平的教师队伍，才能更好地在网上进行生命观的教育。如今许多高校为了保证拥有一批水平高，能灵活运用以计算机及网络为核心的信息技术进行现代化教学的教师队伍，开始重视教师的信息技术培训，开展多种形式、多种层次的培训活动，使广大教师的现代教育理论水平、教研能力和运用以计算机及网络为核心的信息技术的能力得到了很大的提高。基于网络环境的教师培训，就是利用网络平台开展教师培训，培训的整个过程离不开网络，培训组织者必须为学习者创设一个最佳的网络学习环境。因此，搭建的网络平台应满足以下要求：①能为项目组成员提供项目进展信息、项目计划书、项目总结、培训课件等信息；②能为教师提供专业能力发展所需的工具和资料；③能为教师提供发展、管理、应用、分享、交流自我知识的反思；④能为教师提供教研、学习、交流、答疑等功能的交流；⑤能为教师提供

专题网站、课件、视频、学生作品等功能的专题展示。只有在这种网络环境下进行培训和学习，才能促使每个学习者参与进来，形成网络环境下的学习社区和教师学习共同体，以达到教师们共享网络优质资源，促进教学知识有效传播的目的。生命教育网络互助模式的创建是一个长期的积累过程，需要广大教师大量开发、引进教学资源，丰富网络教育基地的建设，并参与教学资源库的应用开发，不断完善资源库。

（三）计算机的高普及率提供了实施可能

随着时代的发展，网络时代的到来，计算机的普及率越来越高。大学里，几乎每一个学生都拥有个人电脑。宽带校园网络的铺设以及充足的教学与辅助服务设施，高速、稳定、高质量的数据传输为高校开展生命教育网络互助给予了充分的保障条件。

在计算机运用中，学生可以利用资源库发现问题、探索问题、解决问题，同时通过计算机网络建立起新的知识网络，营造出有关价值观的讨论、探索、协作的环境。同时，大学里具备充足的教育资源，教师可以搜寻多元化的教育素材，制作有关生命教育的多媒体课件，利用相关媒介传播手段，及时上传到网络心理互助平台上。这样，学生就可以在网络上找到相关的课程与资源进行自主学习。这样的传播方式既新颖又便捷，在许多学生看来，这样的学习方式值得肯定和接受。学生通过网络学习，在学习过程中感受到充分的自由，也因此具备积极的心态参与网络互助。

第三节　大学生生命教育网络心理互助
模块的构建与实践

大学生生命教育网络心理互助模块的构建与实践是一项多环节、多任务的综合建设过程，在善于继承、勇于创新，监督管理、正面引导，学生主体、突出"互助"，简单有趣、容易操作等原则的指引下，在运用流程上设计包含用户需求分析、功能性需求分析、技术性需求分析等流程，在其成果上主要包含以公告模块、教学资源模块、交流模块、协作模块、管理模块为主的总体模块，以学生用户、教师用户、家长用户、社会专家用户以及管理员用户等为主的用户登录模块。

一、大学生生命教育网络心理互助模块总体设计

大学生生命教育网络心理互助模式建设是一项多环节、多任务的综合建设过程。首先，应以建立教学资源库为中心，把互联网上和教师自己开发的有关生命教育教学资料搬到网络教学基地的资源库中来，建立突破时空限制的开放性、多元化的网络教育方式，通过实体与虚拟网络为大学生了解生命观提供专门辅导平台，并与大学生建立良好的交流互动，让学生得到高质量的学习效果。其次，大学生生命教育网络心理互助模式建设具体来说包括以下三方面：一是建立大学生生命教育网络互助主题网页，引导学生前往"冲浪"。二是建立公告栏答疑板块，教师主动以普通用户的身份积极参与讨论，及时回应学生提出的问题，甚至可以有意识地激发学生间的讨论，并对学生网上的言行加以引导；三是积极制作交互性较强的电子教案，甚至教师还可以在板块内建立模拟空间，使其成为一个丰富的课堂网络教学系统，并储存到资源库中，集中地放在大学生生命教育网络主页上，方便学生随时学习。

建设过程可采取以下步骤：①广泛宣传。全面了解学生就"生命"话题所要达到的诉求，制定大学生生命教育网络心理互助模式建设的目的、整体风格、色彩倾向、功能模块。②数据整合。准备网络教育基地所需的文字、图片、动画、音视频等内容，按大学生生命教育的内容设计模块，然后将准备的教学资料按照设计的教学模块进行分类，形成系统的资料数据库。③版式设计。合理地利用软件对板块进行设计，突出每类板块包含的生命价值观的内容。生命教育是长期性的教育，因此，在建设网络互助平台时也要探索出一套实在管用、相互联动、综合育人的长效机制。具体说来就是要紧紧抓住加强规划、完善制度、规范管理、充实队伍四个关键环节，并且要依托借鉴既有的校园网络、心理咨询等成熟系统的优点，共建共享，形成以人为本的网络语言环境。

二、大学生生命教育网络心理互助模块构建原则

大学生生命教育网络心理互助模块构建应按照以下原则进行。

（一）善于继承，勇于创新

实施网络生命教育并不意味着对传统生命教育的全盘否定，而是在正确继承传统的基础上，根据实际需要进行一定的教育方法、教育内容与形式的创新。传统的生命教育虽然存在诸多不足，但它在长期的实践中积累了大量的经验和教训，这些都是非常宝贵的知识资源，如果不加以继承和利用，必然要再次进

行"盲人摸象"般的探索，这样是非常浪费时间和精力的。因此，学校生命教育工作者必须善于研究传统生命教育的经验，并将其正确运用到网络生命教育工作中。当然，仅仅继承传统并不能满足网络生命教育的新需求，学校网络生命教育工作者还必须结合网络的特点，不断创造新的、适合青年学生身心发展特点的网络生命教育方法和途径。总而言之，必须在继承和发扬传统的基础上，充分发挥网络的创新功能和先进技术的优势，将传统生命教育与新型的网络生命教育有机结合起来，共同发挥教育作用。

（二）监督管理，正面引导

学校网络生命教育必须实现监督管理与正面引导相结合的原则。首先，学校可通过校园网络监督管理体系的建立，监督上网内容，过滤有害信息，抵制电脑黑客，控制上网时间和频率，防止学生网络成瘾。也就是说，学校应运用技术手段在校园网站服务器中建立"信息海关"，安装过滤不良信息软件，净化学校网络信息资源。其次，学校要适时增加与生命教育密切相关的信息的发布，正面引导学生学习生命知识及与之相关的心理健康知识与技能。高校应清醒地认识到，如果不主动引导学生正确运用网络，那么学校网络生命教育工作将可能事倍功半，甚至会徒劳无功。

（三）学生主体，突出"互助"

在网络生命教育过程中必须尊重学生的主体地位，注意调动他们的积极性、主动性和参与性，这是网络生命教育成功的基础。在网络空间中，学生可以根据自己的需要，独立选择网络服务的项目和内容，这使生命教育的自由度和灵活度都显著增强。因此，适时鼓励学生积极思考和探索，将知识和技能内化，有利于提高学生的学习兴趣，树立自信心，激发其学习动机和探索欲，进而提高学习效率和效果。此外，网络生命教育必须注重锻炼学生的实际操作能力，即鼓励学生主动将所学的内容用于现实生活，在实践中将陈述性知识变为程序性知识，使习得的知识和技能不再是空洞乏味的理论，而成为既可以"自助"，又能"助人"的实用性工具。

（四）简单有趣，容易操作

在设计和选用网络生命教育的软件、网站界面时，应以简单、易操作、充满趣味性为原则，那些难度大、费力、费时的软件不宜用于学校网络生命教育。学校生命教育软件和网站等都是面向学生的，学生的电脑专业程度毕竟有限，过于复杂、难度过高的软件会使他们付出过多的学习时间，甚至挫伤他们学习的积极性。同时，过于复杂的软件也会给实施生命教育的教师造成一些障碍。

因此，学校网络生命教育软件在设计、选择时应注意难度适中、操作性强。另外，软件的设计和选用还必须注重趣味性，灵活采用心理讲座视频、Flash、动画、幽默短片、BBS、聊天室、QQ等大学生喜闻乐见的形式，对他们进行生命教育。换而言之，网络生命教育不仅要为学生提供个性化的心理知识，还应提供个性化的趣味心理游戏，使学生在游戏活动中既能得到生命教育知识的熏陶，又能获得心理健康知识和技能。

三、生命教育网络心理互助模块构建流程

生命教育网络心理互助模块构建流程包含用户需求分析、功能性需求分析、技术性需求分析。

（一）用户需求分析

生命教育网络互助平台主要用户是大学生，通过调查，关于"生命教育网站所要实现的功能"这一问题的回答，绝大多数大学生对于"呈现相关的体系知识""与专家交流""与同学交流""与家长交流""虚拟学习小组"等功能认为是"有用的"，而对于"博客"的功能，相当数量的大学生认为"有必要体现在生命互助网络"中。在利用网络开展"生理健康教育、心理健康教育、安全教育、死亡教育、人生观价值观教育"的必要性调查中，认为利用开展生理健康教育、心理健康教育、安全教育、人生观价值观教育"非常必要"的学生占了半数以上，尤其在"当你遇到心理（感情）问题而又难以解决时，你最倾向于选择的两种求助方式是什么"这一问题中，多数大学生选择"向朋友求助"和"向网上心理专家、网友求助"。因为网络是虚幻的，可以避免与人当面交谈时过于拘谨。

（二）功能性需求分析

功能性需求分析主要包含对基本教育功能、心理辅导功能、用户类型等的要求。

1. 对基本教育功能的要求

网络互助平台在功能上弥补了实际教学中存在的不足，规划出较为系统和完善的生命教育资源体系，并且以学生为主体，积极调动学生自主探究、协作探究，辅之以教师的适当引导，最终实现学习者对生命教育的有效知识构建。大学生可以登录本系统，通过系统提供的生命教育相关的文本、视频、音频等资源进行独立学习，同时还可以通过系统提供的避险模拟功能，模拟演练面对突发事件的处理方法。另外，教师可以实时发布一些与生命教育相关的话题，

如某些青少年犯罪事件，供学习者以小组协作的形式参与讨论，引导学生正确认识事件背后所透出的生命现象与生命的意义。学习者还可以通过站内按照兴趣爱好，自己组成某一兴趣小组，分享信息资源，协调组内活动。

2. 对心理辅导功能的要求

生命教育需要关注大学生成长过程中时常遇到的心理方面的问题，网络互助模式为大学生提供了一个整合学校、家庭与社会等多方力量协助的心理辅导模块。学生可以把个人遇到的心理问题以日志或者主题讨论的形式通过网络系统发布，学校领导教师、学生家长、社会专家（心理专家等），可以查看学生发布的生命叙事故事，了解学生存在的心理问题，适时与其进行交流与沟通，挖掘问题存在的根源，多方协作，实现对学生心理的辅导与问题的解决。

3. 对用户类型的要求

按照用户实际身份，本系统将用户分为学生、教师、家长、社会专家以及管理员五类。

学生用户是本系统的主要使用者。系统为学生用户提供查看教学资源、查看公告、发布日志或主题、参与小组学习、参与讨论、参与测试等功能。

教师用户可以通过本系统实现公告与课程资源的发布与管理、话题或主题的发布与组织、交流讨论等功能。

家长用户拥有查看子女的学习记录、参与讨论、发布家长专栏文章等功能权限。

社会专家主要有查看学生日志、发布专家专栏文章、参与讨论以及网上心理辅导等功能。

管理员可以实现对系统的数据以及用户信息的管理与维护（包括认证、查询、修改、删除等）。

（三）技术性需求分析

技术性需求分析是不可或缺的组成部分，主要包含开发与运行环境和应用程序的安全性两大板块。

1. 开发与运行环境

本系统定位为中小型网站平台，系统开发环境采用相应的主流环境，即服务器选用 Windows Server XP 作为操作系统，系统用户的身份多样且分散，没有统一的硬件配置，所以系统选用 B/S 结构，兼容绝大部分用户的配置，只要用户使用 Windows 操作系统，即可以通过浏览器实现对系统的访问、登录等操作。

2. 应用程序的安全性

安全性是系统设计、实现和管理的一部分，其作用是保证系统可以完全按照设计者预设的方式运行。产生安全问题的原因如下。首先，程序的部分页面没有进行用户身份验证，导致未分配相应权限的用户未经认证就可以直接访问某些页面。其次，程序中的表单等部分未附加严格的字符串验证，容易造成非法用户通过数据库操作语句进入程序后台，破坏程序的完整性，即所谓的"SQL注入"。最后，如果程序中上传文件部分未对上传文件类型做严格的限制，非法用户可以通过上传可执行性的文件（如木马程序）破坏程序结构，威胁系统的安全。对于网络系统的设计，需要着重防备常见的程序攻击，针对上述安全问题，网络技术设计时考虑在页面中添加身份验证代码，过滤非法数据库操作语句，严防 SQL 注入攻击。另外，在文件的上传上，也要严格限制文件的类型，防止用户通过上传可执行性的文件破坏系统。

四、生命教育网络心理互助模块构建成果

生命教育网络心理互助模块构建成果主要包含以公告模块、教学资源模块、交流模块、协作模块、管理模块为主的总体模块，以学生用户功能模块、教师用户功能模块、家长用户功能模块、社会专家用户功能模块以及管理员用户模块等为主的用户登录模块。

（一）总体模块

生命教育网络心理互助平台主要设计为五个模块：公告模块、教学资源模块、交流模块、协作模块、管理模块。五个模块环环相扣，共同构成教育整体。

1. 公告模块

公告，指主体对重大事件当众正式公布或者公开宣告、宣布。公告内容极其丰富、运用范围极其广泛。在生命教育网络心理互助模块中，包含了公告的发布与公告管理，主要体现在与教师及管理员相关的实时公告、管理公告，在发布后，便于系统其他用户随时查看系统动态。

2. 教学资源模块

教学资源是为教学的有效开展提供的素材等各种可被利用的条件，通常包括教材、案例、影视、图片、课件等，也包括教师资源、教具、基础设施等。在生命教育网络心理互助模块中，教育资源模块主要包含五个子模块。一是课程资源管理，主要提供与生命教育相关的课程；二是学习板块管理，主要让学生在课余生活中学习与生命教育相关的内容；三是家长专栏管理，主要为家长

提供学习生命健康知识、传递生命教育理念、参与互动等相关内容；四是专家专栏管理，主要聘请生命教育类相关的专家进行生命教育系列讲座、开展生命教育座谈会等内容；五是生命叙事管理，主要指学生在接受系统化、专业化的学习和教育后，能够积极参与到生命教育相关事例的管理中，积极畅谈自己对生命的看法，积极交流自己的心得体会。通过专业化的划分，管理员将依据生命教育的主题划分多个学习板块，教师、家长、社会专家等可以根据权限在相应的板块发布信息资源，学生可以进入各类学习板块学习。在多主体、多板块教育内容指引下，学生可以在此讲述生命故事，陈诉对生活和生命的感受、经验、体验和追求，进而不断升华自己对生命的看法。

3. 交流模块

交流指信息互换的过程，通过把自己掌握的信息提供给对方，进行沟通交流，加速信息流动传播。在生命教育网络心理互助模块中，交流模块主要指有意识地交流，主要分为主题讨论、用户交流、咨询辅导等子模块。主题讨论指发布核心问题后，用户对该问题进行自己合理的阐述与论述，主题讨论是体现"互助"的重要模块。用户交流指用户在对生命教育理论文章、教育视频、教育图片等观察学习后的留言交流，某一用户发布资源后，其他用户学习后可以跟帖交流、讨论；咨询辅导主要针对学生用户，为存在心理问题的学生提供咨询专家、解惑答疑的平台。

4. 协作模块

协作指为了实现共同的目标，充分利用组织资源，依靠团队力量共同完成某一件任务。协作可以集中力量在短时间内完成单人难以完成的任务。当人们协同创作时，创意在群体成员中浮现，创意火花会飞舞得更快、更激昂，整体成就也高于个别努力的总和。在团队的协作过程中，有创意的解决办法常会出人意料地出现。在生命教育网络心理互助模块中，协作模块主要包含小组交流、内部资源管理以及任务管理等子模块。小组交流指发布主要问题后，小组成员围绕主要话题阐述自己的看法，在小组内形成有效的、良好的交流氛围；内部资源管理指系统内部的资源依据相关标准，进行有效的分类管理；任务管理指发放的问题、任务进行合理分配、管理。总体而言，协作模块是一个不能分割的大集合体，协作模块能为兴趣小组提供一个内部协作交流的场所，实现小范围的专题资源共享、交流与反馈。

5. 管理模块

管理指一定组织中的管理者，组织、领导、协调、控制他人的活动，使别人同自己一起实现既定目标的活动过程，是人类各种组织活动中最普通和最重要的一种活动。在生命教育网络心理互助模块中，管理模块主要包括用户管理、资源管理与数据库管理三个子模块。用户管理主要为系统管理员赋予各类用户资格审查、权限分配等权利；资源管理为系统管理员赋予用户发布资源的合法性审查、推荐等权利；数据库管理主要针对数据库中各类数据信息的管理与安全备份，便于系统其他用户随时查看系统动态。用户管理、资源管理与数据库管理三个子模块共同构成了生命教育网络心理互助管理模块，为生命教育的平稳运行给予了重要的支撑。

（二）用户登录模块

大学生生命教育网络心理互助用户登录模块中，系统将用户分为五大类型：学生用户、教师用户、家长用户、社会专家用户以及管理员用户。在不同用户登录系统时，系统需要对用户资格进行认证，其中前四类用户通过统一登录认证模块认证，管理员用户则单独登录认证。

1. 学生用户功能模块

学生用户功能模块主要为学生提供服务，在该模块中，学生能够以"游客"的身份登录生命教育平台，查看、阅读与生命教育相关的教学课程、教学视频、教学案例以及教学公告等，在一些模块中阐述自己的学习成果、交流自己的学习感悟。同时，学生在注册登录后，可以在该功能模块中参与话题讨论、发布生命叙事故事、参与紧急避险模拟演练、发出求助、组建兴趣小组等。

2. 教师用户功能模块

教师用户功能模块主要为教师群体服务，教师用户在登录系统之后，能够分门别类发布与生命教育有关的教学资源，如健康生活知识、心理健康知识、应急避险知识等相关文字教学、视频案例等。同时，教师还可以就大学生自身存在的某些问题或社会事件发起话题讨论，并组织学生参与其中，如防溺水安全教育、心理健康教育、疫情防控知识传播等。教师可以查看学生发出的求助，并给予帮助，同时可以参与在线交流讨论，如针对某位学生提出的困惑，教师及时予以正确的教育指引，帮助其走出困境。

3. 家长用户功能模块

家长用户功能模块主要为家长服务，家长用户登录系统后，可以与自己的孩子建立联系，随时查看孩子的学习状况，并及时与孩子进行交流沟通。通过网络平台，了解孩子的情况，及时发现孩子存在的问题，便于与学校、教师沟通交流。家长用户还可以将发生在身边的感人的生命故事、成功的家庭生命教育通过家长专栏发布出来，便于与其他用户交流经验，从而提升自身的生命教育素质，帮助他人丰富教育理念。

4. 社会专家用户功能模块

社会专家用户功能模块主要为与生命教育相关的社会群体服务，此功能中的社会专家范围极其广泛，包含心理医生、教育专家、消防员等。在此板块中，社会专家用户可以不受时间、空间限制登录系统查看学生的问题咨询，针对不同的问题，给予适时、合理的解答与交流，帮助学生走出困境。与此同时，在社会专家用户功能中，社会专家还可以分类型多方面与学生家长、教师建立联系，进行多方面、系统化的交流合作，共同解决学生存在的问题，促进学生健康成长，帮助学生成长为合格的社会主义建设者与接班人。

5. 管理员用户模块

管理员用户模块主要为管理员服务，大学生生命教育网络心理互助平台中，管理员可以发布公告，管理生命教育的教学资源，包括学习板块的划定、分类教学资源的管理等；管理员也可以对其他用户进行管理，包括用户的添加、审校、删除、学生与家长用户的关联操作，等等；管理员还可以对数据库进行管理，包括对数据库的备份，数据信息的修改、添加、删除等操作。

五、大学生生命教育网络心理互助模块发展对策

大学生生命教育网络心理互助模块的构建要注重开发网络生命教育途径、拓展网络生命教育内容、建立网络预防预警体系、加强网络生命教育管理，以此完善大学生生命教育网络心理互助模块的发展，促使新时代大学生生命教育取得长足发展。

（一）开发网络生命教育途径

中华民族传统文化中蕴含着丰富的生命教育理念，大学生网络生命教育应充分、辩证地运用传统文化中的生命教育资源，发挥网络信息的多样性和即时性，采取多种形式，使大学生接受传统生命教育理念的熏陶。以儒家为例，要求人们珍惜生命、尊重生命、敬畏生命是儒家学说的基本思想。如儒家代表人物孔子十分强调人在宇宙间的崇高地位，孔子认为人是万物之灵、天地之心。孔子曾在《孝经·圣治》中旗帜鲜明地指出："天地之性，人为贵。"《孝经·开宗明义》曰："身体发肤，受之父母，不敢毁伤。"通过网络途径运用传统文化中的生命教育资源，首先，应避免浮于表面，流于说教。换言之，在组织大学生学习传统文化中的生命教育知识的同时，要运用网络游戏、多媒体技术、网络讨论等网络生命教育形式，促使学生将知识内化，确保网络生命教育的效果,使大学生在现实生活中遇到困难和挫折时,能真正做到珍惜自己的生命、尊重他人的生命。其次,要注意对传统文化的扬弃。要取其精华,去其糟粕,有选择、有目的地选用适合大学生身心发展和网络传播特点的传统文化材料。最后,不仅要正确地继承传统生命教育文化,还要根据大学生的实际需要,结合网络信息和网络人际交往的特点,对传统文化中的生命教育资源进行创新,使其更符合当代网络生命教育活动。

（二）拓展网络生命教育内容

校园网络是大学生网络生命教育的重要平台,因此,学校应加强校园生命教育网站的建设,或在校园网站上设立生命教育主页,使校园网络真正成为网络生命教育的有效武器。

第一,学校应利用校园网络,组织网络生命教育的师资培训与辅导工作,并在校园网站开辟网络生命教育知识园地,普及和宣传生命知识;应设立心理健康教师在线辅导与咨询栏目,及时帮助学生解决心理问题;应提供在线交流与讨论的论坛,使学生能自助、助人。①

第二,开发、引进并利用优秀的网络生命教育软件等信息资源,提高校园生命教育网站的吸引力。趣味性强、操作简便的生命教育软件往往能吸引学生主动使用,使学生乐于学习、主动学习,从而充分发挥学生的主体性,提高教育效果。以网络游戏为例,如果能够制作出知识性、趣味性、针对性兼备的网络生命教育游戏软件,则不仅能使学生乐于使用该游戏进行学习,还能有的放矢地进行心理健康知识和生命知识教育,让学生将认知转化为行动。

（三）建立网络预防、预警体系

大学生网络预测体系是指对大学生自杀危险性的评价体系。该体系通过一定的方法鉴别出自杀的高危人群,从而达到防范的目的。为了能有效地建立此种网络预测体系,一方面,必须采用专业的心理测量量表,以实现网络心理测量工作的科学化。有效开展网络生命教育,必须规范网络心理测量工作,减少测量的误差,提高测验的可靠性和有效性,以便正确评价学生的心理健康状况,使网络生命健康教育更具有针对性。另一方面,要建立动态的学生心理档案。网络动态心理档案应记录学生定期进行的各项心理测验的结果数据及其评价等。由于网络心理测验具有覆盖面广、数据处理快等特点,建立健全的学生心理健康档案不仅可以提高对学生心理危机的干预力度和及时度,还能从整体上把握

---

① 赵迎华. 大学生生命教育体系的构建与思考［J］. 江苏高教,2017（8）:91-93.

学生的心理健康状况，为学校制订切实可行的心理健康教育计划提供可靠的依据。① 此外，学生通过查阅自己的网络心理健康档案，关注自己的心理健康动态，了解自己的人格特征，将有助于他们树立正确的自我心理保健意识，从而积极主动地预防心理疾病。

（四）加强网络生命教育管理

加强网络管理工作系统化建设，应充分发挥辅导员和校园网络管理人员的作用。学校网络管理员不仅要对校园网络的信息进行梳理，防止垃圾信息污染、腐蚀校园网络，还要发挥工作的积极性和创造性，利用各种网络技术，不断革新校园网络，使校园网络真正成为学生乐于使用的生命教育的第二课堂。

网络管理还应充分利用辅导员熟悉学生特点和情况的优势，对"问题学生"（尤其是沉迷于攻击性网络游戏、存在自杀倾向的学生）加强监管。同时，还应提高辅导员的网络操作能力，使网络成为其工作的第二平台。

从管理制度来看，学校应加强监控力度，建立健全完善的管理制度。第一，学校应充分发挥学工处及有关管理部门的管理作用，在国家法律法规的基础上建立相应的学校规章制度，以便能加强对学生上网行为的控制与监督。② 例如，学校可根据本校的实际情况，编制《大学生上网行为规范手册》，包括国家制定的法律法规、网络行为道德规范等内容，使学生能充分学习了解相应的法律法规知识。第二，建立学校网络中心监测机制。学校网络中心应在提高学校网络服务器安全系数的同时，建立专业的网络监控小组，加强对网络中有害信息的过滤，实现校园网络信息的无害化。

---

① 袁振国，沈伟. 立德树人的落实机制：现状、挑战与对策［J］. 苏州大学学报（教育科学版），2021，9（1）：1-8.

② 刘金莹. 论新时代青少年生命教育的协同模式构建［J］. 思想政治教育研究，2021，37（3）：140-145.

第七章　拓展心理素质，疏通生命教育接受渠道

——新时代大学生生命教育团体辅导工作坊模块

生命存在的各个方面都处在不断变化的发展之中，教育、社会、家庭应当为生命存在创造得以发展的氛围与条件，使其顺利发育成长、有效发展完善。本章节主要从大学生生命教育团体辅导工作坊模块为当代大学生生命教育提供现实可行的实施路径。

第一节　团体辅导工作坊在大学生生命教育中的应用

随着社会的发展和时代的进步，大学生生命教育越来越受到高校和社会的重视。在中共中央国务院颁布的《关于进一步加强和改进大学生思想政治教育的意见》中，对大学生的生命教育问题给予了极大的关注，大学生生命教育问题不仅成为理论研究中的一个热点，而且在诸多高校中有越来越多的专业资源投入团体辅导工作坊，进行大学生生命教育问题的咨询、调研和辅导。

一、团体辅导工作坊

团体心理辅导，又叫"小组辅导""团体咨询""集体咨询"，是在团体的情境下，通过团体内人际互动作用，在团体辅导员的带领下，团体成员围绕某一共同关心的问题，通过一定的活动形式相互启发、诱导，促使个体在交往中通过观察、学习、体验、认识自我、探索自我、接纳自我，调整和改善与他人的关系，学习新的态度与行为方式，以发展良好的生活适应能力，最终达到提高心理素质、促进人格全面发展的目的。[1] 团体辅导是在团体情境下进行的一种

---

[1]　董珊. 高校大学生思政工作中引入团体辅导的现状、矛盾与对策［J］. 法制与社会，2009（30）：286-287.

心理辅导形式，通过团体内人际交互作用，成员在共同的活动中彼此进行交往、相互作用，成员能通过一系列心理互动的过程，探讨自我，尝试改变行为，学习新的行为方式，改善人际关系，解决生活中的问题。[①] 所以，许多人在参与团体辅导过程中能够得到成长、改善适应和加快发展。不过，如果误用、滥用和盗用团体辅导，不仅会使团体成员受伤害，学习错误的行为，加深其自卑感和挫败感，而且会破坏团体辅导的专业信誉。因此，从事团体辅导的领导者必须不断充实团体辅导的专业知识，掌握团体辅导的技巧，了解团体发展的过程，才能组织和实施有效的团体活动，协助成员真正解决问题。团体心理辅导相对于一对一的个别心理辅导，其优势在于能为学生提供一个可以互动的平台，并能模拟一些社会情境，对学生一些心理问题的解决与长远发展具有双重意义。团体心理辅导的特点与长处在于：①效率高，省时省力；②感染力强，影响广泛；③效果容易巩固。团体心理辅导通常由 1~2 位指导教师主持，规模因辅导目标的不同而不等，少则 3~5 人，多则十几人，甚至几十人。活动次数为几次到十几次不等。团体心理辅导根据运作方式和深度的不同可以分为团体训练（工作坊）、团体咨询和团体治疗三大类。

团体训练又称为"工作坊"，其主要目标是提供知识和训练技能，其功能以预防性和发展性为主。工作坊里的讨论多半属于知识性的，重点放在讨论内容上，领导者时常加以评价和引导，参与人数可以相当多，辅导次数可以很少。工作坊在高校的应用面非常广，可以用于心理健康知识与方法的教育和学生个人发展与职业选择等，多以班级为单位，重点放在学生共同关心的主题上，领导者可以由辅导员、教师或学生干部担任。工作坊的操作与进行的方式，随着不同的议题变更操作上的手法，但是基本上基本的模式与架构不变。

二、生命教育与团体辅导工作坊的内在联系

真正的生命教育要能触及人的内心深处，对人生有所启发，促进人自身的成长和发展，在教育实践中认识自我、认识生命，实现自我的价值。因此，生命教育要注重实践，注重体验性的活动，能让学生通过一些实践性的活动有所获得，有所成长。而团体辅导工作坊的实践性，能让大学生在活动中真切的感受生命、领悟生命、尊重生命、融入生命，这与生命教育的实践性教育不谋而合。

---

① 张丽. 团体心理辅导在大学生思想政治教育中的优势及应用研究［J］. 求知导刊，2015（15）：10-11.

"通过开展心理辅导活动，能够帮助学生正确认识自我，树立自信，提高学习成绩。"心理辅导活动"团体中有一种特别的力量"，它让参加团体心理辅导的学生在"角色扮演"的过程中不断感受生命状态，体会到集体生活是一种特别美好的体验。教师引导学生积极参加团体心理辅导活动时也要注意与学生一起交流互动，尊重每个个体的感受，关注每位学生都有不同于他人的需要，并给予个体充分尊重和支持。同时，教师要认识到团体心理辅导与生命教育之间有着密切关系，生命教育指在学校教育中将人的生命意义作为一种目标、一种价值追求、一种理念，在此基础上对学生进行的有目的、有计划和有组织的教育活动与行为实践。而开展团体心理保健活动具有一定积极作用是因为：一是有利于帮助个体发展积极人格品质；二是促进个体主动发展健康人格；三是可以通过各种活动促进个体心理发展和能力提高；等等。

生命教育本身而言是一种全人教育，关注学生的生存样态、生活品质、发展空间和成长轨迹，不断探寻生命的意义，最终帮助个体实现其生命价值。生命教育关注学术积极人格品质的培养，"着眼于学生个性的健康发展，为提升学生的生存能力和生命质量奠定基础"，而团体心理辅导活动正是面向全体学生，尊重每一个生命个体，尊重学生的感受，并特别关注对学生的自我意识、情绪情感、意志品质、人际交往和沟通方面进行人格辅导，发展学生的积极品质和积极人格。① 总而言之，两者都十分注重引导学生热爱生命、尊重生命，建立生命与自我、生命与自然、生命与社会的和谐关系，学会关心自我、关心社会，完善人格，提高生命质量，理解生命的意义和价值。

三、团体辅导工作坊在生命教育中的独特优势

个体总是在一定的社会环境中生活，不断受到社会环境的影响，因此才会形成各种各样的社会联系和人际关系。这种群体间的关系可能使人得到发展，也可能阻碍人的发展。在经济高速发展、竞争机制导入的今天，个体的许多不适应往往存在于人际关系中，这在人际交往越来越频繁、复杂的当今社会更是如此，在这种变化剧烈的社会环境中，威胁生命健康的因素也越来越多。在这种大的社会气候下，大学生的生命困惑也日趋增多，所承受的心理压力也越来越大，有损生命事件的发生率也在不断增高。心理辅导是高校学生工作的一个组成部分，而团体辅导作为心理辅导的一种主要形式，其成为高校学生工作的

---

① 朱芮. 团体辅导在心理健康教育课程中应用的思考与实践 [J]. 科教文汇（下旬刊），2015（12）：143-145.

重要方式之一是应有之义。从团体辅导自身而言，它具有的效率较高，资源分享、归属体验、真实场景等特点，使学生具有较高的参与性、互动性和实效性。如果结合学生实际问题，在高校学生工作中有针对性地引入团体辅导理念、方法和技巧，对改进高校学生工作能起到较大的作用。[①] 具体而言，主要有以下几方面的优势。

（一）有助于提高工作实施效率

团体辅导使数个有着类似心理需要或目标的成员聚在一起作为团体进行活动，可以节省大量的时间、精力和人力。将团体辅导的工作方式运用于高校，可以缓解当前高校心理健康教育工作处于发展初期师资不足与高校扩招学生人数急剧增加之间的矛盾。如果仅依靠几名专职心理咨询教师，为全校上万名师生提供服务，其工作的影响面必受局限。针对当前高校学生心理问题不同程度普遍化而形成的各具同质性的群体，运用团体辅导这种方式，将具有共同或类似问题的学生群体聚集在一起有针对性地开展团体辅导活动，同时将团体辅导的理念和方法运用到班级管理、课堂教育等多个领域，可通过充分利用有限的教师资源和拓宽团体辅导的运用范围以求得较大的教育效果。[②] 正如 Gladding 所说："在帮助那些有着类似问题和困扰的人时，团体辅导是一种经济有效的方法。心理咨询师如果把自己可以胜任的工作仅局限于个体咨询的话，他也就限制了自己可以提供服务的范围。"

（二）有助于成员"同化"体验

现实中，许多学生往往认为自己具有的一些负面行为、观念、情绪是"个别性""独特性"的，这种心理往往会加重学生因问题困扰而导致的自卑感、孤独感、恐惧感等一系列负面情绪，从而加重心理压力。如果教师将具有相同或类似问题的学生聚集起来，以团体辅导的方式进行咨询，在团体中，当成员交流个人的担忧、想法和情感时，他们常常会惊讶地发现，团体中的其他人有着与其相似的忧虑。"原来有这么多同学和我有一样的问题"，这会极大减轻学生的心理负担，增强其解决问题的内在动力。因此，可以充分发挥在团体中"同化"的体验所带来的抚慰功能，在适应困难、经济困难、网络成瘾、就业困难等学生群体中使用团体辅导方式，能帮助学生树立克服困难的自信心和增强主

---

① 王卫平. 高校开展团体心理辅导的思考 [J]. 教育理论与实践，2009，29（18）：35-37.

② 王玲莉，艾春燕，张宛筑. 团体心理辅导在大学生心理健康教育中的应用探索 [J]. 江苏教育，2021（8）：24-27.

动调适心理状态的积极性，为下一步的深入辅导和教育创造良好开端。

（三）有助于资源和观点的多样化

在团体中，一个问题的提出，往往会引出各种各样的观点。"不论他们是在交流信息、解决问题、探索个人价值，还是发现他们的共同情感，同一团体的人都可以提供更多的观点，从而提供更多的资源。"大学生正处于青春期，思维活跃，思想逐步趋于成熟，自我主动发展意识强，对社会生活技能有着强烈的求知欲，能广泛地接收各种信息并进行较理性的思考和较深刻的内省。因此，在团体辅导中，将不同背景、人格和经验的学生组织在一起，并通过营造出宽松的、启发式的环境，让学生在面对问题讨论时，能积极思考，畅所欲言，激发出思想火花，在多种价值观、人生观的冲击和交织中，为每个参与者提供多角度的分析、观察他人观念及情感反应的机会，为解决问题提供更多的角度分析和方法。由此，学生在团体中能够做到彼此启发、相互反应，获得为己所用的信息和资源，并举一反三。

（四）有助于成员共情同感

通过成员之间的共情与同感，营造平等、尊重、接纳的氛围是团体辅导的基本原则。在团体辅导中，辅导教师以小组组长的身份出现，其职责是保证营造出自由、真诚、平等的小组氛围。这需要小组组长放下教师的架子，开放自我，减轻组员的压力，减少与组员的距离。小组组长要对组员无条件的积极关注，不对组员的情感、思想、行为的好与坏强加评估或批判，组员之间同样如此，力求做到相互接纳，使组员能够感受到自由、平等、安全，能畅所欲言。当代大学生，自我意识强，往往以自我为中心，在处理与外界的关系时经常表现为偏激、狭隘、自私。应利用团体辅导的这一特点，通过广泛开展团体辅导活动充分发挥其教育功能，让学生学会心平气和地倾听别人的意见，学会站在对方的角度为异己的行为进行设身处地的考虑，学会宽容、理解、接纳。同时将此理念注入学生思想教育中，以"共情式"的教育替代简单粗暴的"责令式"管理，能充分体现出当前学生工作所倡导的以人为本的工作精神，并提高学生工作的实效。

（五）有助于成员体验真实情景

团体辅导以一定人数的团体为载体，能较好地为辅导主题复制出类似于真实生活的情景，从而提供动态的生活经验。人的心理活动或心理问题都是在特定的社会环境中发生发展的，而在团体这个"微型社会"中，把来自社会环境和人际交往中的问题放回类似的环境中去再认识，重新进行调整，这既有针对性，又有实际效果。它有助于学生澄清问题的实质性情境，理解当事人的情感，发现建设性的解决办法，并可以使学生直观地筛选出令人满意的行为模仿标准，并将这些经验扩展到他们现实的日常生活中。在当前高校中，针对学生中较为普遍存在的如处理寝室关系、新生适应、毕业生就业自信心提升等问题，通过相应的团体辅导，可以帮助学生在团体中学习和体会到相关技巧和心理体验，从而提高其在现实生活中的适应能力、人际交往能力等。

四、团体心理辅导在大学生生命教育中的适用性

团体心理辅导是在团体的情境下进行的一种心理辅导形式，它是通过团体内人际交互作用，促使个体在交往中观察、学习、体验，认识自我、探索自我、调整改善与他人的关系，学习新的态度与行为方式，以促进良好的适应与发展的助人过程。团体心理辅导符合高校学生"集体化"的提点，它能够更好地解决学生共有的成长困扰，并且能在高校学生中发挥教育、发展功能，是生命教育的创新形式。

（一）团体心理辅导符合高校学生"集体化"的特点

高校中存在许多自然团体——院系、班级、宿舍、党团支部、社团、实验室等，在高校开展团体心理辅导方便可行。此外，学生有团体生活的顺向，他们可以从同伴那里获得支持和安全感，容易对朋友倾诉心中烦恼，因此，团体心理辅导的形式能为学生提供安全的同伴交流氛围和学生自我探索、自我教育的机会。团体心理辅导可有效解决学生心理问题，有助于培养其团队精神，增进相互的情感沟通。团体心理辅导活动可以帮助学生学会自我认识，并从自我认识中得到启发，从而产生心理动力。同时，在活动过程中培养学生相互的信任与沟通，有助于增强团体凝聚力与归属感。

（二）团体心理辅导可以更好地解决学生共有的成长困扰

学生都处在相似的身心发展阶段，有共同面对的发展主题，如学业、交友、人际关系、升学或择业等，常常会出现一些相似的心理困扰。团体心理辅导，不但能提升学生各方面的能力，而且可以让他们了解同龄人也有类似问题，减少孤单和不幸的感受，用团体的力量共同探寻解决问题的途径。在团体心理辅导中，团体成员的成长和收获是一个逐渐累积的过程。在活动期间，学生能更好地学习、思考、感受、体验不同的情绪及感受，也会对他们所遭遇的困境有更深刻的认识、理解并产生正面情绪，进而改变他们的行为方式提升他们解决问题的能力。团体心理辅导根据辅导对象和辅导主题，设定对应的团队氛围和辅导环境，学生参与团体心理辅导的活动，通过团队动力作用，在与团体心理辅导导师和团队成员的互动中，既可以认识到自己的不足和问题，得到大家的建议和指导，也可以了解到自己的优点和长处，受到大家的赞扬和肯定，客观公正地评价自我，提升自信心。团体心理辅导除预防、治疗的功能外，还具有发展的功能，在团队心理辅导活动中，大家彼此交流，学习他人的优势，锻炼自我的沟通技巧，提升人际关系能力，探讨人生目标，协同团队制订计划，在团队动力的监督下进行尝试体验。学生可以将团体心理辅导的感受和行为带到日常生活中，充实学习生活，从而自觉远离暴力网络游戏，规范自我行为，更好地提升自我，实现生命的价值。

（三）团体心理辅导在高校学生中发挥教育、发展功能

在高校中，团体心理辅导有助于培养学生的社会性，引导其学习社会规范；而各种主题的团体训练能帮助学生发展重要的应对技能，学习新的适应性行为，如通过团体训练提升学生的自我规划、情绪管理、压力应对等能力。通过对学生进行团体心理辅导，学生能够在交往、沟通中培养合作意识、团队精神，他们能够在参与的过程中认识自我、增强自我效能感，帮助学生建立和谐的人际关系和和谐的社会适应能力，促进学生对自我和他人情绪的调控，学会面对压力和挫折的接纳与缓解方式等。团体心理辅导活动形式灵活多样，内容丰富。一是创设一系列的情景和体验活动来启发学生思考、探讨、解决问题。二是提供一些具有趣味性的游戏或者团体工作帮助参与者认识自己的潜能。三是设计一些小游戏让参与者能够相互理解、相互促进。团体心理辅导活动还能帮助学生获得一定的自我发展能力。团体心理辅导最大的功能在于它有益于正常人的健康发展。在高校中，团体心理辅导不仅可以关注和帮助有心理困扰的学生，还可以引导正常的学生，促进其了解自我，改善人际关系，掌握更多的适应技巧，实现人格的健康发展。

（四）团体心理辅导是生命教育的创新形式

西方学者对生命教育的研究虽然较早，但只有短短几十年，我国对生命教育的起步研究距今也才二十几年，还有很大的研究发展空间，受到很多教育专家和学者的重视。团体心理辅导于20世纪90年代引进国内，经过20多年的发展，逐渐得到社会的认可，但这两者在国内而言都是比较新颖的事物，理论研究和教育实践都需要继续完善。根据文献资料发现，对学生生命教育、生命价值观等研究并不多，团体心理辅导的研究和应用则更少，两者的结合鲜少。学校开展生命教育，是为了让学生明白生命的意义，了解生命的珍贵，懂得珍惜

和尊重自己与他人的生命，积极发掘自己生命的潜力，实现生命价值。但学校缺少专业的心理健康教师，对生命教育流于形式，通常采用讲座课程等形式开展生命教育，内容枯燥，过程烦闷，没有效果反馈，不仅没有起到预期的效果，反而导致学生的反感和抵触。而团体心理辅导旨在将活动与教育有机融合，让学生在活动中、实践中、团队中去感悟、体验、分享，进而引导学生达到教育效果。所以在团体心理辅导活动中融入生命教育，让学生在积极生命价值观主题的活动中进行体验成长，从这些活动实践交流中认识自我、挖掘自我价值，观察和参考他人的积极认知和行为，尊重理解他人，树立自信，从而树立积极的生命价值观，积极面对人生，更好地健康成长。

五、团体心理辅导工作坊在大学生生命教育中的作用

真正的生命教育要能触及人的内心深处，对人生有所启发，促进人自身的成长和发展，在教育实践中认识自我、认识生命，实现自我的价值。因此，生命教育要注重实践，注重体验性的互动，能让学生通过一些实践性的活动有所收获、有所成长。而团体心理辅导活动的实践性能让学生在活动中真切地感受生命、感悟生命、尊重生命、融入生命，这与生命教育的实践性教育不谋而合。团体心理辅导尤其适合于学校、社会培训机构、合作团队等具有一致目标且团体成员有共识的团体。它旨在借着团体中人际交互作用以帮助个人成长，透过团体的学习与互动，促进个人的身心发展，提高学习技能，获得正确的信息，从而了解自己、接受自己、实现自己的价值。而大学生团体正是具备了这些特点，因而团体心理辅导适用于大学生生命教育，可以有效提高大学生生命教育的水平。

（一）充分体现了学生主体的教学思想

生命教育的过程，就是生命与生命的沟通和交流，甚至可以说，一切的教育都是教育者与受教育者共同演奏的一首生命交响乐。作为具有较高文化素养和主体意识觉醒的大学生，他们具备了一定的思辨力和主观能动性。在生命教育过程中，我们更要注意主体性原则的运用，这样才能得到实效。否则，可能会遭到大学生的逆反和排斥。在进行活动设计时，要注意紧密结合大学生的实际问题，内容自然流畅，针对性强且寓教于乐，有极强的吸引力和感召力。

新课程理念的不断推进，要求教师要不断更新观念，转变角色，改变课程中注重知识传授的倾向，让学生学会学习、学会合作，倡导学生主动参与。在教学中要尊重学生，凸显学生的主体地位。充分调动"教"与"学"两方面的积极性，并着力构建学生的主体地位，才能真正把课堂还给学生，使学生成为学习的主人，增强课堂的趣味性与吸引力。让学生成为课堂的主人，教师必须转变角色，改变教学方式。教师在教学中应该扮演好引导者的角色，注重学生主体地位的体现。首先，教师要让学生在团体心理辅导活动的合作交流中学习知识，锻炼思维能力。其次，教师要在学生讨论、质疑和交流中引导学生发现问题、提出疑问、分析解决问题。最后，教师要以平等的态度对待每一个学生，关注个体差异与不同需求，尊重个性发展和创造潜能的挖掘。

（二）促进生命教育方法的融合创新

团体心理辅导强调以人为中心，关注人的需要有针对性、高效性和发展性等特点。这些特点与实现学生的生命教育的根本目标相契合，与生命教育的实践形式相补充，与生命教育的发展性相关联。团辅教学，要以大学生成长过程中的需要为出发点，以生命教育为核心，结合生命化教育理念，对大学生进行生命引导和教育。团体心理辅导是基于团体的一种咨询活动，它主要通过团体内成员的互动、交流、学习与分享，达到团体成员思想、观念和行为相互影响的一种咨询活动。团辅课程分为五大内容：认识自我模块、认识群体模块、学会相处环节、学会学习模块、提升人生规划能力。通过团辅课程，大学生能够从不同角度深入了解自我、塑造良好气质。生命教育是新时代高校思想政治工作的重要内容之一，是实施以学生为本的现代大学管理制度和人才培养模式改革所需要的重要组成部分。团体心理辅导技术与生命教育相结合，能有效激发学生的学习兴趣，培养学生自主学习意识，提高对大学生活的适应能力，激发个体潜力，实现生命教育效能大幅提升。

（三）丰富生命教育育人模式的设计整合

在设计时，要注重开发学生的潜能，注重学生对于生命意义的反思，实现学生生命境界的提升。我国著名学者鲁洁教授指出："理想的教育并不是要以各种现实的规定性去束缚人、限制人，而是要使人从现实看到各种发展的可能性，并善于将可能性转化为现实性，它要使人树立起发展与超越现实的理想，并善于把理想赋予现实。"生命教育要教育大学生认识生命是一种责任和承诺，掌握即使输掉一切，也不能输掉对生命的信念，让大学生能够积极主动创造生命价值，在不懈地追求与奋斗中去实现自身目标，无论身处顺境或是逆境，都要积极乐观地面对困难。

团体心理辅导是按照小组形式开展活动，通过角色扮演、故事分享和小组游戏等开展活动。团体内成员的互动和沟通形成一定的团体动力，小组内成员参与度更高，体验更强，能充分投入小组活动中，并进行分享和反馈。将团体心理辅导技术与生命教育相融合，可以克服传统教学带来的局限性。团体心理辅导具有多向沟通的属性，表现为互动性、生动性及情境性的优势，每一个成员都有独特的定位和价值。由于团体心理辅导活动尊重学生的主体地位，通过搭建师生沟通的桥梁，充分整合了现有教育资源，大学生能够在学习过程中克服对教师的胆怯。在教师针对性的引领下，建立民主平等的新型师生关系，共同探寻解决心理问题的办法，课程教育感染力大大提升。

（四）充分唤起学生的情感体验

利用团体心理辅导技术教学的课堂教学过程是一个多向沟通的过程。教师可以为学生创设一个真实感很强的情景，引起学生强烈的感情共鸣，使他们充分进行情感分享、经验交流，从而产生深刻的情感体验，巩固认知。在团体心理辅导实践中，通过开展精心设计的相关的主体性活动，构建类似或者接近社会的现实环境，引导团体成员对活动情境进行感知，从而有效增强学生的沟通技巧、改善学生的交往技能、唤醒学生的情感体验。大多数的团体心理辅导简便易行、活泼有趣，贴近大学生的需求和认知的规律，注重自我感受的心理交互与反馈，激发大学生学习兴趣并点燃其热情，在愉快的学习氛围下，增强自我了解，促进自我发展，帮助大学生学会聆听他人，循序渐进地提高大学生的人际交往能力以及获得情感体验。

（五）有利于塑造学生积极的自我观念

团体心理辅导活动有利于塑造学生积极的自我观念，有利于保持学生健康的心理和良好的精神风貌，有利于促使学生追求并实现生命价值。大学生处于渴望认识自己、期盼他人评价的成长阶段，是建立自我同一性的重要时期，采用团体心理辅导活动能够顺应这种身心发展特点需要。通过活动中的接触和交流，成员更容易接受相互之间的反馈和建议，可以有效消除他们的孤独感、使他们建立自信。对团体的归属感能够正面强化对社会的归属认同，从而逐步完善学生的人格特质，发挥个人潜能，提升综合素质。

（六）提高大学生生命教育的效率

大学生面临的心理问题往往具有相似性，常见的问题主要是如何协调人际关系、如何正确地认识自己和接纳自己、如何有效地进行情绪管理等。将具有类似问题的学生组织在一起进行团体心理辅导，可以在有限的时间内为更多的人提供帮助。研究发现，目前大部分高校开展生命教育的形式主要有讲座、班会、课程，以及少量的实践活动，没有对生命教育进行总结分享，没有进行效果评估，学生也是听完就忘，无法将生命教育的内容融入生活理念中，效果不明显。团体心理辅导在团体动力的作用下促进团体成员参与到主题认知、体验、观察、总结、改善、分享和升华等环节，并在团体心理辅导后进行跟进和评估，辅导效果比较明显。大学生对生命的认知既不全面也不正确，只有一个模糊的轮廓，在团体心理辅导活动中跟随辅导教师的引导，能够更深入地认识生命、认识自我，调整非理性信念，践行生命意义，实现生命价值。积极生命价值观主题的团体心理辅导不再把生命教育作为传统说教式的德育教育，而是让其逐渐融入团体心理辅导活动课的课堂模式，创设轻松和谐的课堂氛围，运用语言的感染力与肢体语言的魅力，开展一系列活动，在潜移默化的过程中让大学生的身心获得发展。而在团体心理辅导活动中，根据团体动力理论，设计热身活动、实践活动和分享活动，在热身活动中引导学生放松，激发学生兴趣，在实践活动中引导学生积极参与。辅导教师关注学生的表现和进步，给予肯定，激励学生发挥主观能动性，更好地展现自己。在分享环节，学生将自己在活动中的感受进行总结分享，一个想法激发另一个想法，使更多的想法融合在一起，收获更多知识。在团体心理辅导中，促进学生从认识自我到改变自我，获得团队成员的肯定和支持，得到辅导导师的鼓励和赞赏，得到进步和成长，产生更大的积极性完善自我。因此，团体心理辅导与生命教育相结合，可以更好地促进大学生产生积极的生命价值观，树立正确的生命价值观，提高生命教育的效率。

第二节　新时代大学生生命教育团体辅导工作坊的设计

目前，高校生命教育多以德育教育为主，教育形式单一、滞后，过度解读群体的负面心理问题或心理疾病表现，极少关注大学生的生命学习情感体验，导致生命教育质量不尽如人意。传统的生命教育个体辅导形式忽略生命教育的功能，已经无法满足新时代大学生生命教育的需求，为此亟须调整和完善。人类的生活方式离不开团体，在教学实践中应用团体辅导方法，营造和谐的生命教育氛围，让大学生在活动中体验、分享和反思，可以发挥课程教学的引导价值，带来全新的课程学习体验，从而帮助大学生适应新环境，完成行为转变，调节自己的情绪，改善人际关系和创新思维，培养人的信任感和归属感，促进大学生的全面发展。

一、大学生生命教育团体辅导工作坊设计的指导思想

大学生生命教育团体辅导工作坊设计的指导思想主要包括群体动力学理论、人际相互作用分析理论、个人中心治疗理论、社会学习理论、人际沟通理论等。

（一）群体动力学理论

群体动力学理论研究群体的形成和发展。群体动力学于 20 世纪 30 年代末创立于美国，它的创始人勒温强调群体是一个动力整体，应该作为一个整体来研究。群体动力学理论对团体心理辅导的影响主要在于什么样的团体是有效的团体，在一个团体中，如何促进成员的成长发展，团体心理辅导的指导者应该创设一个什么样的团体气氛，以便让成员能够感觉到安全和归属。①

（二）人际相互作用分析理论

人际相互作用分析理论，是美国精神分析学家柏恩于 1959 年创立的一种心理治疗的理论和方法，相互作用分析治疗的目的是教育当事人改变生活态度，在人际交往中能够建立自尊成熟的人际关系。相互作用分析理论与方法由于主要研究人与人之间的互动和沟通，所以在团体心理辅导中，成员通过观察他人的变化与示范，学会如何和他人沟通。

（三）个人中心治疗理论

个人中心治疗理论是美国人本主义心理学家罗杰斯创立的一种心理咨询和心理治疗理论。在 20 世纪 60 年代后期至 20 世纪 80 年代，罗杰斯的影响不断扩大，许多个人成长的团体辅导的研究和实践的开展，将这些理论应用到不同的团体中。目前，个人中心疗法不仅应用在个别咨询中，同时也被广泛应用于团体心理辅导中，而且在心理咨询与治疗以外的众多领域也被广泛应用，如教育、职业训练、家庭生活、组织发展、健康保健等。

（四）社会学习理论

社会学习理论主要解释人是在社会环境中怎样学习的。这一理论最早在1941 年由米勒和多拉德提出。后来，班杜拉发展了社会学习理论的观点，认为人们一般通过观察和模仿来学习和形成一种新的行为方式。如果在团体心理辅导中能够为那些心理适应不良的成员提供可模仿的榜样，将有助于他们改变不适应的行为。团体心理辅导为那些成员提供了一种特殊的情境，充满理解、关

---

① 涂翠平，盛佳伟，李海哲. 团体凝聚力训练在高校新生班级建设中的应用［J］. 时代教育（教育教学版），2014（4）：39.

爱、信任，这种环境的变化必将引起个体行为的改变。

（五）人际沟通理论

人际沟通是个体社会化过程中适应环境、承担社会角色、形成健全人格的基本途径。人际沟通理论的研究为团体心理辅导中如何增强沟通效果，建立良好人际关系提供了很有价值的参考。团体心理辅导的过程也是一种人际沟通相互作用的过程，所以人际沟通理论研究的成果也适用于团体心理辅导。如人际沟通理论为团体指导者选择何种团体沟通方式更为有效，如何观察指导团体成员沟通，增进自我的了解和对他人的了解等可以提供具体的方法和技巧。

二、大学生生命教育团体辅导工作坊设计的设计模块

在大学生生命教育中，要发挥团体心理辅导预防性、教育性、发展性的功能，就要引导学生对过去生命进行反思、对现实生活进行感悟、对未来人生进行追求。在教学过程中，要注意三个层次的应用：在认识生命上尊重生命、敬畏生命的运用，在实现生命质量中的运用，在升华生命价值中的运用。在具体运用团体心理辅导技术时，可以根据心理学认知—行为改变理论模式，运用团队建立关系阶段—主体活动实施阶段—主体活动结束阶段—辅导延伸阶段的训练阶段模式，做到既重视个体差异，又兼顾团体潜力，促使每个成员去深入思考他们自身的问题。

（一）目的

本研究根据大学生的特点以大学生对于生命价值观由浅到深的认识为设计依据，设计团体心理辅导活动方案，旨在从开始的认识生命到结束的珍爱生命各个层面提升大学生的生命价值观。

（二）团体方案的总设计

大学生生命教育涉及的问题很多，尤其是当前突出地表现在亲情、友谊、爱情、安全、自残、自杀、同居、网瘾、诚信、学业、就业、受挫、暴力、吸毒等方面，进行生命教育不可能就事论事，但也不可以脱离学生面临的现实问题。所以在设计方案时，要针对大学生关注的热点与焦点问题展开。为此必须注意两个方面的倾向：一是只注意具体问题，就事论事，忽视了生命最根本的目的与要求；二是只讲大道理，无视学生面临的现实问题，干巴巴地说教，达不到应有的目的与效果。值得注意的问题是，把生命教育当作筐，什么都往里面装，也就是无论学生发生什么问题都看作生命教育的问题，这就很难集中对生命教育的本质和关键问题进行有效的教育，同时会加大生命教育的内容，整体减弱生命教育的效果。

1. 团队关系建立阶段（1~2次活动）

按照群体动力学观点，团体心理辅导要营造让人舒适的环境，让每个人能得到足够的认可，产生足够的自信，从而提高团体心理辅导对大学生的影响，促进生命教育发挥积极效果。此外，团队建立阶段，将在每个活动中，突出一项生命教育主题。

活动一：生命是一场际遇。通过团辅预热活动，促进团队成员互相认识，形成契约。在形成团队后，引入第一个生命体验活动——"毛线树"，该环节将通过团队成员默契配合，引出对生命机遇的感悟话题。希望能通过"毛线树"这个活动引导大学生关注生命中偶然相遇的每个人，帮助大学生感受生命中有意义的时间节点。

活动二：生命是一段故事。首先，通过"棒打薄情郎"和"鸡尾酒会"的团辅活动，让大家互相熟悉，建立关系，提高团辅团队的凝聚力。其次，引入第二个生命体验活动——"生命书"，团辅领导引导学生完成对过去一年的总结以及对新的一年的期盼，通过"生命书"的制作，回忆特殊的人与难忘的故事，梳理当下的情绪。通过"生命书"的制作过程，学生们将再次感受生命的美好和遗憾，从而能够以过去为镜，更好地面对当下与今后的人生。

2. 主题活动实施阶段（4~6次活动）

在建立起融洽关系的基础上，进行更深入的生命探索活动，提升大学生的生命感知力，从而进一步扩展生命教育的内容与影响。

活动三：生命是一次感知。本次活动在简单的预热后，通过"背后的我"和"我的自画像"两个活动，帮助学生认清自我、发掘能量。在活动中，团辅领导者先让学生写好对自己的评价，完成自画像，再完成"背对背"评价，然后帮助大学生认识生命中自己没有发现的特质，同时传授"生命冥想"的方法，帮助大学生在日常生活中也能够冥想生命价值，从而提高生命体验。

活动四：生命是一场合作。开展团辅活动"齐心协力""同舟共济""心有千千结"，团辅领导者帮助大学生提高在团队中彼此的默契程度，同时也让大学生体会战胜困难的快乐，反思面对困难时要做的准备。活动结束后，团辅领导者引导大家思考自己平时生活中遇到的类似困难，思考自己是否像今天一样，愿意去接受生命中的每次挑战。

活动五：生命是一次求援。开展"盲人与拐杖""突破重围"的团辅活动，使学生感知团体的力量，并学会向他人寻求支持。本次活动以改进抑郁情境中个体的问题和解决惯性思维为目标，帮助大学生确立"生命不孤独"的理念，让求助成为一种可以接受的途径，从而提升生命质量。

活动六：生命是一段旅途。经历过主题活动实施阶段前三次活动后，学生将迎来一次有冲击的生命体验活动。通过模拟灾难体验，感受死亡，预立遗嘱。本次体验活动创设了一种黑暗、静谧的环境，在手机屏幕发出的微光中静静地回顾生命历程并写下遗嘱。这对于学生进一步了解生命的意义，体会生命的价值具有极大的推动作用。在前五次的活动基础上，大学生对生命教育已经有了理念上的认同，但自我体察还不够深入。因此，创设特殊情境来迫使大学生直面生命终点，是促进他们思想顿悟的重要环节，这也是整个团体辅导的升华部分。

3. 团体辅导结束阶段（1~2 次活动）

巩固生命教育团体心理辅导效果，记录成长经历。

活动七：生命是一份传递。本次活动以袒露"生命故事"为主，是在上次活动中预立遗嘱的基础上，鼓励学生分享让自己印象最深刻的生命回忆。鼓励大学生，无论是美好的还是痛苦的回忆，都可以通过团队进行分享，从而获得新的生命观，开启新的生活。

活动八：生命是一缕期望。本次活动通过"我的生命线""情景剧：十年后的同学会"的团辅活动，从对自我的生命期待角度出发，遥想未来，寄予希望。同时，以"模拟同学会"为切入点，激发大学生对未来的期待，并鼓励大家在生活中找到团体，坚定信念，勇敢向前。

4. 辅导延伸阶段

在辅导期间，甚至是辅导结束后，辅导教师都要对个体予以关注，有针对性地进行个体辅导。让大学生深刻地意识到自我生命内涵的多面性、丰富性，从而正确体会生命的可贵，确立生活的正确态度与目的，去追求人生的更大价值与意义。一是向家庭教育延伸，注重和家长的密切配合，关注孩子的生命教育。二是向日常教育延伸。对大学生进行生命教育，不能仅仅靠几节团体辅导课。需要学生工作人员、班主任和所有的任课教师在平时的教育教学中对大学生予以关注，多创设活动，让大学生领悟生命的真谛。三是向社会延伸。动员社会力量对大学生进行生命教育，如跟踪辅导。团体心理辅导结束后要继续关注辅导成员，巩固辅导效果。注意利用电子邮件或网络平台等新媒体进行交流。

第三节 大学生生命教育团体辅导工作坊实践

大学生生命教育团体辅导工作坊，是一种强调内心世界分享、心灵交流、助人自助的团体辅导活动，是成员在工作坊带领者引导下通过语言、行为互动、心理工具、游戏、交流拉近距离，针对特定的生命教育主题进行讨论与分享，以达到认识自我、相互沟通、心灵成长、共享经验，帮助成员提高自我心理潜能的目的的实践活动。

一、执行步骤

大学生生命教育团体辅导工作坊实践执行步骤分为团体的形成、引导成员相识并形成信任关系、促进团队成员探索自我、引导团队成员总结团队经验、对活动的结果总结评估等。

（一）团体的形成

在大学生生命的教育中，有时候是因为教育工作者需要挑选一些学生参加，而非学生本人意愿，致使成员防卫心理较强，团体开始抗拒力比较大。这种情况下，团体领导者应该想方设法采用有效技巧，吸引团体成员由非自愿变成喜欢团体辅导。

（二）引导成员相识并形成信任关系

团体活动的各项准备工作就绪后，团体就进入了实际操作阶段。让团体中的成员了解团体中人际沟通的过程及其影响，协助成员投入团体，增强团体凝聚力，形成良好的团体氛围，为成员提供信任的环境。

（三）促进团队成员探索自我

这个阶段是训练的关键阶段。灵活运用不同的角色功能与技巧，在充满信任、理解、真诚的团体氛围中鼓励成员主动探索个人的感受、价值，深化自我认识，学习接纳自己，感受生命的可贵，有价值地规划自己的生命。

（四）引导团队成员总结团体经验

带领团体成员回顾团体历程，将团体心得、体会、收获加以系统整理。协助团体成员总结团体训练的成效，并引导成员树立正确的生命观。

（五）对活动的结果总结评估

团体心理辅导的效果评估，简单来讲，就是团体目标实现情况的评估。评

166

估内容主要包括总的团体目标实现的情况，团体成员对生命的认识、对生命的态度、对人生目标的定向明确，团体成员的融洽度以及团体辅导结束后对团体成员的持续影响。对于方案的评估，可采用心理测量的方法，即对受训学生进行"前一后测"，了解学生培训前后有关心理素质的变化情况，从而了解实际的训练效果；也可对受训学生和未受训学生进行"实验组—对照组"的对比测验，进一步了解学生的学习效果；还可采用学生自我评估的方法，即运用"开放式问卷"，让学生自评学习和培训效果。

二、实施建议

在进行大学生生命教育团体辅导工作坊实践工作时应注意探寻大学生潜质，发现其优势，进行小组分享；实现共同成长、进行有效反馈；实现有效转化行为，在训练过程中团体心理辅导与个别心理咨询相结合，注重大量专业人才的培养工作等问题。①

（一）探寻潜质，发现优势

在团体活动时，教师应从"每个学生都是金子"的学校教育哲学思想出发，积极探寻每一位学生的优势和潜质，优化学生的同伴关系，关注学生获得的积极情感体验；提高学生的生命水平，发展自尊、自信品质；提高学生社会适应力和有效解决问题的能力，以使其对未来充满希望。

（二）小组分享，共同成长

团体心理辅导要尽量创造一个类似于现实生活的真实情景，为成员提供模仿、学习、训练自己的机会，同时也要提供彼此支持、相互建议和分享心得的机会，使每个参与者都能多角度地分析、观察他人和认识自己，帮助大学生在团体中进行比较分析、自我领悟，建立新的自我认同感，从而积极地看待自己、他人和社会，认识每一个人所演绎的生命的不同，实现对生命的领悟和理解。②

（三）有效反馈，转化行为

有效的辅导应该是让学生获得一种触动和发展，推动学生的积极认同，达到一种心理享受，即来自个体打破自己固有的某种自身的原有状态后带来的一

---

① 马杰，朱思齐，王萍. 用团体辅导对大学生进行生命教育的探索［J］. 中外企业家，2014（33）：194.
② 刘鹏飞，王莉荣. 以团体心理辅导提高大学生环境适应能力探究［J］. 广西社会科学，2016（2）：217-220.

种体验。所以，在每个活动实施的过程中或结束以后，都要让学生谈一谈或写下自己对生命的心得体会。鼓励学生把心得体会转化为行动，从而有小变化，进而有大变化，在变化中突破、成长，产生由内而外的积极变化。

（四）团体心理辅导与个别心理咨询相结合

团体心理辅导尽管有许多优越性，但是它并非适用于每一个人。有时候，团体的压力会使某些个体采取轻率的行动或自我封闭。同时，由于时间限制，单纯的团体心理辅导往往难以兼顾每个个体的特殊需要，个体的问题有时不能得到适当的处理。因此，在团体心理辅导中，常需辅之以个别心理辅导。个别心理辅导服务可以安排在团体心理辅导以外的时间进行，也可以给有特殊需要的个体布置更适合他的作业，如果某个成员的需求是团体心理辅导不能满足的，甚至这个成员将变得具有破坏性时，咨询师应当鼓励他转为个体辅导。

（五）专业培养

团体心理辅导是专业性较强的工作，要满足高校学生的庞大需求，仅依靠心理咨询中心现有的专业力量是远远不够的。针对高校团体心理辅导工作的多样性，提倡使用多层次的专业队伍培养模式。首先，在团体训练层面，将团体心理辅导与校园文化生活和班级学生活动广泛结合，招募工作坊学生志愿者，并对其进行系统培训，充实工作坊朋辈主持人的队伍，同时，培训院系辅导员和学生干部，为院系积累团体训练的专业力量。其次，在团体咨询层面，从临床心理学和社会工作等专业的高年级学生中选拔人才，进行朋辈团体心理辅导领导者的培训，安排正规的学习、实践和督导，使其具备开展各种主题的中短程成长小组的能力，以满足部分学生的发展性需求。最后，在团体治疗层面，在心理咨询师的专业队伍中培养团体治疗师，通过培训和督导提高其专业能力，以满足校内少数有共同较严重心理问题学生的需求。

三、实践效果分析

生命是一切的基础，帮助大学生树立正确、积极、科学的生命价值观能够促进大学生健康生活，积极乐观地面对人生。实证研究表明，团体心理辅导可以被用来促进大学生生命教育的实施。

（一）团体心理辅导能有效促进大学生生命教育的开展

1. 团体心理辅导降低了大学生的自杀意念水平

根据在自杀意念量表上实验处理前后的结果比较，我们可以看出，实验组自杀意念前后测数据的 T 检验中有非常明显的差异，实验组和对照组的自杀意念后测数据 T 检验中也有显著差异，这表明本次团体心理辅导，对帮助大学生降低自杀意念水平产生了较为显著的积极影响。

团体心理辅导过程中成员间良好的交流，可以促进信任的建立。讨论解决问题的方法，逐步树立合理的生命价值目标，增强积极的生命价值体验，可以抑制自杀意念的扩大和产生。在每个单元的团体心理辅导结束后，成员通过填写对每个单元的主题团体心理辅导活动反馈表来判断自身对团体主题的认识程度，也通过自身对本单元团体心理辅导的主观感受来进行评估。

表 7-1　各组在自杀意念量表上实验处理前后的结果比较

项目		实验组 （n=30）	对照组 （n=30）	组间差异 T 检验
自杀 意念	前测	5.53±2.45	5.47±2.27	——
	后测	3.935±2.63	5.43±2.56	0.029*
	前后测差异 T 检验	0.001***	——	

注：显著性水平，＊代表 p<0.05，＊＊代表 p<0.01，＊＊＊代表 p<0.001。

2. 团体心理辅导提高了大学生自尊水平

根据在自尊量表上实验处理前后的结果比较，我们可以看出，实验组成员自尊量表的前后测数据 T 检验中有非常明显的差异，实验组和对照组自尊量表的后测数据 T 检验中也有显著差异，这表明本次团体心理辅导，对帮助大学生降低自杀意念水平产生了较为显著的积极影响。

表 7-2　各组在自尊量表上实验处理前后的结果比较

项目		实验组 （n=30）	对照组 （n=30）	组间差异 T 检验
自尊 量表	前测	33.37±4.61	33.13±3.98	——
	后测	35.4±3.42	33.5±3.81	0.047*
	前后测差异 T 检验	0.003**	——	

注：显著性水平，＊代表 p<0.05，＊＊代表 p<0.01，＊＊＊代表 p<0.001。

团体心理辅导各单元的活动设计符合成员身心发展的特点，满足大学生渴望交流、渴望倾听的需要，并以多样、活泼、有趣、富有创意的练习引发成员参与兴趣。成员在活动中彼此平等，相互尊重，在与同龄人接触的过程中，成员能够有更多话题，更能够引起共鸣，也更能够听取意见和建议，接受成员的评价，加深学习效果。在团体心理辅导过程中，团体心理辅导的领导者也会针对成员的具体表现及时进行调整和引导，帮助成员在团体心理辅导过程中提高自尊水平。

3. 团体心理辅导改善了大学生的心理健康水平

根据在症状自评量表上实验处理前后的结果比较，我们可以看出，实验组成员数据的前后测差异 T 检验中，Scl-90 总分、强迫症状因子、人际关系敏感因子、忧郁因子、焦虑因子、敌对因子、偏执因子都有显著差异，并且 Scl-90 总分、强迫症状因子、人际关系敏感因子、忧郁因子的差异性最为显著。对实验组和对照组的后测数据进行组间差异 T 检验中，Scl-90 总分、强迫症状因子、人际关系敏感因子、忧郁因子、焦虑因子、敌对因子有显著差异，敌对因子的差异性最为显著。而对照组成员在自然条件下没有进行干预，结果显示实验组和对照组成员的前测数据以及对照组成员的前后测数据在 Scl-90 总分和各因子方面数据基本没有变化。这表明本次团体心理辅导，对于改善成员的症状发挥了积极作用。

表 7-3　各组在症状自评量表上实验处理前后的结果比较

项目		实验组 （n=30）	对照组 （n=30）	组间差异 T 检验
Scl-90 总分	前测	134.73±27.01	134.37±19.70	—
	后测	121.07±21.32	133.27±17.59	0.019*
	前后测差异 T 检验	0.000***	—	
躯体化 因子	前测	1.25±0.28	1.27±0.30	—
	后测	1.19±0.25	1.27±0.31	0.301
	前后测差异 T 检验	0.288	—	
强迫 症状	前测	1.85±0.50	1.86±0.48	—
	后测	1.59±0.38	1.80±0.40	0.038*
	前后测差异 T 检验	0.001***	—	
人际关系 敏感	前测	1.72±0.49	1.71±0.24	—
	后测	1.47±0.35	1.69±0.25	0.006**
	前后测差异 T 检验	0.001***	—	
忧郁 因子	前测	1.59±0.50	1.59±0.262	—
	后测	1.39±0.36	1.58±0.30	0.032*
	前后测差异 T 检验	0.001***	—	

项目		实验组 （n=30）	对照组 （n=30）	组间差异 T检验
焦虑 因子	前测	1.4±0.30	1.41±0.29	—
	后测	1.25±0.22	1.39±0.27	0.03*
	前后测差异 T 检验	0.014*	—	
敌对 因子	前测	1.51±0.56	1.53±0.29	—
	后测	1.22±0.29	1.51±0.30	0.000***
	前后测差异 T 检验	0.005**	—	
恐怖 因子	前测	1.23±0.33	1.23±0.33	—
	后测	1.24±0.34	1.27±0.38	0.761
	前后测差异 T 检验	0.746	—	
偏执 因子	前测	1.54±0.43	1.53±0.26	—
	后测	1.39±0.33	1.51±0.29	0.126
	前后测差异 T 检验	0.03*	—	
精神 病性	前测	1.39±0.32	1.32±0.28	—
	后测	1.30±0.23	1.34±0.266	0.568
	前后测差异 T 检验	0.102	—	
睡眠饮食	前测	1.45±0.43	1.43±0.26	—
	后测	1.39±0.49	1.42±0.23	0.779
	前后测差异 T 检验	0.547	—	

注：显著性水平，*代表 $p<0.05$，**代表 $p<0.01$，***代表 $p<0.001$。

4. 大学生对团体心理辅导效果自评显著

在每个单元的团体心理辅导结束后，成员通过填写对每个单元的主题团体心理辅导活动反馈表来判断自身对团体主题的认识程度，也通过自身对本单元团体心理辅导的主观感受来进行评估。

对于团体心理辅导每个单元主题的认识程度，由 0～10 来计分，"0"表示"从未思考"，"10"表示"完全理解"，在活动结束后对成员的主题认识程度取平均分，结果如图 7-1 所示。

通过实证研究可以得出以下结论：第一，实验组的前后测数据、实验组和对照组的后测数据检验绝大部分差异性显著，各组被试在大学生生命价值观问

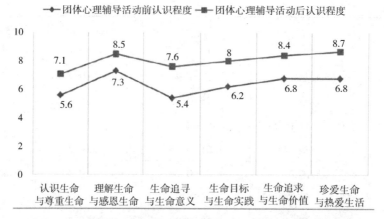

图7-1 实验组被试在团体心理辅导活动结束后对单元反馈情况

卷量表总分和三个维度都有提升，自杀意念水平降低，自尊水平提高，症状因子改善，这表明团体心理辅导能有效促进大学生生命教育的开展。第二，实验组成员对每个单元的团体心理辅导反馈表明，成员对于团体心理辅导活动主题的认识加深，更有利于正确、积极、科学的生命价值观培育，也表明团体心理辅导活动反响较好，团体心理辅导活动方案有效，在今后的大学生生命教育的团体心理辅导训练中具有可推广性。

（二）团体心理辅导能有效促进大学生生命教育开展的原因

本次团体心理辅导活动能有效提升大学生生命教育开展的原因有：第一，团体心理辅导形式新颖，团体成员成为主体，他们积极响应，气氛活跃，人际互动丰富，为引发成员思考生命价值奠定基础。在进入大学以前，大学生更多的是参与者和旁观者，在团体心理辅导过程中，成员成为主体，这更能激发大学生的自主意识，促进自我成长。第二，团体心理辅导成员年龄相当，男女比例协调，学习经历类似，朋辈之间相互影响，讨论生命价值观能引起共鸣，也能更加深入，更容易产生积极乐观的生命价值观。第三，团体心理辅导活动设计较好。团体心理辅导过程中，"生命是什么""我和我的家""生命线""墓志铭"等活动彼此连贯、层层深入，非常贴合提升大学生生命价值观的目标，使成员能够持续感受，不断提升对生命价值观的理解。第四，团体心理辅导从实际出发，注重解决大学生的实际问题。生命的意义和价值本身就是一个值得深思的问题，也是大学生在逐渐走向成熟过程中需要去面对的问题。利用团体辅导的契机，让成员拿出特定时间去思考和梳理，注重积极品质的培养，正视自己，关爱家人和朋友，珍惜时间，做好人生规划，并直接作用于当下的生活，解决实际问题，满足发展的需求，为开展大学生生命教育持续注入动力。

第八章 营造环境氛围，优化生命教育资源

——新时代大学生生命教育环境建设模块

生命教育是一种开放式教育。学校教育资源是开展生命教育的首要条件，家庭教育资源和社会上的各种教育资源更是开展生命教育不可或缺的因子。高校的生命教育既要注意发挥学校教育的积极引导作用，又要积极开发、利用家庭社会教育资源，三者相辅相成，贯穿大学生的一生。各因素如何协同运作形成合力，建构有效的生命教育模式，一直是生命教育实践中探讨的重要课题之一。家庭、学校、社会同行，让生命教育一路前行。三方共育，才能更好地让每一个鲜活的生命实现完整。学校在课程教学、师资引人、实践活动等方面落实生命教育的同时，通过家庭、社区活动等途径，积极引导家庭和社会培养大学生健康的生活习惯、与人和睦相处的技能和积极的生活态度，从真正意义上增强当代大学生的生命意识、责任意识和自我保护意识，以更好地达成生命教育的目标。[①]

德国鲁道夫·史代纳提出的三元教育观以及华德福教育模式充分肯定了在儿童生命发展和精神境界养成过程中家长、教师以及社会文化三方面齐心协力的重要性。史代纳1919年创建的华德福学校对这一教育模式进行了实践，取得了良好的效果，其家庭、社会、学校三元合力教育观对人们今天的生命教育深有启发。新时代大学生生命教育环境建设在新时期面临重重挑战，亟待突破和创新。针对大学生的特点，本章从家庭环境基础、高校环境建设、社会环境过渡三个进程上动态把握，理性分析大学生生命教育环境建设的存续进程，缔造新的新时代大学生生命教育环境，帮助当代大学生在其中寻求生命价值意识的突破与创新，使大学生树立珍视生命价值的坚定信念，培养出积极向上的大学生，形成更具有应对现实环境挑战的生命价值观体系，是大学生生命教育环境

---

① 向继友，甄飞扬．大学生生命教育路径创新略探［J］．学校党建与思想教育，2021（13）：89-90.

建设的新方向。

　　家庭、学校和社会是学生生命成长的重要构成环境，同时也是教育发展需要不断关注的三个领域。首先，家庭是学生认知生命教育的起点，家庭教育决定了学生未来和谐发展与健康成长的纵向长度。其次，学校是学生系统学习生命教育理念的基地，帮助学生规划人生的发展轨迹，引导学生形成正确的人生价值观，培养学生的理想人格。最后，社会是学生践行生命教育的主环境，相较于家庭和学校，社会更具有真实性和复杂性，往往带给学生崭新的生命情感体验，学生通过社会这个熔炉的考验，更能激起对人生意义与生命价值的求索。

第一节　新时代大学生生命教育的家庭环境建设

　　家庭，是生命发生、发展的地方，是开展生命教育的第一所学校，人生成长的第一个环境，父母是第一任教师。生命教育从孩子出生就开始了，随着孩子的不断成长，会对生命不断产生新的认识。现在，有很多来自家庭的社会问题，如子女对父母的孝顺问题，夫妻间婚姻忠诚、家庭暴力的问题，父母如何教育小孩的问题，等等。一旦问题产生，就会影响到家庭成员的心理。这些问题得不到很好的解决时，就会造成极为不利的影响，好的家庭环境对社会成员形成正确的生命价值观有着非常重要的作用。

一、家庭教育在学生成长中的重要性

　　家庭是人生开始的起点，也是教育的开端，是人生的第一所学校。家庭环境对一个人心理的成长和成熟有着非常重要的影响，特别是个人幼年时期心理发展状态，将直接影响到他以后的人生观、生命观。家庭生命教育环境是大学生生命教育环境的基础和前提，对家庭生命教育环境的研究和分析，是决定大学生生命教育环境构建的依据。家庭是人生的第一个环境，与社会成员生命直接相连，生命价值观教育是人的终身教育。家庭生命教育环境是先于大学校园生命教育环境的，大学生生命教育环境对家庭生命教育环境具有积极的反馈作用。

　　我国教育家蔡元培先生说："家庭者，人生最初之学校也。"父母的每句话、每个举动、每个眼神，甚至看不见的精神世界都会给孩子带来潜移默化的影响。学生早期行为习惯的形成、思维习惯的形成以及对社会的认识，家庭教育具有关键作用。这种教育的力量显然是任何学校教育都无法替代的，生命初始的教育是学校无法替代的，正如苏霍姆林斯基所言："家庭是滔滔大海上神奇的浪花，从这一朵朵浪花上能够飞溅出美好。如果家庭没有孕育人世间美好事物的神奇力量，学校所能做的，就永远只能是再教育了。"教育家马卡连柯也指出，父母是孩子人生的第一任教师。教育的基础主要是在 5 岁前奠定的，它占整个教育过程的 90%。有研究表明，儿童自出生到三四岁，如果被剥夺了感性经验、缺乏社会交往、疏忽智力教育或者没有双亲的抚爱和照料等，可能会严重影响其之后心理的正常发展。苏霍姆林斯基也十分重视家庭教育，他强调，家庭是人们多方面的关系（经济的、道德的、精神的、心理的、美学的）的基层细胞，孩子的"和谐全面发展""健康成长"都和家庭教育有直接关系，他认为家庭教育的重要任务是促进孩子个性全面和谐发展。

《国家中长期教育改革和发展纲要（2010—2020 年）》（以下简称《纲要》）明确提出了家庭教育在教育改革和发展中的地位和作用，《纲要》特别指出："充分发挥家庭教育在儿童少年成长过程中的重要作用。家长要树立正确的教育观念，掌握科学的教育方法，尊重子女的健康情趣，培养子女的良好习惯，加强与学校的沟通配合，共同减轻学生课业负担。"我国学者在考察世界上许多国家包括美国、日本、新加坡、德国、法国、英国等发达国家的教育理念和教育思想时，发现他们在制定教育改革方案和措施时，都对家庭教育的重要性、实施办法和策略做了具体阐述或规定。美国前总统奥巴马还专门发表演讲告诫美国的家长要重视家庭教育，美国家长要和北京、班加罗尔的家长竞争，否则以后好的就业机会就很可能被中国或印度的孩子抢走。可见，不论是在心理学的研究中、教育家的实践中，还是在政府部门的改革导向中，都不约而同地强调了家庭教育的重要性。

二、新时代大学生生命教育中家庭教育的地位和作用

在生命教育中，家庭教育扮演的角色极为重要。不同的家庭环境对大学生生命价值观培养合力的形成，可以起到不同的助力作用，家庭中父母言行的影响、邻居交流的影响、家庭生活观念的影响等，都是对家庭生命教育环境形成的影响。合力引导家庭教育环境的和谐有序，形成积极健康的大学生生命意识，将有助于大学生尽早融入校园、社会环境。科学研究表明，孩子最早的学习是从模仿开始的。他们从很小的时候开始，就会将看到、听到、感觉到的东西融入正在发育的大脑里，并在以后的生活中不知不觉地仿效。在家庭中，父母对子女在思想品质上的影响，要远远大于其他人的影响。父母的言行举止对善于模仿的孩子具有很大的示范作用。充满民主、友爱、信任和尊重的家庭环境，孩

子的性格更加乐观积极；充满专制、暴力、猜忌或者是单亲离异的家庭环境，孩子的性格容易悲观消极。从人的社会化角度看，家庭是他们接触的第一个微观社会关系。父母的社会地位、物质生活状况、思想观念和道德品质、家庭成员和亲属的关系，以及父母对子女的期望、态度等因素，对他们思想道德品质的形成和发展均会产生深刻而持久的影响。家庭是学生生活的主要场所之一，家庭成员是主要的交往对象，家长是学生感情上的依托者。《国语·齐语》中管仲曰："士之子恒为士，农之子恒为农，工之子恒为工，商之子恒为商。"马克思也曾指出："孩子的发展能力取决于父母的发展。"父母的文化修养是影响儿童个体社会化的最主要也是最重要的家庭因素。家庭方面的其他因素，在很大程度上都是由这一因素决定的。其一，父母的职业基本上就是由其文化修养决定的，而不同的职业又决定着其不同的经济收入，进而决定着家庭的物质生活条件。其二，父母的文化修养，决定着父母对儿童所采取的教育方式以及对儿童的期望水平等。因此，家庭教育这种"先入式"的影响，与学校教育相比，往往有着更多的奠基性"走向"作用。

良好的家庭教养模式与大学生形成积极向上的生命观有很大的相关性。民主型家庭的孩子在对生命的认知和幸福感的体验上明显好于专制型家庭的孩子。一个学生的品行、对待生命的态度大都与他从小受到的家庭熏陶和影响有直接的关系。优秀的家长经营着优秀的家庭，必然培养出阳光向上、品格高尚、有成就的优秀的孩子；反之，任何一个问题孩子的背后都会有一个问题家长和一个问题家庭。以色列有一句名言："一个好母亲胜过100所学校。"中国式家庭对孩子的影响是深刻且连绵不绝的，大学生虽然已是成年人，离开了家庭走向社会，但是家庭教育在大学生生命发展中的作用不可低估。大学生一生中最早接触的人是父母，最初的情感是亲情，亲情的温暖是大学生形成健康生命观的基础，所以构建一个亲情—友情—人类同情心逐步发展的家庭生命教育模式，对培养大学生自尊、自信、自立、自律及关心人、理解人、尊重人等理想生命品格具有不可低估的作用。

家庭空间提供个体生命成长的个性化场地。家庭是建立在生物属性基础上的社会"微"组织，是家庭成员个体活动的基础场域之一，从外部形态上看，"家庭就是父母和子女形成的团体"。在家庭教育中，家庭内部成员之间会达成一种"默契共识"，在这种"默契共识"下，父母与孩子相互影响。每个人都具有自己独特的个性，每个家庭都有各自的"默契共识"和资源，这些资源或者是文化的，或者是经济的，它们形成了家庭的独特场域。家庭教育场域中的行动者双方因占有各类资本的程度不同，家庭教育场域内会积聚各类力量，不仅推动着家庭教育场域的运作，而且决定着场域的发展方向，正是这种独特的场域才能够补充学校教育的不足。家庭作为感性的生活世界，在情感、意志、行为方面比学校更具有感染力与带动性，是塑造个性品质的最好场所，家庭空间成为个体生命成长的个性化场地，赋予了生命不一样的意义，让这个世界更加多姿多彩。另外，家庭生活提供生命成长需要的闲暇滋养。刘铁芳先生在论述教育的基本条件时指出，教育一定要有充足的时间，它不是要到达某个终点，而是深切体验教育的过程和灵魂。闲暇会带来三个深层次的改变：一是闲暇使人从劳动中脱离出来，有学习知识的时间，这是生产力水平提高的体现；二是闲暇保证学习是促进个人生长的，不是功利性的学习；三是只有足够的闲暇才能保证学习的获得，才会形成更广义的知识增长。教育是生活中的方方面面和点点滴滴，教育要保证它的宽度和广度才能塑造具有完整人格的人。生命成长所需要的宽度和广度需要在闲暇中耐心等待，这种等待来源于闲暇的家庭生活。教育来源于生活，又回归到生活，家庭生活能够提供这样一种闲暇需要。教育的产生源于对美好生活的追求，从物质与精神层面不断为生命提供家庭生活，为个体生命的成长提供了闲暇，帮助个体慢慢体会成长的节奏与收获，使个体生命得到充分滋养。

三、构建有效的新时代大学生生命教育家庭环境

家是一个人德行修养的重要场所，孩子从一出生就开始接受来自家庭的影响，家庭的结构模式、家庭的文化底蕴、家庭氛围、父母的处事风格、父母的教养方式都会在潜移默化中烙入孩子的生命，塑造着孩子生命的个性和特有的精神品质和价值观念，从而奠定孩子基本的生命底色和根本的精神面貌。[①] 家庭生命价值观的教育直接影响着一个人的成长，家庭在生命抚养、生命意识形成初期，为人生缔造了一个天然的家庭生命教育环境，所以家庭教育对人的生命价值观教育有独特优势。对个体成长而言，家庭教育承担着独有的德育职能，在追溯某一个体的道德品质时，往往会将视角投向其原生家庭。那么，家庭是否只承担一个人的德行修养呢？在学习型社会的大环境下，家庭作为社会的基本单位，不可避免地要主动适应社会的发展，家庭教育的功能不能仅停留在"教养"方面，也不能仅停留在父母对孩子的单向度教育方面，学习型家庭环境亟须构建。

---

① 朱小蔓，王平. 陶行知的生命教育思想与实践［J］. 江海学刊，2019（1）：224-232.

（一）家庭教育的存在形态

家庭——一个由亲子组成的、以爱和生命为载体的组织，承担着人生命成长的伟大主题。在家庭生活中，伴随着孩子的成长，父母的生命历程在一点点展开。家庭对每一个家庭成员生命成长的塑造作用，是其他任何组织都无法代替的。良好的家庭教育应主动以生命教育作为其价值追求和存在形式，从小在孩子心中树立起生命意识，教会孩子敬畏生命、珍惜生命。

家庭教育第一种重要的存在形态是熏陶。在一定的情境和氛围中，通过富有感染力的、充满真诚的叙说、展示或待人接物中自然流露出的态度，给予孩子潜移默化的影响，起到春风化雨、润物无声的效果。熏陶更多地作用于情感，作用于气质和性格。家风之所以重要，就在于它无时无刻不在熏陶着所有"在场"的人。家长对生活充满热爱，孩子也会更多地热爱生活；家长通情达理善于沟通，孩子也会善解人意；家长习惯赞美和欣赏，孩子也会更乐于发现别人的优点。

家庭教育的第二种存在形态是主题学习。即有明确规划的学习领域和学习主题，并以这些学习主题为抓手，系统地了解、理解、熟识和掌握在这些主题上已有的认识成果。这样做的优点有以下三点：一是可以培养孩子的专注力，使他们在一段时间内聚焦于一定的学习主题；二是可以提高学习的效率，将所有注意力放在一个特定的主题上，必定会学得更通透、更深入；三是可以增进亲子关系，家长和孩子共同钻研某个主题，会有共同的话题也会留下共同美好的记忆，对生活更加充满热爱。

家庭教育的第三种存在形态是训练。受过教育的人，一定是在某些方面训练有素的人。比如，体育运动的技能训练，音乐教育中乐器弹奏的技能训练，美术教育中绘画技能的训练，道德推理技能的训练，游泳等生存技能的训练。训练中包含示范（演示）、模仿、强化（反馈）、调节（矫正）等。"操千曲而后晓声，观千剑而后识器。"学习总是由浅入深，由不系统、不全面到系统、全面；训练总是由少到多，由易到难，由简单到复杂，由模仿到创造，由粗疏到工巧等，都是沿着由低到高、由生到熟、由粗到精的序列前进的。在家庭教育中，特别重要的一点是训练孩子养成受益终身的好习惯。习惯是人生之基，习惯的好坏可以决定一个人学业的成败，也可以决定事业和人生的成败。教育家叶圣陶说："教育就是培养习惯。"一旦明白了良好行为习惯决定着孩子的命运，父母不必成为教育家或心理学家，只要承担起最基本也是最重要的责任——培养孩子的良好习惯。

家庭教育的第四种存在形态是自由探索。发展孩子自由探索的内在需要，是教育的重要目标，让孩子有自由探索的时间、空间、素材和心境，自由探索才有可能。人们的内心都渴望新鲜的感受和生命的奇遇，这是自由探索的力量源泉。家长应多引领孩子观察自然与社会、叩问历史和省察自我，以便发现问题和提出问题，以便形成自由探索的主题。鼓励自由探索，掌握探索法，丰富和提升探索的内在动机，形成探索的智慧，在今天变得越来越重要。

家庭教育的第五种存在形态是评价。评价有过程性评价和终结性评价之分，也有发展性评价与甄别性评价之别。评价有导向、激励、调节（反馈）检查、甄别筛选等功能。与评价相关联的学习成绩的考查和评定、品行的评定奖励与惩罚都是教育的构成要素。评价之所以是教育的存在形态，是因为在评价中渗透着价值的引导评价帮助孩子形成自我认识和是非标准。有些家长总是过度关注孩子的考试分数、智力发展、升学就业等，却忽视了孩子的内心世界和生命的真正成长，造成孩子轻视自己的生命价值、抗挫折能力差、悲观厌世。因此，家长需要关注孩子包括认知发展在内的整个身心的发展，不要把孩子的成长窄化为对学业成绩的追求。家长也不应机械地评价孩子而应看到他的进步。

这五种存在形态经常共同发生作用，为孩子的生命成长营造一个立体、鲜活的教育氛围。

（二）家庭生命教育的主要内容

人的生命包括身、心、灵三个部分，身是指身体，心是指心理与情绪，灵是指灵性。如果要对应起来说，身是人的自然生命，灵是人的精神生命，心是人的社会生命。每个人都要学会管理好自己的身体，调节好自己的情绪，增长自己的灵性与智慧，只有这样，生命才会更长久、更快乐、更明亮、更有价值。因此，生命教育的主要内容就应该是对身、心、灵的关照，蕴含自然生命、社会生命、精神生命发展的知识、技能、情感态度价值观。

一是关于身体、自然生命的内容。身体是生命的寓所。"皮之不存，毛将焉附"，没有身体的存在，学习生活、工作、教育都无从谈起。因此，维护身体安全与健康的意识、知识与技能是生命教育的重要内容。要让孩子学会保全和养护身体，远离危险与诱惑，使自然生命更长久。例如，保持健康的生活方式，做好个人卫生的清洁，开展适当的锻炼活动，维持良好的身体状态。

二是关于心理、社会生命的内容。人的心虽然看不见，但它的复杂性与重要性不亚于身体，它甚至决定着人的身体健康和生命幸福。约翰·弥尔顿说：

"心灵是一个特别的地方,在那里可以把天堂变地狱,把地狱变天堂。"① 因此,处理各种情绪,维护心理健康的意识、知识与技能是生命教育的重要内容。要让孩子学会与人交往、学会情绪管理,使社会生命更丰富。例如,教会孩子坦然面对情绪变化,学习情绪调整方法,理解和接纳负面情绪,经常主动与亲切密友互动交流或通过运动、音乐等来转移注意力,增加生命的积极体验。

三是关于灵性、精神生命的内容。"人是万物之灵"是指人有思想,人能觉悟,人追求美、趣味与意义。如果一个人没有自己的精神世界,他就懵懂颟顸,了无生趣,甚至如同行尸走肉。因此,不断发展孩子的兴趣与培养孩子的爱好,增长孩子的才能与智慧,让孩子的灵魂散发香味,让孩子的生命熠熠生辉才是生命教育的重要内容。例如,可以培养孩子的兴趣爱好,让生活变得丰富多彩,在空闲时间给孩子讲解先进典型人物的事迹,增强孩子的心理正能量。

(三) 家庭生命教育的具体实施

第一,开创家庭教育专业指导新局面。随着社会的不断发展,家庭成员的受教育程度也在逐渐提高,家庭也将承担更多、更丰富的责任。目前,家庭教育还只是停留在教育习俗水平,也就是说,通常家庭教育的方式和内容受上一辈影响较大,家庭教育亟须全方位的专业指导。

第二,建立共同的家庭教育愿景。共同的家庭教育愿景即家庭教育的共同蓝图和目标。一方面,家庭不仅需要发挥传统意义上的"教养"功能,还需要开拓新的功能。父母不仅要教育孩子遵循道德行为,还需培养其承担个体认知能力和情感能力;不仅要培养其坚韧、自律等个性品质,还要注重其认知能力、判断能力等方面的培养。另一方面,家庭教育的对象不仅包括处于学前教育、基础教育阶段的未成年人,也应当包括处于高等教育阶段的大学生和已经自立的成年人,乃至父母。每个人的一生都在成长,杜威说过,"常态的儿童和常态的成人,都在不断生长",成年人也需要在家庭中得到能量。

第三,形成民主、平等的家庭关系。家庭教育的对象不仅有孩子,还有父母,因此家庭关系是否民主平等就非常重要。家庭成员可以通过开展家庭活动、召开家庭会议,共同商讨解决问题,营造民主、平等的家庭氛围。家庭成员还可以一起利用家庭闲暇带来的生命滋养的机会,增加家庭成员之间的对话与交流,共同体验家务活动,从而增强科学知识的认知以及情感体验,形成开放、接纳、共享的良好家庭环境。学习型家庭环境的构建可以使父母与孩子为了共同生存所经历的一切活动融入家庭教育,但同时又注入了新的元素,孩子和父

---

① 弥尔顿. 失乐园 [M]. 上海:上海译文出版社,1984:11.

母都可以在家庭的学习型环境中得到充分的发展，从而使个体生命经历完整的成长。

第四，家庭成员积极参与，创造良好的家庭文化氛围。家庭文化氛围影响着孩子的学习状态。积极参与家庭教育需要父母与孩子共同制定目标，共同经历生命的成长等。例如，父母将阅读视为生活的主要部分，那么这种观点和行为也会传输给孩子。因此，家庭要创造良好的学习空间、人文环境。家庭中的父母要主动创造阅读的环境、民主关系等，这些都将成为孩子个性的一部分。父母与孩子一起种下的一棵树、一起读过的一本书、一次午后的心灵交谈等，都有助于引起孩子对知识和生命的思考；让孩子参与到日常卫生打扫、美食烹饪、居家设计、手工制作、健身运动中，可以使孩子体会到作为完整而和谐的人的存在；父母帮助孩子一起面对，一起讨论用各种方法战胜困难的过程，也能使孩子感受到生命成长经历的存在感与自豪感，从而启迪智慧，激发生命的活力。这些都是父母参与孩子生命成长的渐进过程，孩子在这种环境下成长，会变得更加智慧与平和。

第二节　新时代大学生生命教育的校园环境建设

生命价值观教育在现实生活中并不是主要通过语言或理论，大多是通过环境以及行为举动来进行的，通过营造氛围，用校园文化活动熏陶学生心灵，用校园的一些实践活动培养学生高尚的人格，用关爱生命让学生体会生命情感，让生命教育充盈校园。育人不仅需要三尺讲台，更需要良好的环境氛围。创设良好的育人氛围，让学生在充满生命之爱的校园懂得"成长"和"活着"的区别，让学生在良好的氛围熏陶中自然感受生命的真正意义。

目前，我国大学生的思想取向和价值选择，从整体来看，呈现出多元化的趋势；从个体来看，大部分学生还未形成完整的、稳定的人生价值观念，在一些问题上表现出矛盾或多变的状态。大学生正处于生理与心理成长变化的关键时期，阅历不深，实践经验匮乏，他们对人的自然性、理性、德行和社会性还没有成熟的认识，正确的世界观和人生观也还有待形成。近年来，大学校园里漠视生命，甚至残害生命的事件频频发生，这固然有一些社会方面的原因，但生命教育的匮乏的确也是不容忽视的因素。许多年来，我国传统的生命信念教育，无论是家庭方面还是学校和社会方面，多为强调爱党爱国、奉献自我、乐于助人、见义勇为等，却很少有珍视生命、热爱人生、敬畏生命和尊重生命等生命教育内容。高校大学生自杀已经成为超过其他意外死亡的第一死因，这与高校生命教育的缺失有莫大关系。教育的本质是培养真正的"人"，而不仅仅是传授知识和技能。人们应当呼吁重视生命教育，弥补现行教育制度中重知识、轻人文的不足，强调在大学四年中使大学生通过生命教育认识生命，引导大学生欣赏生命。只有让大学生感觉到生命的存在并意识到生命存在的尊严和意义，才能最大限度地挖掘出他们的自身潜能，充分发挥大学生的积极性和主动性，充分展示大学生的个性，最终提升大学生个体的生命价值和生命质量。从这个意义上来讲，大学生生命教育环境建设对大学生的人生发展和人格塑造有着举足轻重的意义。大学生群体在校园中面临新的生命教育环境，为大学生塑造更为完善的生命教育环境，需要从文化环境、心理辅导环境、生命教育的环境过渡三个方面进行有效把握。大学生文化环境的构建是其中最重要的一个环境构建环节，与大学生在校园环境存在价值和追求目标是一致的。

大学生生命教育环境构建的核心在于大学校园的生命教育环境构建。在进行校园生命教育环境构建前，需分析不同大学生的家庭生命教育环境。校园生命教育环境的构建是综合多方面的环境构建，主要有大学生文化环境构建、心理环境构建、过渡环境构建等重要组成部分。

一、大学生生命教育的文化环境构建

文化环境构建是大学生生命教育环境构建的理论基础，为大学生树立正确的生命价值观形成理论指导框架。大学教育环境的文化底蕴是一所大学学习与传授知识氛围日积月累的文化沉淀。构建大学生生命教育的文化环境，即以这一文化沉淀为基础。下面从高校管理文化、活动文化、教师文化素质及网络论坛文化等方面，对大学生生命教育的文化环境进行构建。

（一）建立以人为本的校园管理文化

以人为本的校园文化管理理念，更容易成为大学生行为方式的指南针。以人为本的校园管理文化更具亲和力，对步入大学校园的大学生而言，以人为本的管理方式，更容易产生价值认同和心理接受上的共鸣。

大学校园管理文化应当树立以人为本的崇高目标。作为与管理对象沟通方式的综合表现，体现以人为本理念的管理文化，可以实现管理主体与对象间建立平等互信的沟通渠道。① 大学校园管理对象是在校大学生，他们是文化阶层中，最具有知识积累和文化素养的先进性代表，同时在大学生自发组织的协会

---

① 赵迎华. 大学生命教育体系的构建与思考 [J]. 江苏高教，2017（8）：91-93.

中，他们也是大学校园中管理主体的组成部分。管理主体与管理客体的双重身份，使大学生对校园管理文化的洞察力更为敏锐。一种有着历史沉淀的校管理文化更应当将以人为本的理念贯彻执行下去，使大学校园管理文化呈以"人性化"为重心的和谐局面。

以人为本的校园管理文化更容易形成和谐的大学生生命教育环境。在大学生校园文化管理环境中，合理的管理文化环境具有给大学生提供参与和理解管理文化特点的作用。以更积极的管理主体参与校园管理活动，同时有效配合校园管理文化环境要求，做好管理客体。校园管理文化，既有以人为本的民主特点，又有"非常时期"的强制特征，双方建立的共同基础是以珍视生命为主线的大学生生命教育环境。例如，在"非典"这一特殊时期，校园管理文化的强制卫生管理，更能体现广义上的以人为本理念。这里的"人"非指个体意义上的人，更大程度上是将大学生群体作为"人"的具体体现，通过强制性"封校"，疑似大学生"隔离"等强制措施，以短时期牺牲大学生群体出行自由及个别大学生行动自由方式，体现广义上的以人为本理念，确保"珍视生命"这一最高"人本"价值目标的实现。事实表明，具体实行有前提的强制措施过程中，校园强制管理方式得到了广泛认可与接受。"强制"管理既有外在强制要求，又对管理客体"强制"管理的前提和要求做到充分理解和尊重。更多时候，校园管理文化环境更多体现出一种和谐互动的氛围。大学生主体在主动参与管理和作为管理客体积极配合校园管理方式上达成认知平衡，无形中在校园管理文化环境层面，缔造出大学生生命教育管理主客体的融洽氛围，形成和谐的大学生生命教育环境。高校生命教育要提升生命的独特性与超越性，高校教育工作者必须引导学生明白人与人之间、人与社会之间的关系是双向的，是彼此依存的，学习如何与人相处，去尊重、包容及关怀他人，创造良好的人际互动，并在现实的社会中学习形成独立判断与思考的能力，从而构建更宏伟的生命价值认知体系。

（二）确立以提高生命质量为主的教育思想观念

教育是塑造人的灵魂和人格的事业，是直面人的生命而进行的社会活动。教育因生命而发生，与生命紧密相连，目的是提升人的生命价值和创造人的精神生命而发展。同样，生命因教育而延续，使人的生命在自然性的基础上不断增加精神的生命和智慧的生命。教育是生命的主要存在形式。生命教育在高校的顺利实施关键在于教师，教师对生命教育的关注度、参与度与高校以及教育行政主管部门的教育评价导向有着深刻的联系。高校及教育行政主管部门的教育评价内容中只有出现尊重生命、热爱生命的评价性指标，淡化考试、论文、职称的量化指标，做到从工具性价值观向和谐共生价值观转变，教师才能将注意力转移到生命教育上来，以推进大学生真正全面发展，提升大学生的生活和生命质量为主的价值导向才能保证教师对生命教育的忠实践行。

将尊重生命这一最基本的观念落实在教育的实践活动中，首先，要做到尊重自然生命。无论是个人自身的生命，还是他人的生命都需要得到尊重，任何人都没有任意侮辱他人生命尊严的权利。其次，要尊重生命的自然规律和本来特性，按照客观规律办事，切勿以功利为目的"塑造"和设计大学生的行为。最后，要肯定生命存在的意义。任何个体生命都是独特的、有价值的，是值得他人尊重和欣赏的，生命教育应该让大学生懂得尊重和关爱生命，这里尊重和关爱的对象不仅包括人类的生命，还包括自然生态系统中的所有生命。

（三）开展高质量文化表现形式的生命教育团学活动

团学活动是指置身于社会文化大背景中的一种具有自身特色的文化形态，是一种在校园生活的成员共同享有的校园价值观和这些价值观在物质与意识形态上具体化的文化形态。它包括校园生活、思想建设、学科竞赛、兴趣培养等。它具有多元性、示范性、时代性、可塑性、实践性等特点。通过主题鲜明、内容丰富、寓教于乐的团学活动，影响大学生对生命价值观的认识、看法、接受态度和实践行为，对大学生的发展起着重要作用。

作为课堂教学的必要补充，团学活动通常强调让大学生通过亲身实践获得大量的直接经验，形成技能，提升解决实际问题的能力。团学活动有利于开阔学生的视野、发展学生的个性、开发学生的能力、丰富学生的精神生活。大学生生命团学教育活动以高质量的文化表现形式开展，可提高大学生生命教育的层次和水平。兰德曼认为，"人在本质上是不确定的，人的生活并不遵循一种被事先确定的过程，自然只完成了人的一半，另一半留给人自己去完成"。文化补偿了人的未特定化与他生存于其中的世界的裂痕，人借助于文化来完善自己，同时，人作为全部文化的传递者与保存者，也在创造着文化。现在的大学生，从来不乏具有文化表现形式的生命教育活动，而文化表现形式的活动质量却不尽如人意。更有甚者，为达到对外宣传文化形式生命教育活动成果的目的，强迫学生参加毫无文化意蕴可言的所谓生命教育活动，既浪费了经费，又浪费了大学生宝贵的时间。生命教育不同于其他学科教学，不强调学生掌握系统、全面的生命教育理论知识，旨在通过生命教育给人以心灵的震撼和人格的陶冶，使学生自觉在生活实践中树立起生命意识，体验自身生命的成长，并在具体的实际生活中通过行为、举动表现出来。所以在生命教育中，除了课堂教学，教师还应该为学生提供多渠道、多样化的生命成长空间，强调实践的作用，强调通过团学活动进行生命教育。生命教育团学活动是大学生生命教育环境的重要组成，它以大学生为参与对象，通过多种形式开展以达到提高生命价值认同、提升生命价值认识水平和层次的目的。

具有文化表现形式的生命教育团学活动，是将生命教育精神以活动载体的形式，通过文化艺术的手法表现出来。高质量文化表现形式的生命教育活动体现为其时代上的与时俱进、表达主题上的新颖有力、后续影响上的可持续等。文化积淀越多，可表现生命教育团学活动主题的文化形式越丰富，对时代脉搏的把握越准确，生命教育活动所体现的文化特征越具有恰当的切入点，越容易点燃大学生参与生命教育主题活动的热情。例如，在学生中开展"生命的船票"主题团日活动设计大赛、"疫"不容辞、"课"不容缓——絮说生命教育、"共克疫情，责任担当"主题班会、"风雨人生路"生命教育虚拟仿真体验大赛、"怒放的生命"思维导图手绘大赛、红岩英烈诗歌朗诵会等符合大学生身心特点的团学活动，达到延展生命教育时空，内化生命教育效果的目的。

开展多文化表现形式的生命教育团学活动势在必行。枯燥的学业学习之余，大学生更多寻求参加的是趣味性好、文化意蕴深的文化活动。高质量文化表现形式的活动，学生会不请自来。文化表现形式无碍生命教育主题表达，恰当的文化表现形式，更有助于清晰传达生命教育理念。在活动环境中，应将珍爱生命的主题，更多样地表现出来。团学活动已成为"丰富大学生课余生活，拓展大学生综合素质"的重要载体，其具有课堂教学无法替代的价值。高校团学活动模式设计的以"办讲座""观电影""传箴言"为主要载体，构建的大学生生命教育创新模式，内容涵盖了政治、历史、文学、艺术等方面的知识，贯穿大学生的世界观、人生观、价值观教育的全过程。例如，通过现代多媒体技术，学生可以了解人体内部构造，在生物层面了解生命的产生和成长过程，从而让学生更好地善待自己和他人的生命；通过各类社团组织活动，学生可以加强交往与交流，培养富有爱心、宽容、豁达的美好品质；通过欣赏音乐、美术、舞蹈和文艺作品等多种形式，学生可以培养良性兴趣爱好，体验幸福的感受，培养对美好生活的向往与追求；通过野外活动如素质拓展、探险、露营等，学生可以增强对艰苦生活的承受力，领悟生活苦难状态的意义与价值，从而更加珍惜自己和他人的生命，进而思考生命内涵；通过开展思想性、知识性、专业性、趣味性等形式多样的社团活动及课外活动，实现生命教育主题传播，学生在丰富多彩、健康向上的活动中潜移默化地接受教育。高校强调校园文化中的生命教育主题，加强遭遇突发事件的模拟自救训练，可以结合"爱心育人、以爱育爱"的理念，广泛开展以"爱心"为主题的生命教育活动，大力弘扬志愿者精神，如通过"暖冬行动"、宣讲爱心故事、评选"爱心天使"等主题活动，让学生接受爱的熏陶，感受爱的力量；开展"社会主义荣辱观"教育，帮助学生树立良好的道德观和荣辱观，提高学生的整体道德素质，让生命更精彩，让教育更精彩。

1. "生命的船票"主题团日活动设计大赛

为了在大学生中加强生命教育增强学生珍爱生命的意识，教师可依托高校已有的团学活动教育资源，利用重大纪念日的机会，如世界艾滋病日、国际禁毒日、感恩节，组织学生开展"生命的船票"主题团日活动设计大赛。通过亲身体验，学生在真实的氛围下接受关爱生命教育。活动感染着每一位大学生，引导他们珍惜光阴、志存高远、开拓进取，为实现中华民族伟大复兴而奋斗不息。又如在开展"世界艾滋病日"主题团日活动设计大赛中，一批批大学生设计举办了摄影、漫画作品展。看着那一张张发人深省的照片，学生们的内心久久不能平静，大家都在沉默中认真思考着生命的意义。一位在观后感中这样写道："一幅幅触目惊心的画面、一段段催人泪下的故事所折射出的深刻内涵，引起了我对生命存在的思考。"事实证明，生命教育让大学生参与其中，从自身做起，从细节做起，已经成为高校教育者的一份责任。通过亲自动手设计，大家切实感受到了"生命的船票"主题团日活动的重要作用，亦为大家的人生追求、人生理想树立了一面镜子。

2. "凤凰涅槃，超越自我"演讲比赛

组织大学生参加"凤凰涅槃，超越自我"演讲比赛，演讲内容不但反映生活，揭示世界本质，而且故事对人的塑造施加着积极影响，让人听而有发、有感、有想。它来源于生活，经过加工、提炼出的道理以质朴的语言、深邃的见解、灵活的表达方式被大众所接受，又指引着他们的生活追求。教师要以创新的思维，牢牢把握新时代大学生的心理特征，借助现代化的多媒体设备，用他们喜欢的图像、影音等开展"关爱生命"演讲比赛。在比赛过程中，学生们各显神通，创造性地用 PPT、老照片、漫画等开展班级团学活动，大力弘扬珍爱生命、突破自我、释放压力、体验本我、组织成长，通过真实的故事给大家耳目一新的感觉。反馈结果表明，"凤凰涅槃，超越自我"演讲比赛既是对学生们生命价值观情况的考察，又进一步提高了学生们自主认识生命价值的兴趣。学生们对于此次主题活动有着自己独特的理解，摒弃了传统的"台上讲台下听"的单一模式，以师生双向互动的新形式调动了大家的积极性，所以大家的体会更真实、更深刻。内容上，少了呆板空洞的理论说教，贴近日常生活的场景、身边的所见所闻，让大家于细微之处见真知、于平凡之处见伟大，因而教育效果更震撼，影响更持久。

3. 组织学生开展"怒放的生命"思维导图手绘大赛

珍惜生命的道理人人都懂，但实效性差，原因是传统的生命教育说教成分太多，体验与感悟太少。心理障碍、生理疾患、学习和就业压力、情感挫折、经济压力、家庭变故以及周边生活环境等诸多因素，都是学生损害生命，甚至自杀的直接原因。心理脆弱是目前学生自杀的根源。在漫漫的人生道路上，总是充满荆棘。每个人都会遇到挫折，有人选择逃避，他将越来越弱；有人选择战胜挫折，那么他会越挫越勇。因此，组织学生开展"怒放的生命"思维导图手绘大赛，让学生树立起生命意识，在面对挫折中增强抗挫折能力，学会走出自己的心理阴影，感悟生命价值，让生命能够像花一样怒放。

4. 组织学生开展"从阿凡达到西雅图酋长"——珍惜生命的阅读体验活动

通过组织学生开展"从阿凡达到西雅图酋长"——珍惜生命的阅读体验活动，学生能明白环境问题的症结所在，体验到人类与万物其实是大自然的一部分，确立生态道德观。从国家角度，各国应该严格遵守协议，共同行动起来，落实减排任务；从个人角度，倡导低碳生活。低碳生活是健康绿色的生活习惯，是更加时尚的消费观，是全新的生活质量观。作为一种简单、简约和俭朴的生活方式，低碳生活要求人们在日常生活中养成节能的好习惯，建立全新的生活观和消费观，减少碳排放，促进人与自然和谐发展，建设资源节约型、环境友好型社会，提升人们的生活质量。低碳生活作为可持续的绿色生活方式，将是协调经济社会发展和环境保护的重要途径。从长远看，低碳生活更是一种着眼于未来的生活理念。低碳生活眼下受到以都市白领为代表的"低碳族"的热捧和践行，这与其本身蕴含的环保元素和道德魅力密不可分。

"不积小流，无以成江海"，低碳生活还要从点滴做起。再大的困难除以14亿也会变得很渺小，再小的问题乘以14亿也会变得非常严峻。"低碳达人"们正在以自己生活细节的改变证明，气候变化已不仅仅是政府、企业的责任，已不再是只有环保主义者或专家学者关心的问题，它与每个人都息息相关。低碳生活不是能力而是理念，把握低碳机遇，才能掌握将来发展，选择低碳生活，才能享受美好未来。

5. 开展"当生命被选择"的辩论赛

生命是脆弱的，通过一则弃婴的新闻，学生以此展开辩论，女婴的命运全部掌握在成年人的手中，女婴的生与死取决于是否治疗，这让人顿然感觉生命是如此的脆弱，因为人世间发生的一切对于刚刚来到这个世界的女婴太不公平了！但是，生命也是美好的，当一个生命依恋另一个生命时，相依为命，结伴而行，会感觉到世界其实很美好，天空是那么蓝，大地是那么纯洁；会明白在这个世界上，自己曾经是多么孤独的漂流者，才会知道在这个世界上需要珍惜和感激，才会感到生命有多么珍贵。珍惜生命的道理人人都懂，但漠视生命的现象随处可见。这个活动或许是残忍的，但是学生终究会长大，他们需要面对现实。本活动突破传统说教，让学生在生与死的抉择中体验生命的弥足珍贵，从而懂得珍惜自己的生命。

如此，丰富多彩的生命教育团学活动在帮助大学生正确认知生命的基础上，提高了大学生对生命教育的价值认同，强化了大学生对生命教育的情感认同。首先，帮助大学生正确认知生命。认知指人们获得知识或应用知识、信息的过程，这是人的最基本的心理过程。它包括感觉、知觉、记忆、想象、思维和语言等。认知认同指人们在对生命感性认知的基础上，完成的理性认同。在团学活动中，通过设计活动方案，规定活动主题，把认识什么、尊重生命、敬畏生命、珍爱生命等内容融入每一次主题团学活动，强化接受主体对生命的认知。

首先，认同主体将生命观内容的主体纳入自己的认知范围，但对它的正确性和必要性不一定认可，甚至会产生怀疑。认同主体在认知基础上对生命观表示承认、认可和赞同。衡量它的指标是认同主体对生命观的意义、地位、作用和要求的"知晓度"和"认知度"。认同并不是一次性完成的，而是对同一内容的传达在不同的时间内多次反复进行，从而使认同主体获得对该内容所涵盖知识全面而深入的理解，并达到熟知的程度，进而实现认知认同。比如，在"生命的船票"演讲比赛活动中，学生自己选择比赛题目，组织选手反复训练，渐渐地调动起大家的情绪，使大家逐渐自觉地去了解讲稿的创作背景、创作意义、精神内涵，一开始的"任务"慢慢就转化为自己的"选择"，尊重生命、敬畏生命、珍爱生命等生命观顺其自然地内化为接受主体的自觉追求。

其次，提高大学生对生命教育的价值认同。价值认同指价值主体不断改变自身价值结构以顺应社会价值规范的过程，它体现出社会成员对社会价值规范的一种自觉接受、自觉遵循的态度。价值认同主体具有自主性的特点，它是人的主体地位的体现，表明每个人都有自主意识、独特个性，具备能进行一定的自主活动的能力——认识选择和实践创造的能力。价值作为主体所选定、假设或期待、追求的目标，是一种主体选择和力图实现的某种可能性，是一种动态的过程，这就是价值认同的过程性特点。一方面，价值是对未来理想和目标的一种期盼和追求，它通常表现为主体在多种可能性中所做的某种价值选择。但是，由于每一个人的年龄、性别、生活环境、生存状态等客观条件的不同，以及其思想意识、性格气质等主观条件的不同，其对于价值观的认同也就截然不同，因而，此过程并不是一劳永逸的。相反，它经常会经历从部分认同到完全认同的循序渐进的过程。因此，依托团学活动，构建大学生生命教育创新机制，重点在于提升接受客体对生命价值的认同并上升到战略高度，将这一过程动态化、持续化、长期化。如在开展"当生命被选择"的辩论赛中，大部分学生都认真思考，积极发言，这个过程就是学生学习和领悟的过程。

最后，强化大学生对生命教育的情感认同。情感指人在对事物的属性、特征及其关系等形成认识的同时所产生的对事物满意与不满意、喜爱与厌恶、肯定与否定等一系列的态度。情感认同指在对一种事物有了深刻、全面的了解的基础上，在情感上对其产生的满意、喜爱以及否定的态度。它在认知的基础上产生，源于对事物真切、深刻的了解。它是伴随着认知而产生和发展的，同时又推动着认知认同的深化并促进价值认同的发展。情感作为认同主体所固有的非理性因素之一，渗透于价值认同的全过程。从认同的选择，到客体信息的分析、加工、综合等，整个认同过程无不受到情感因素的影响，而且认同主体的情感具有自身的复杂性和不稳定性，容易受到外在导向的影响。在团学活动中，情感无处不在，它对是否认同、认同的广度和深度产生影响，对认同活动起到调控作用。一般而言，认同主体对能够引起其产生背定性情绪反映的信息比较容易认同，也容易取得良好的效果。

认同主体的情感状态也制约着情感认同。当认同主体处于积极的情感状态时，他往往对认同客体的感知取向、理解向度带有肯定性的情感痕迹，从而能促进价值认同。课题组充分利用具有重大纪念意义的节日，创新团学活动方式，注重烘托珍爱生命的主题氛围，调动接受主体的积极情感，以便从情感上增强其对生命价值的认同。如在"生命的船票"设计大赛中，要突出"尊重生命、珍爱生命"这个主题，选手也要注意营造气氛，让接受客体置身于生命教育的氛围中，其激昂的情绪得以迸发，注意力自然被舞台上的主旋律所吸引，弘扬什么、突出什么在无形中入其脑、入其心。在"凤凰涅槃，超越自我"主题日演讲比赛中，开场时全体起立高唱珍爱生命、超越自我的歌曲，已经为活动定下了格调，随着选手们绘声绘色的讲演、抑扬顿挫的语调，辅以情节跌宕起伏的短片，接受主体的情绪逐渐被调动起来，引人入胜的情节引导着接受主体去追寻小故事里的大道理。这样的情感体验自然而然加深了生命教育效果的持久性。

二、"三级心理之家"——高校生命教育的心理环境构建

随着社会竞争空前激烈，就业形势日益严峻，学生普遍感到学习和生活的压力。适当的压力能促进学生学习，从而变成一种动力，但过于沉重的压力会使学生无所适从，久而久之容易形成压抑、烦躁等不良心理，甚至做出一些极端的事情。有资料显示，学生中患有心理疾病的不在少数，很多学生自杀的原因就是心理压力得不到释放或心理问题解决不及时。可见，生命教育不应该只是出现在生死抉择时期，而是应与学生的心灵成长伴行。心理辅导环境建设是大学生生命教育环境构建的关键组成部分，心理辅导本身对生命价值观的树立具有重要的指导意义，心理辅导具有现实针对性与可操作性特征。大学生生命危机的发生多由心理障碍引发。通过构建校（院系）、团支部与宿舍等为基本单位的"三级心理之家"的心理辅导环境，为大学生生命教育环境搭建完善的心理辅导环境平台。

（一）指导管理型心理环境——校（院系）心理之家建设

校（院系）心理之家辅导环境的建设具有主动性、针对性辅导和普遍适用等特点。建设以校（院系）为心理辅导主体的指导管理型心理辅导环境，有助于较广泛地解决大学生普遍存在的心理问题。

校（院系）心理辅导更多针对普遍存在的心理障碍和群体性心理问题进行辅导。对刚进入校园环境，正处于心理适应期的大学生进行广泛的心理辅导，可以确保大学生顺利跨过心理障碍期，较快适应大学生活。如校（院系）心理之家的考前心理辅导，使大学生从心理上对考试有积极正确的认知态度。尤其对部分前期知识积累不到位，后期考前准备不充分的考生，进行针对性考前心理辅导，可以帮助他们从更深远意义上把握考试本身，树立正确的考试心理，对"学习欠账"现象有正确的认识，从而顺利度过考试阶段心理动荡期，并在后期学习上有出色表现。

校（院系）心理之家对突发事件的善后心理辅导工作具有显著效果。以重庆交通大学为例，在汶川地震发生后，重庆交通大学"大学生心理辅导中心"重点针对地震灾区学生，进行卓有成效的心理干预辅导工作，通过前期心理辅导和后期心理跟踪，灾区学生顺利通过了心理波动期，很快进入正常课业学习阶段，心理辅导效果明显。

指导型心理辅导管理方式，在宏观意义上，具有明显的群体心理干预效果。群体性心理问题是影响和谐的大学生生命教育环境建设的重要因素。及时发现

突发事件造成的大学生心理异常问题，及时开展涉及大学生心理辅导的工作并进行后期跟进，是预防心理异变、防止引发心理疾病状况的重要举措。

（二）互助管理型心理环境——班级、宿舍心理之家建设

互助型管理环境有助于预防心理个案的发生，保障班级或宿舍成员的个体心理稳定。以班级和宿舍为单位，建立互助型管理环境，对大学生心理问题可以做到早发现，早开展心理辅导和心理干预治疗，防患于未然。高校可以通过短信、微博、微信、QQ、网站等全方位的生命教育技术平台，充分利用生命教育特色活动、团体式辅导班会、选修课、校园心理剧等进行系统的生命教育团体心理辅导。同时，关注不同年级学生不同的心理需求，尊重每一个学生的生命个体，引导学生关爱生命、珍惜生命，学会建立生命与自我、生命与自然、生命与社会的和谐关系，使生命教育能按照生命的内在需要和成长规律进行。

大学生之间互助管理环境的形成对大学生生命教育环境构建无疑具有积极弥补的作用。个别有心理预兆的个案已经发生，时光不能倒流，好在亡羊补牢，为时未晚，毕竟每年有诸多大学生进入和离开大学校园。事件本身揭示构建大学生密切互助型管理平台具有先知先觉的特点，这点不容忽视。开展团支部与宿舍为单位的互助管理环境建设工作，也为大学生进行积极有效的沟通和交流提供了良好的途径。"卧谈会"是大学生活中一种自发的宿舍交流途径，不同大学生宿舍的"卧谈会"内容差别较大。作为同宿舍同学交流的重要方式，"卧谈会"是大学生建立互助管理的良机，通过自由平等的"卧谈会"，大学生之间建立起最初的信任和理解，为互助管理环境打下良好基础。通过了解大学生互助管理环境需求，有针对性地组织专题讲座、开设心理辅导课程、宣传相关知识、优化互助管理环境，动态地理解时代发展、理解人际关系，在不断消除心理障碍中超越自我、趋向成熟。高校要善于强化关于生命的积极体验，可以通过大学生身边真实案例、音像资料，以及大学生喜闻乐见的事和物作为切入点，循序渐进地开展生命教育，还可以从专业技术角度引导整个活动的进程和氛围，并灵活运用角色扮演、情感体验分享等方式，提高生命教育中团体心理辅导的感染力、趣味性。通过团支部讨论活动，协助大学生确立自由的互助管理平台，将日常生活中个别大学生敏感行为或敏感事件，向学校管理方通知，做到及时介入和干预，是避免极端事件发生的有效途径。

（三）学生心理问题动态辅导与纠正

心理危机预警机制的建立是构建和谐的大学生生存环境的重要保障。忽略普遍存在的心理问题，针对大学生极端心理的言行表征，建立大学生心理疾病

预警机制，是一套行之有效的心理疾病预警方案。涉世未深的大学生的心理疾病，主要存在于情感失意、就业压力、考试压力、沉迷网络游戏等方面，针对容易出现问题的方面，构建心理疾病预警机制是科学有效的。例如，就沉迷网络游戏方面的心理疾病预警机制构建而言，可以从网游时间预警机制建立角度，进行一次大学生网络游戏时间统计，根据该统计量，设定有心理障碍或游戏沉迷倾向的大学生固定时间段参与网络游戏时间。例如，设置单日、单周网络参与时间上限，通过学生互助组织、团支部、班级或学院，对特定大学生抽样调查，对参与网游超过最高设限时间的大学生，可启动预警机制，有针对性地发现问题，予以引导解决。再如，对情感失意学生，可针对其反常的沉默或兴奋情形，启动心理疾病预警机制，展开沟通交流，建立感情抒发渠道。

针对特定大学生个体，建立高危学生心理档案，是对心理预警和心理咨询的有益补充。心理疾病诱发的极端事件往往在心理病情严重的个体身上发生。针对此类高危学生个体，建立高危心理档案，定期或不定期地进行心理动态回访和心理走向管理指导，是避免极端事件发生的有效途径，心理辅导教师要用自己的生命关怀和生命智慧来回答学生成长历程中的每一个心灵困惑，辅导员、班主任及任课教师要与学生联系，时时把握学生的思想动态，帮助他们解决心灵困惑，使之顺利走过每一个生命困顿期。

三、校园到社会的生命教育过渡环境构建

大学生生命教育环境的变迁是一个在时间维度上逐步走向成熟的过程，其间伴随一系列过渡环境。① 生命受之于父母，成长于社会。大学生生命价值观，从家庭生命教育环境中形成感性雏形，在大学生命教育环境中获得成长和完善，日益由感性认知趋于理性认识，最终步入社会，在社会环境中得到锤炼和提高。大学生渴望了解社会、融入社会，但社会上存在诸多负面现象，大众文化中充斥着暴力、淫秽、吸毒以及表现人性残忍、自私等丑陋内容，严重影响大学生的世界观、人生观和价值观。因此，大学生思想政治教育中的生命教育必须得到广泛的社会支持，一个尊重生命、关爱生命、保护生命的生活环境是开展大学生生命教育的坚实基础。在每个环境过渡中，大学生都有明显的生命价值观的变迁和波动。因此，生命教育除了系统的学校教育，还需要社会和家庭的支撑。家庭和社会等方面作为过渡环境形成的前提和终点，二者必须密切配合，

---

①　王永贵. 高校生命教育现状与学生个性发展问题研究［J］. 当代青年研究，2016（5）：125-128.

共同担负大学生生命教育的职责。

（一）过渡环境是大学生生命教育环境建设的重要一环

过渡环境是大学生生命教育环境变迁的必然产物。大学生生命教育环境建设过程面临两个重要的环境过渡，一个是家庭环境到校园环境的过渡，另一个是校园环境到社会环境的过渡。这两个过渡环境中，大学生都要重新审视前一环境所建立的生命价值观，进而形成更完善、更适应新环境的生命价值观。忽视大学生生命教育环境建设过程中过渡环境的存在，将对大学生生命价值观形成负面影响，不利于大学生及早确立正确的生命价值观。

过渡环境对大学生生命教育环境构建而言是机遇也是挑战。大学生无论是从家庭环境步入校园环境，还是从校园环境步入社会环境，都要接受来自自律意识、自信意识，适应和改善自我价值观的挑战。大学生拥有不同的生命教育环境基础，在面对生命教育环境过渡时，都会出现短暂不适与质疑，随着时间推移，将会接受和改变。在过渡环境中，要引导大学生坚持正确的生命价值观，坚持弘扬珍惜生命的主基调，将生命价值诠释工作做好，通过生命教育主题的团学活动缔造步入大学校园环境的大学生生命价值观，与企业合作，通过模拟社会环境的团学活动，为即将步入社会的大学生提供生命价值观操练"沙场"，将积极向上的生命价值观在过渡环境中，通过廉洁、自律、自信的大学生自我约束行为，在大学生生命价值观的引导和指导管理下，得到顺利过渡。

（二）校园到社会环境过渡中的生命教育环境建立

美籍犹太教哲学家赫舍尔在哲学书籍《人是谁》中提出，"探索有意义的存在是实存的核心"。大学生在从校园环境到社会环境的过渡中，其探索有意义存在过程的外在生命教育环境处于一个崭新的过渡期。相对大学校园中和谐的同学关系而言，社会环境中涉及的人际关系复杂，与大学以追求知识的校园环境相比，对生存、生活的多价值追求变得切实起来。运用大学时期的学识积累，无疑可以帮助大学生在步入社会初期找到不错的社会工作，从而相较于非大学校园出身的同龄人，大多会有更好的社会工作层次、更舒适的工作环境。

大学生从校园环境到社会环境过渡中的生命教育环境的构建，需以理想追求与现实之间的冲突为切入点。大学生从校园到社会的过渡环境本身存期较短，对大学生生命价值认知水平要求较高，及早确立能够适应社会环境的生命价值观，才能更好地适应社会需要，顺利通过校园到社会环境的过渡进程，迎接来自社会条件下新的生命环境挑战。

在迎接来自过渡环境下生命价值观的挑战前，大学生有更多的时间在校园生命教育环境中，获取必备的生命观念知识和进行心理适应上的准备。从大学生长期发展中的生命教育环境构建角度考虑，在过渡环境来临前，建立大学生"类社会生命教育环境"是有的放矢的一项举措。"类社会"就是要关注社会的整体性与和谐性，真正实现生命在社会环境中自由而全面的发展。"类社会生命教育环境"是在大学校园实现的对社会生命教育环境的模拟，旨在提高大学生社会环境适应能力，塑造完善的生命价值观。大学生最终将以社会环境为延续，"社会生活教育环境"的建立，可使校园环境中来自不同家庭的大学生，在"类社会环境"中得到锻炼和提高，当他们走出校园后，能很快融入社会环境。

第三节　新时代大学生生命教育的社会环境建设

新时代大学生在社会环境下的生命价值观将发生变化。环境变迁所造成的大学生生命价值观的变化，无论是积极的还是消极的，都将社会环境因素的烙印深深刻在步入社会的大学生脑海中，随着这种生命价值观的成熟和定型，将伴随其一生。大学生生命教育环境的变迁远未完善，通过对社会生命价值环境的分析，借以完善和提高大学生生命教育环境建设层次，是社会生命价值环境反馈给大学生生命教育环境的宝贵财富。

新时代大学生生命教育的家庭环境和校园环境都是社会环境的特定阶段，家庭环境和校园环境均属于社会大环境的范畴。生命教育是一项系统工程，不能仅局限于学校，还需要整合学校、家庭、社会三者的教育职能，形成合力。[①]家庭隐含着诸多生命教育的积极因素，社会是学生学习的大环境，也是生命教育的开放式课堂。大学时期是个人成长与发展的关键期，家长要加强与子女的情感沟通，主动配合学校做好相关的教育工作，充分尊重子女，培养他们自强自立的品格，促使他们养成积极向上的人生态度，营造尊重互助、民主和谐的家庭氛围，让子女感受到生命的美好。经历过家庭、校园环境的生命教育环节后的大学生，即将步入社会环境阶段，接受考验，并真正实现大学生生命教育环境的社会价值。为应对大学生生命教育环境的后期社会环境建设，需要在家庭、校园生命教育环境中形成"类社会环境"建设模式。

---

① 周桂. 生命教育的实践困境与破解路径 [J]. 教学与管理，2020（6）：56-59.

一、家庭与校园环境为社会环境的建设奠定基础

家庭生命教育环境对大学生生命价值观的塑造往往定格在感性认知层面。家庭环境对一个人的影响会伴随其一生，这种影响更多停留在感性层面，对大学生形成独特的个人性格魅力有较大作用。不同的家庭生命教育环境，塑造了大学生不同的生命价值认知。良好的家庭生命教育环境，在大学生性格特征认知方面塑造出善良、关爱生命的感性视角，经过大学生生命教育环境的洗礼，成为可贵的珍爱生命理念，从而相伴一生。

新时代大学生生命教育环境的培养目标是培养理性对待生命问题的大学生。对生命问题的理性认识，是对积极的生命价值观念的积累与升华，是构建社会主义核心价值观的前提。[1]"学校是培育社会主义核心价值观的主阵地"，大学校园中，生命价值之问，侧重理性思考后的回答。理性对待生命问题，是大学校园环境中，生命教育的目标和主旨。

校园安全环境、学习环境、饮食环境、环境美化净化、环境保护、无烟无毒环境等外在环境是使教育影响得以贯彻和落实的外部条件，也是高校生命教育物质环境的主体。优良的校园环境能给学生提供安全、健康、舒适的学习生活环境，还能给大学生带来感官上的满足、精神上的愉悦和心理上的感悟，从而体验到生活的美好。

完善的生命价值观是步入社会环境，参与社会竞争的重要前提。在家庭和校园两个生命价值培养环境下所形成的大学生生命价值观，为大学生步入社会环境，适应社会要求，打下良好的基础。家庭环境中塑造的大学生生命价值观具有鲜明的个性特点和感性魅力，经过在校园环境中的理性思考锤炼，这种生命价值观看起来更完美和更具人格魅力。学校充分利用各种教育条件，如开辟校刊《亲子空间》专栏，为家长们搭建沟通交流的平台，使他们能互相学习借鉴家庭教育的理念和方法，取长补短；在微信公众平台开辟《家校同行》专栏，引领全体家长与学校教育理念融合提升。另外，邀请热爱教育事业、支持学校发展的家长到校参与教学活动，既为改进教学提供依据，也能增强家长的责任感，提高教师和家长的协作能力，形成家校共育的良好氛围，使各种教育形式在教育内容上保持适当的平衡和一致，为大学生的成长提供一个全方位的良性教育空间，影响大学生对待生命的态度。

---

① 路秀兰. 让生命教育在教育中绽放异彩 [J]. 中国教育学刊，2020（8）：103.

二、新时代大学生生命教育社会环境的重要性

社会，包括现实的社会环境和虚拟的网络社会，是对大学生的影响与日俱增。社会环境不仅是大学生生命养成的沃土，社会环境的好坏还决定着大学生在学校或家庭中接受的纯粹正向的生命教育能否在社会中找到实践环境，学校生命教育的一些基本认知能否免受干扰。社会教育对于个体的社会化和生命成长具有重要意义，社会教育能否在生命教育中发挥正能量，是大学生生命教育能否有效开展的关键之一。

何谓社会教育？广义的社会教育，指一切社会生活影响与人的身心发展的教育，泛指一切增进人的知识、技能、智力、身体健康，以及形成或改变人的思想意识的活动。而狭义的社会教育，指学校教育和家庭教育以外的社会文化机构、社会团体组织和其他形式的社会主体对其成员所进行的教育，它是与学校教育和家庭教育相对应的教育，是家庭教育和学校教育的延续和补充。比较而言，社会教育相对于家庭教育和学校教育更具有复杂性和真实的体验性，无论是在学校，还是在家庭，生命关系都相对简单，父母亲情、师生感情和同伴友情都相对纯洁，大学生在这样的环境中的生命成长相对舒适顺畅。而社会环境就完全不同，不同性格、不同地位、不同年龄、不同素质的人共同生活在一个社会中，善与恶、丑与美相互交织，导致了社会关系的复杂性。

当下，受社会转型时期"泛功利化"心态、社会价值取向偏离、信仰缺失等因素的影响，社会影响往往失范于大学生生命教育。首先，表现在社会注重生命的工具性。在现代工业社会中，随着对人才专业性要求的提高，人的生命完整性被撕裂，彰显出更多的物性和工具性。此时的社会对生命的引导并不是以提高生命的主体性和能动性为目的，而是有意无意地引导大学生生命的工具性发展。正如尼采所说："由于这种非人化的机械和机械主义，由于工人的'非人格化'，由于错误的'分工'经济，生命便成为病态了。人类的目的，也就是文化，看不见了，作为达到文化手段的现代科技活动，产生了野蛮化。"其次，被大众文化恶化了的社会文化中充斥着对生命的漠视和践踏。大众文化中的凶杀暴力、淫秽吸毒，以及能表现出的人性残忍、自私、变态等丑陋的内容，带给大学生的是对生命的审美疲劳，使他们淡化了对生命的敬畏，贬低了生命的价值，迷失了生命的意义。再次，社会中生命不平等、不正当的竞争等社会不公现象对大学生的生命观产生了严重消极的影响。有的人通过"人情""关系"走了"捷径"，获得了较好的发展机会，这种现象对很多大学生产生了很大的"刺激"，他们的生命观发生扭曲，他们开始困惑：为什么学习？生活的目标是

什么？人生的意义在哪里？最后，虚拟的网络社会是一把双刃剑，它给大学生带来了广阔空间、海量信息，在形成大学生内涵丰富的自我和实现自我方面发挥着重要的作用，但是网络社会资源的良莠不齐、虚拟化明显的特征又给大学生的生命成长带来了大量负面冲击。

三、大学生生命教育中社会教育的地位和作用

人是社会关系的产物，每个人的全面发展和身心灵的生命和谐统一发展过程都必须在社会中完成，每个人都无法逃脱出社会这个大熔炉。大学生作为新生的国家建设的中坚力量，他们的生命必须在社会中磨炼。而社会生命教育也无处不在，它通过社会现象反映出来，充分发挥自身独特的开放性、全民性、实用性和终身性的优势，时刻对大学生进行显性或隐性的教育，对大学生的生命观形成既有正面的积极引导又有负面的消极影响。① 为了大学生生命的全面发展和健康成长，高校必须充分利用社会教育资源，搭建一个良好的社会生命教育平台，发挥社会生命教育正能量的作用，对大学生生命发展施以积极的影响。

首先，要提高社会和谐水平，在社会中真正倡导落实以人为本和人文关怀。以人为本是生命教育的灵魂，社会生命教育应以此为原则，充分发挥积极作用。对于涉及包括大学生在内的人民群众重大利益问题的社会改革时，要尽可能树立以人为本的人文关怀意识，一切从群众的根本利益出发、一切为了群众，建立健全人性化的法律法规制度，体现对生命的基本尊重和关怀，从而减少改革阵痛，优化社会环境，净化社会风气，减少社会负面事件的发生率，积极培养公众良好的生命价值观，使公正、诚信、团结、友善、互助等理念深入大众的内心，从而对大学生产生积极的生命教育影响，让大学生在珍爱生命和敬畏生命的前提下，升华生命，实现生命价值，为构建和谐社会和树立以人为本科学发展观做好准备，进而使精神境界上升到一定的层次。

其次，将生命教育与环保教育、法治教育、心理教育相融合。新时代大学生生命教育环境的构建目标是塑造和谐的生命价值观体系环境。在社会环境中，这一目标的实现载体选择应多元化。积极搭建新时代大学生生命教育的社会平台，将大学生生命教育与社会环境中提倡的环保教育、法治教育、心理健康教育相融合，是将大学生生命教育目标具体化和多元化。大学生生命教育环境的构建目标，不单是塑造珍视自我和他人生命的大学生群体，更是塑造提倡自然

① 刘金莹. 论新时代青少年生命教育的协同模式构建［J］. 思想政治教育研究，2021，37（3）：140-145.

界生命和谐相处的大学生群体。"老吾老，以及人之老；幼吾幼，以及人之幼"，为承载国家未来和希望的大学生群体树立一种"悲天悯人"的生命价值情怀，丰富大学生生命价值认同，帮助大学生体验生命的艰辛、领悟生命的宝贵、磨炼生命的意志、明确生命的目标，培养以"珍视生命"为主题的多元化价值观，实现社会环境下和谐的大学生生命价值观体系。

最后，充分发挥新媒体在新时代大学生生命教育中的作用。媒体宣传是构建大学生和谐生命教育环境的重要舆论力量。社会媒体是生命价值观传播的最佳载体。在社会环境条件下，媒体可以协助大学生生命教育构建过程的宣传，对和谐的生命教育环境的正面宣传和引导，更容易引起社会的关注，使优秀的生命价值观更为迅捷地传递到社会环境中。以计算机技术和网络为代表的新媒体对大学生群体影响巨大。有关调查显示，绝大部分大学生是网民，并且他们在新媒体中表现活跃，新媒体改变着大学生的思维模式和理想观念。生命教育理念的形成和实现不是孤立的。当前社会环境下，迫切需要引导和宣传以"珍视生命"为主题的生命教育理念，新媒体将大众传播由单向传播转变为互动、多向度的传播模式，该模式适应了大学生成长需求，为他们展示自我个性和争取话语权提供了舞台，是他们生命成长中必不可少的部分。因此，高校必须合理利用新媒体，形成大学生生命教育的网络。在内容上，新媒体信息的海量性为大学生生命教育丰富内容的展开提供了可能性；在教育方法和手段上，新媒体形式的灵活性、便捷性、虚拟性，使大学生生命教育突破了原有的刻板性和表面形式性。另外，新媒体还拓展了大学生生命教育的阵地。新媒体的开放性和个性化特征，使它们成为大学生最喜爱的媒体，甚至在第一课堂上，大学生都在利用网络新媒体进行冲浪，这为大学生生命教育提供了全方位的虚拟教育阵地。但是，人们也要看到新媒体双刃剑的特性，在充分认识并利用新媒体的优势，占领网络虚拟高地的同时，要深入分析新媒体产生消极因素的原因，科学选择新媒体时代大学生生命教育的新路径。

第九章　开展社会实践，促进生命教育知行合一

——新时代大学生生命教育社会实践模块

本章以社会实践与大学生生命教育的融合为切入点，探析社会实践融入大学生生命教育的作用与途径。首先，明确社会实践的内涵，分析社会实践与生命教育的联系。其次，探讨社会实践融入大学生生命教育的作用。社会实践丰富了生命教育的内涵，使生命教育更具针对性与实效性，有利于帮助大学生树立安全意识、养成安全习惯、增强安全技能。最后，通过案例分析探讨社会实践与生命教育相结合的教育实践平台，推动大学生生命教育实践社会化、常态化发展。

第一节　大学生社会实践与生命教育的联系

大学生社会实践活动的宗旨在于"受教育、长才干、做贡献"。大学生作为社会主义事业的建设者与接班人，肩负着新的历史条件下实现中华民族伟大复兴的历史重任。大学生的安全健康不仅关系到高校教育的发展趋势，更关系到祖国和民族未来的发展命运。利用社会实践开展生命教育具有重大意义。从个人层面看，大学生社会实践与生命教育相结合，有助于大学生在行为中树立安全意识，不断提高自身社会责任感与使命感，实现个人成长与社会理想的统一。从学校层面看，在社会实践中融入生命教育，有助于生命教育知行合一。[①] 从社会层面看，挖掘地域文化资源搭建大学生生命教育实践平台，有利于推动大学生生命教育实践向社会化、品牌化方向发展。

[①]　蔡亚平．高校生命教育实践体验式教学探析［J］．中国大学教学，2012（9）：66-68.

一、大学生社会实践的内涵

实践性是马克思主义哲学最本质、最重要的特征，是马克思主义哲学区别和超越一切唯心主义和唯物主义的最根本之点，是马克思主义哲学保持自己的科学性、革命性和批判性，从而能够不断自我更新、自我发展的根本动力。马克思主义认为，人的社会生活在本质上是实践的。实践是借助一定工具而展开的中介性活动，它集中体现着人类理性的技巧，实现着由客体的自发运动形式向人的自觉活动形式的转换；它是实现人的内在认识和外在事物尺度统一的现实过程。实践又是一种革命的、批判的活动，是人批判地处理自己同外部世界的关系，参加自然界的辩证运动过程，能动地创造自己的社会历史存在和社会生活，建构自己所追求的理想世界最根本、最现实的途径，因而是人的创造本质的具体表现形式、实现形式和确证形式。

大学生社会实践是人类实践活动的重要组成部分，是大学生在学习过程中学习知识、理论并联系实际的应用与创新的活动，是大学生在成长成才过程中适应社会、承担社会责任的活动，是高校思想政治教育的重要途径。大学生社会实践活动是以社会为课堂，以人民群众为教师，以假期和课余生活为主要活动时间，以学生能动地参与为主要途径，以使学生"受教育、长才干、做贡献"为宗旨，是高校按照高等教育培养目标的要求，作为课堂教学的补充和延伸，有目的、有计划地组织在校大学生参与社会政治、经济、文化活动的一系列教育活动的总称。它既是认识世界、改造社会的行为过程，又是进行思想道德修养、人格塑造、角色转换、专业学习、专业技能培训的实践活动，是实践性和教育性的有机统一。

中共中央国务院颁布的《关于进一步加强和改进大学生思想政治教育的意见》（中发〔2004〕16 号）中明确指出："社会实践是大学生思想政治教育的重要环节，对于促进大学生了解社会、了解国情、增长才干、奉献社会、锻炼毅力、培养品格、增强社会责任感具有不可替代的作用。"文件充分肯定了大学生社会实践活动在思想政治教育中的重要作用。2022 年，教育部等十部门制定出台《全面推进"大思政课"建设的工作方案》，要求"开门办思政"、善用社会大课堂、搭建大资源平台、构建大师资体系。实践是认识的源泉，是认识发展的动力，是检验真理的唯一标准，也是认识的最终目的。大学生在实践中感受，在感受中感动，在感动中净化心灵。教育学家叶澜教授指出："今天的世界变得越来越复杂，很多问题的解决不仅要靠知识，更要有智慧。从知识向智慧转化，必须具备多种知识相互沟通和融合的能力。"面对复杂多变的世界，大学生需要智慧、能力，而智慧、能力的形成离不开社会实践。在社会实践中提高大学生的能力，增长大学生的才干，突出表现在提高认识能力、选择能力，培养社会活动能力、独立工作能力、社会适应能力，培养创造、创业能力。① 总之，社会实践有助于大学生健康成长。

二、大学生社会实践与生命教育的关系

大学生生命教育离不开实践教育，社会个体的实践过程时刻体现着生命的价值和意义，社会实践是生命的实践，生命教育需要实践的体验，社会实践与生命教育互不分离。大学生在社会实践中掌握生命知识，形成正确的生命态度和生命意识，养成安全行为习惯，掌握生存技能，培养对他人与社会的关心，在实践中感悟生命的意义和价值。

（一）社会实践是生命的实践

"人生而无知无能，不是出生就成为实践主体的。实践不是孤立的个人的活动，而是处于一定社会关系中的人所进行的活动。人的实践活动不是在这一社会关系中进行，就是在那一社会关系中进行。因此任何人的实践都不是个人孤立的活动，而是社会性的实践。"② 与教学、科学研究训练及其他活动相比，社会实践以社会为课堂，以人民为教师，以社会生活为教材，以学生自觉能动参与为主要教育途径。因此，社会实践具有自觉能动性、社会性、开放性、专业性等特征。

（二）生命教育需要实践的体验

人的生命成长需要亲历，需要各种体验和实践，"因为只有在我们与人类的直接交往中，我们才能洞察人的特性。要理解人，我们必须在实际上面对着人，必须面对面地与人交往"③。也只有这样，个体才能将各种外在的生活素养内化于生命中，成为个体生命的重要的组成部分。因此，当代大学生生命教育应一反传统教育与个体生活相互隔离的做法，拉近教育与生命的关系，拉近学校与家庭、社会等各方面的联系，开展各种有意义的生命实践活动，让大学生能够积极参与其中，全身心投入其中，并在活动中体悟生命，获得成长。

---

① 彭鸿，任芳．特殊时期大学生生命教育的思考［J］．青年与社会，2020（23）：94-95.

② 刘相涛．走向自在自为的个人——马克思社会发展"三形态"思想的人学阐释［D］．上海：华东师范大学，2021.

③ 徐园媛．德心共育 协同创新——大学生生命教育长效机制构建［M］．上海：华东师范大学，2020：199-201.

（三）社会实践与生命教育互不分离

"生命之趣乃是人所感受到的生存价值、生命意味和生活乐趣，没有生命之趣的体悟和感知，其他任何趣味都无从谈起。"① 因此，实施生命教育必须"坚持认知、体验、实践三结合的原则，使学生在社会生活实践中融知、情、意、行为一体"。大学生渴望了解社会、接触社会，热衷于参加各种社会实践活动，我们可以根据大学生这一特点，通过形式多样的社会实践活动来实施生命教育，引导学生在实践中掌握生命知识，形成正确的生命态度和生命意识，培养对他人与社会的关心，在实践中感悟生命的意义和价值。生命教育要强调丰富多彩的社会实践，让大学生在活动中体验生存感受，培养生命情感。真正的生命教育是触及心灵的教育，是感染灵魂的教育，而不是传授知识、技能的教育，生命教育必须通过体验来实施。

第二节　大学生社会实践活动的意义阐释

大学生社会实践是高校思想政治教育的重要组成部分，是促进新时代大学生全面发展的重要方法和手段，也是培养适应社会发展综合型人才的现实需要。在大学生中开展社会实践活动是全面落实党的教育方针，提升高等教育质量，加强和改进新形势下高校政治工作的要求。注重大学生社会实践的落实下沉，促使实践育人功能得到充分发挥，培养合格的社会主义建设者和接班人，为实现中华民族伟大复兴积蓄新生力量。

一、满足主体性与主动性的需求

人的主体性思想是马克思主义哲学中的重要思想。所谓主体，从哲学层面而言，即对客体有认识和实践能力的人、实践的对象，为属性所依附的实体。② 主体性就是人作为主体的基本规定性，是在对象性活动中所表现出来的自觉性和创造性。接受活动非常明显的一个特征就是强烈的主体性，主体是从自己的内在需要、利益、愿望、爱好出发，对所感受到的信息做出抉择。大学生根据自己的思维把握事物的内在联系，独立思考，得出自己的结论，由此体现出主体性的特点，例如，他们具有愿意接受真理、注重情感、崇拜偶像、敢于创新

---

① 邓牛顿. 美学笔记：生趣论 [J]. 上海大学学报（社会科学版），2000（1）：18-23.
② 卜玉华，刘安. 论"育生命自觉"的多重内涵 [J]. 教育学报. 2017，13（1）：10-15.

的心理特点。大学生生命教育的接受活动，是从大学生的自身需要出发，伴随主体意识的发展变化，从内心体验开始对生命教育进行逻辑推理，分析论证，做出判断，然后做出选择。主动性即大学生由于自身心理需要的动机，在心理接受活动的过程中表现出来的主观能动性。大学生是生命教育接受的主体，他们能主动应答、主动选择、主动思考是生命教育的关键。与此同时，大学生在年龄身份、生活半径、心理状况、理想信念等方面拥有共同基础，易受群落的影响，在接受活动中也体现出联动性特征。由于大学生思想尚未完全成熟，在生命教育接受活动中还有情感、想象力等因素的参与，往往出现一种带有较强感性色彩的临机反应，并与其他大学生交互感染，产生阶段性、区域性"潮流"，冷热波动较快，易产生两极分化，呈现多途径、多渠道状态交互影响的联动性特征。

因此，开展生命教育必须通过形式活泼多样、内容生动形象的社会实践活动，让大学生自由、平等、民主地参与，激发他们的主体性和主动性，注重他们的联动性。大学生作为社会政治生活、经济生活、文化生活中的一员，广泛地参与丰富的社会生活，亲自接触和感知各种人和事，通过了解社会，增加对社会的生活积累，获得对社会物质文化、精神文化和制度文化的认知、理解、体验和感悟。在参与社会实践的过程中，学生的主体地位得到了充分的体现。学生作为一个真实的主体去体察社会的真实面貌，在社会实践的过程中积极发挥自己的主观能动性，结合自己掌握的理论知识去理解现实，通过自己的双眼去认识社会、了解社会，从感性的实践中去证实理性的认识，并接受、认同生命价值观。

二、满足反复性与长期性的需求

反复性即大学生理解认同生命价值观教育需要长期不断、多次重复才能完成。这是由大学生情绪起伏波动大的明显特征决定的。他们高兴时，热情奔放、情感浓烈，没有丝毫掩饰；伤心沮丧时，则情绪低落、抑郁消沉。各种接受中介和接受环境随着社会的进步和时代的发展而日新月异，更增加了生命教育接受的复杂程度和难度，接受活动呈现出不断反复、波浪式发展的特征。与此同时，生命价值观的形成不仅呈现反复性的特征，还是一个长期性的过程。从心理学角度来讲，接受主体从接触到内心真正接受一种理论、观念是一个从低到高、从部分到整体、从外表到内心的长期过程，不是立竿见影、一蹴而就的，甚至需要一个较长的"时间段"。大学生在接受生命教育时，既需要根据自身的需要层次和接受能力逐渐认知和内化生命价值观，也需要跟随生命价值观的发展而不断更新接受内容。接受活动必然是一个长期进行、逐渐认识、曲折发展的过程。

　　具有成长性内涵的社会实践，正好满足大学生生命教育接受活动反复性、长期性的需要。青年时期是大学生身心发展成熟的成长期，是世界观、人生观和价值观的形成期，是了解适应社会、扮演社会角色和承担社会责任的过渡期。具有成长性内涵的社会实践活动所面临的主要任务，包含学业的深化、精神的完善、身体的健康和成为优秀人才的人生追求等，其中精神的完善是大学生生命教育的目标追求之一。社会实践活动是大学生一种精神完善的活动。人的成长过程是精神完善和品质形成与历练的过程。社会实践活动就是一种形成、提高和完善大学生思想素质、政治素质、道德素质与心理素质的活动。通过这种活动，大学生树立科学的世界观、人生观和价值观，胸怀志存高远的理想与目标追求，铸造不畏艰难的坚强品质与坚忍不拔的毅力，培育开拓创新的时代精神与前瞻意识，培养健康的人格与包容之心，学会处理各种复杂的社会关系，善于协调个人利益与集体利益的矛盾，在精神不断完善、升华的过程中实现大学生全面发展和成长成才。

三、满足心理性与实践性的需求

　　大学生生命教育是一种心理性、精神性的活动。大学生生命教育通过大学生个体的心理内化，表现出一定的外化行为，并将这种心理内化的知识、思想、文化具体到日常的学习、工作和生活当中。大学生生命价值观的接受活动呈现出心理性与实践性的统一。它反映生命价值观接受主客体之间的相互联系，是接受主体出于自身需要，在环境作用影响下通过某些中介对接受客体进行反映、选择、整合、内化、外化等多环节构成的连接的、完整的活动过程。通过有效的接受，被内化为接受主体的品德思想并外化为品德行为。大学生在生命教育接受活动中，会针对生命价值观的本质属性、内在层次等方面进行辩证的思考，对自己是否接受、怎样接受做出理性辨别。大学生生命价值观接受活动，在主客体的相互作用中，通过控制感知、加工思维和行动，来不断促进新知识、新观念的形成，从而达到大学生生命价值观的真正接受。

　　马克思指出，"全部社会生活在本质上是实践的"。大学生社会实践充分体现了人类实践的客观物质属性。社会实践是大学生生命教育的重要环节，对于促进大学生了解社会、了解国情、增长才干、奉献社会、锻炼毅力、培养品格、增强社会责任感具有不可替代的作用。大学生的社会生活火热沸腾，涉及课堂上下、校内校外、网上网下等各个环节，鲜明地呈现出空间上的广泛性、时间上的持续性。大学生参加社会调查、生产劳动、志愿服务、公益活动、科技发明和勤工助学等社会实践活动等，任何有助于他们学习、成长和顺利完成该阶段社会生活内容的活动都可以纳入大学生社会实践的范畴。当代大学生内心世界表现出独立性与依赖性、自觉性与自发性错综复杂的特征，当他们参与社会实践后，这种自觉性及独立性心理越来越强烈，自身思维能力和自我主动意识充分发展起来，革新意识增强，能够站在改革开放的前列，崇尚实事求是，讲实效，厌恶形式主义假大空，不因循守旧，勇于争先创新。一方面，大学生在走出去为社会服务中感受到了自我的存在，找到了自我价值，沟通了自我和社会，对培养大学生自立精神、创新意识起到促进作用。身体力行的社会实践活动不但可以促使他们在深层次上、从思想上坚定社会主义的理想信念，而且还会激发他们的历史使命感，促使他们自觉提高学习的积极性，更严格地要求自己，从而促进自身的全面健康发展。另一方面，社会实践活动使大学生与工农大众有了密切接触，在共同的劳动、工作、生活中，他们看到了工农大众爱岗敬业、默默奉献的优秀品质，使他们投身于社会主义现代化建设事业之中，让他们直接感受到了社会各部门、各领域建设者们的工作热情和忘我精神，让他们目睹了社会主义现代化建设的成就。这对于增强他们的集体感和责任感有着不容忽视的作用。

四、满足多样性与差异性的需求

大学生生命教育的形式是多种多样的，呈现出多样性的特点。同时由于大学生个体的差异，如认知水平、情感体验、价值观取向等，在开展大学生生命教育的过程中，也受到上述因素的影响，体现出差异性的特点。个体在接受水平上的差异性，也必然对大学生生命教育形式途径的多样性产生影响，大学生的接受心理也体现出多样性与差异性的统一。

形式多样、内容丰富的社会实践活动能够充分契合大学生生命教育的特点，如积极开展"红色之旅"学习参观，充分发挥博物馆、纪念馆、展览馆、烈士陵园等爱国主义教育基地的教育作用。组织大学生到革命纪念地、改革开放前沿和经济社会发展成效显著的地方学习参观，了解中国革命、建设和改革开放的历史和成就，可以增强大学生对党的感情，对中国特色社会主义的热爱，激发大学生为实现中华民族伟大复兴而团结奋斗的责任感。又如，引导大学生参与技术改造工艺革新、适用先进技术传播的社会实践活动，为经济社会发展献计出力，不断提高大学生的科学素养，培养良好的学术道德，弘扬求真务实、开拓创新的科学精神。要规范和促进大学生科技成果转化，鼓励大学生开展创业实践，提高创业技能。以教学实践、专业实习为主要内容的实践教学、军政训练、社会调查、生产劳动和社会服务、勤工助学等社会实践活动都有助于契合大学生生命教育的接受。

第三节　大学生社会实践活动对生命教育的作用

重视大学生社会实践教育，将其作为生命教育的重要组成部分，这对于培养社会主义合格建设者和可靠接班人具有重要作用。社会实践对培养大学生的理想信念有导向作用，对提升大学生的生命价值有推动作用，对实现大学生的人生意义有纽带作用。让大学生深入基层去了解现实，到生产一线、艰苦地区去磨炼意志、砥砺品格、增长才干，在积极投身现代化建设的伟大实践中，去了解中国国情、懂得中国社会，加深对国情、党情、社情、民情的了解和把握，从而树立正确的人生理想，选择正确的生命价值取向。让大学生在社会实践中与基层民众交朋友、结对子，感知民情、体验生活，可以使他们在心灵上拉近同人民群众的距离，赢得人民群众的认同，为大学生今后走向社会、服务社会，打下"关注民生、体恤民情、为民谋利"的情感基础，这是提高人生生命高度的必然要求。让大学生在社会实践中经历艰苦环境的考验，直面困难和挑战，树立用诚实劳动创造美好生活的思想和精神，有利于大学生领会理解劳动光荣和生命真谛。

一、志愿服务有助于大学生领悟生命的重要意义

大学生志愿服务"是由具有一定思想觉悟，热心社会公益事业的在校大学生利用业余时间，结合自己的专业知识、技能，以自己的善心为他人、社区、社会提供非营利性、非职业化援助的行为"。大学生在自觉自愿的基础上，倡导"无私奉献、友爱互助、共同进步"的精神，参加"服务他人、奉献社会"的志愿者活动。志愿服务不仅能够使大学生把所学的知识回馈社会、服务群众，更重要的是使大学生从中实现自身价值，获得自尊感、成就感，并激发其对生活的积极态度和对社会的崇高责任，形成自信、乐观、进取的人生态度。志愿服务活动让大学生体验基层工作，明白生命无贵贱。大学生通过参加志愿服务活动，利用自己的专业服务社会，通过自己的力量去帮助他人，感受自己给别人带来欢乐与幸福的同时也从中感受到"赠人玫瑰，手留余香"的快乐。这使他们在服务之中感受到了生命的意义，实现了自身的价值，体验了生活的艰辛

与愉快。这也实现了关注生命、珍爱生命、尊重生命、成全生命、敬畏生命的生命教育目标。

在中国青年志愿者行动实施 20 周年时，习近平总书记给华中农业大学"本禹志愿服务队"回信，对志愿服务的学生们走进西部、走进社区、走进农村、用知识和爱心帮助困难群众的高尚行为以及勇敢肩负起历史赋予的责任，积极投身改革发展的伟大事业，奉献社会、服务人民的高度使命感表示肯定。他鼓励学生们继续坚定高扬理想、脚踏实地、甘于奉献的信念，在服务他人、奉献社会中收获成长和进步、找到青春方向和人生目标。信尾，习近平总书记还告诫学生们，"希望你们弘扬奉献、友爱、互助、进步的志愿精神，坚持与祖国同行、为人民奉献，以青春梦想，用实际行动为实现中国梦作出新的更大贡献"。

二、实习实践有助于大学生提升个人综合素质

专业实习是高等人才教育的重要阶段，是对课堂专业知识的重要补充，是知识在实践中消化、验证、升华、创新的重要开始，更是大学生走向社会、实现人生理想的最初阶段。一段成功、行之有效的实习经历对大学生的成长意义重大，影响深远。高校要重视实践教学，加强实践教学管理，提高实验、实习和毕业设计质量。对大学生来说，要发挥专业特长、优势，把自己所学的专业知识应用到社会实践活动中，使自己加深对所学专业的社会价值的认识，进一步巩固专业思想，增强学好专业知识的动力，同时根据社会的需要，发现自己的不足，明确专业发展现状和努力方向，促进自身能力的培养和全面素质的提高，从而丰富生命的厚度。

三、社会调查有助于大学生体会生命表现的多样化

社会调查是针对社会生活中的某一情况、某一事件、某一问题，进行深入细致的调查研究，然后把调查研究得来的情况真实地表述出来，以反映问题，揭露矛盾，揭示事物发展的规律，向人们提供经验教训和改进办法，为有关部门提供决策依据，为科学研究和教学部门提供研究资料和社会信息。社会调查作为一种重要的研究方法和工具，为大学生认识社会、训练能力、提高素质提供了一种有效的途径。

社会调查活动给生活在都市象牙塔中的大学生们提供了广泛接触基层、了解基层的机会。深入基层、同基层群众及领导谈心交流，让年轻的思想碰撞出了新的火花；也让大学生从中学到了很多书本上学不到的东西，汲取了丰富的营养；大学生理解了"从群众中来，到群众中去"的真正含义，认识到只有到

实践中去、到基层去，把个人的命运同社会、国家的命运联系起来，才是青年成长成才的正确之路。"纸上得来终觉浅，绝知此事要躬行。"社会调查使大学生找到了理论与实践的最佳结合点，通过调查，所学的专业理论知识得到了巩固和提高。

四、生产劳动有助于大学生理解劳动光荣和生命真谛

革命先驱马克思、恩格斯认为，"劳动是人的生活需要，人为生活而劳动；劳动创设了人的生命环境，人在劳动环境中生活；劳动给人以生命的真谛，人的劳动就是生活"。马克思说过："蜜蜂建筑蜂房的本领使人间的许多建筑师感到惭愧。但是，最蹩脚的建筑师从一开始就比最灵巧的蜜蜂高明的地方，是他在用蜂蜡建筑蜂房以前，已经在自己的头脑中把它建成了。劳动过程结束时得到的结果，在这个过程开始时就已经在劳动者的表象中存在着，即已经观念地存在着。"

生产劳动让大学生懂得了劳动不仅仅是为了金钱，任何劳动都是光荣的、有价值的，任何劳动都应该得到尊重。生产劳动能培养一个人的基本素养和一个人的生存本领，无论是在什么样的环境下，生存是人的第一需要，人要想活着就必须学会劳动，学会怎样干活。生物学家达尔文的进化论告诉人们，适应环境者生存，不适应环境者被淘汰，要想适应环境人必须要有顽强的毅力。海尔集团董事张瑞敏说过："把一件简单的事做好就是不简单，把一件平凡的事做好就是不平凡。"生产劳动让大学生明白生存的价值、生命的快乐，理解"有付出才有收获"的意义。

五、勤工俭学有助于大学生感悟生命的自立、自强、自尊

勤工俭学是一边求学读书，一边工作、劳动。它是学校实施劳动教育活动的形式之一。它与教学活动、科技活动、文体活动和公益劳动一样，都是学校教育活动的一种。勤工俭学是我国青年学生的优良革命传统。随着国家教育体制的改革和素质教育的全面铺开，勤工俭学成为大学生实践活动的重要环节，它将帮助大学生顺利完成学业，促进大学生更好地就业创业。

勤工俭学不仅可以帮助大学生掌握系统的理论知识，提高实践能力，顺利完成学业，而且使他们把握在勤工俭学过程中的契机，培养创新意识、凝聚创造能力，为将来就业创业打下良好的基础，成为建设现代化社会主义的栋梁之材。勤工俭学作为素质教育的重要手段，作为社会实践的重要组成部分，早已得到并将一直得到国家政府和教育职能部门以及高校的高度重视，将成为高校

大学生的自觉行为,是大学生实现自立、自强、自尊的有效表现。

六、创业创新活动有助于大学生丰富生命价值

当前,高校和社会各界呼吁和大力鼓励大学生自主创业。一般来说,创业实践"是以培养创新型人才为目标,以培养创业道德、强化创业意识、塑造创业精神、增强创业素质、提高创业能力、指导创业途径等为主要内容,以课外活动、社会实践为主渠道,以学生为主体、教师为主导,学校、社会、家庭密切配合的系统教育体系"。当代大学生生命教育鼓励大学生积极参与创业实践,有助于增进大学生对苦难的体验,加强大学生苦难意识和耐挫品质的培养,让大学生在创业实践中磨炼意志,体验创造生命价值的艰辛。同时,也有利于培养大学生的团队意识,学会与他人和睦合作,在珍爱自己生命道德的同时也懂得珍爱他人生命。

生命之美在于创造,是人的创造智慧孕育着辉煌的生命之美。人类社会也在创造中发展。只有当生命在不断地耕耘、不断地创造时,才能超越自我、完善自我,才能实现生命的意义和价值。把创业创新教育与生命教育结合起来,使创业创新教育与生命教育互相渗透,既提升了创业创新教育的意义,又是成就生命之美的生命教育的有力载体,实现了关注生命、欣赏生命、敬畏生命、发展生命的生命教育目标。

第四节 大学生生命教育社会实践活动经典案例

重庆高校大学生心理健康服务团开展的"心系家乡"心理服务活动是暑期大学生"三下乡"活动的一种新形式,也是地震灾区大学生成长成才、回报社会的重要平台。"心系家乡"心理服务活动以来自"5·12"地震灾区的学生为主体,以自愿、就近、长期坚持为原则,以回到家乡为家人、亲属、邻居及所在社区开展心理服务为基本形式,以爱心助学为重点内容,将学习宣传普及心理学知识与心理服务结合起来,将关爱家乡、关爱亲人与关注民生、服务基层、奉献社会的志愿者精神结合起来,将心系家乡的情感转化为心助家乡的实际行动。重庆科技学院、重庆交通大学、重庆医科大学及重庆工商大学中来自四川、甘肃等地震灾区的 60 名大学生成为第一批成员。在历时一个多月的"心系家乡"心理服务活动中,共为 1228 人提供心理服务 3393 人次,展示了大学生心系家乡、服务灾区、回报社会的良好形象,受到家乡亲人们的一致好评。这项

意义深远的社会实践活动在大学生的积极响应和热情参与下获得圆满成功，为今后长期服务灾区、建立"心系家乡"志愿服务接力机制积累了重要经验。

一、活动的组织准备工作

本活动以来自灾区的大学生为主体，组织他们回到自己的家乡开展心理重建服务。2009 年春节开始试点工作，重庆科技学院和重庆交通大学组织部分学生首次在家乡开展心理服务活动，取得了良好的反响。2009 年 7 月，服务团在认真总结经验的基础上制定了新的活动方案，重庆医科大学和重庆工商大学两所高校也积极加入本活动，又争取到了团市委重庆市大学生"三下乡"重点服务团队，为此服务召开了 2009 年暑期"三下乡"社会实践专题工作会议，认真研究并详细安排部署此次活动，成立了由 4 所院校心理咨询中心负责人、主要指导教师及各校学生团长组成的实践活动领导小组，制订了详细的活动计划，印制了活动手册等相关资料，商定了活动的主要内容与组织形式。

活动任务主要有 3 项，一是亲情互动与心理服务；二是宣传心理知识，开展心理评估；三是开展对留守儿童的爱心助学活动。采取统一服务主题下，就近就便、各展所能、各施所长的活动理念，以学校为基本组织单位，以小组合作与个人服务相结合为主要活动方式，特别提倡带动其他高校的原高中同学一起参与，建立比较稳定的志愿服务小组，更好地体现大学生集体的智慧和力量。

为完成好这次任务，各校先后组织了 8 次专业培训，帮助全体团员认清活动的意义，明确活动任务与要求，掌握开展心理服务的基本知识和技能。有的学校还在初步了解灾难心理援助的基本常识和基本技能、心理评估的操作方法及注意事项的基础上，就如何组织心理互助活动，如何与受灾群众进行心理会谈、心理沟通，如何使用心情温度计，如何建立心理档案等进行了现场演练。培训结束后，每个成员领取了活动手册和资料，并按要求初步制订了自己的活动计划。学生们纷纷表示一定把学校的关心和自己的爱心带给家乡的亲人，用自己所学为家乡的心理重建贡献一份力量。

二、活动的开展情况及主要成果

在历时一个多月的"心系家乡"心理服务活动中，4 所高校的 60 名大学生发动回到家乡的其他院校大学生 63 人，共 123 人组成 21 个服务小组，宣传心理知识、走访灾区群众、与家乡亲人开展亲情互动与心理服务，组织大学生爱心助学等内容丰富、形式多样的各类心理服务活动 293 场次，服务对象 1228 人，服务总人次达到 3393 人次。其中，为灾区群众进行心理健康检测 380 人次，为灾区 175 名儿童补课 1408 人次，为灾区儿童组织心理辅导活动 253 人次，建立留守儿童心理档案 53 份，足迹遍布绵阳、北川、汶川、安县、都江堰、崇州、德阳、阆中、大民、甘肃陇南、徽县、陕西勉县等地震灾区。整个活动获得了灾区父老乡亲的一致好评，学生们也从中收获了许多感动和体会。活动的开展情况及主要成果如下所述。

（一）爱心助学，托起灾区明天的太阳

大学生在灾区父老乡亲眼中是未来的希望，在中小学生心中是仿效的榜样，为中小学生补课既是大学生的长项，又是家乡亲人们的急需。各校服务团都将爱心助学、关爱留守儿童作为本次活动的重中之重。47 位大学生为 175 名灾区儿童补课 1408 人次，组织心理辅导活动 253 人次。灾区群众和学生的父母对这一活动给予了充分肯定和由衷的感谢。他们说："这一服务活动体现了当代大学生的无私奉献精神，让我们得到许多帮助，非常感谢贵校和参加服务的大学生。""希望继续推广这一活动，下次有更多的人到我们这个地方来。"

地震过去一年了，学生们回到熟悉的家乡，到处可见灾后重建的繁忙景象。勤劳的灾区父老乡亲在国家的补贴支持下忙着修建住房，而对最关心的子女教育问题却不得不被无奈地搁置。大学生开展的就近为弟弟妹妹们补课的爱心助学活动，无异于雪中送炭，正好解决了这些父母的后顾之忧。

重庆科技学院胡幸辉、梁发柄同学因地制宜地办起了暑期学校。胡幸辉同学发动乐山师院的 2 位同学，在江油安坪村委会的支持下办起了暑期学校，为 21 名孩子集中补课 1 个月。这些孩子从小学 4 年级到初中 2 年级，每天安排 4 节课，除语、数、外科目外，还开设了 1 节素质拓展课，很好地针对了孩子们的心理特点，枯燥的学习变得丰富生动，孩子们的学习积极性大大提高。"小老师"还通过半月总结会听取孩子们对教学的意见，改进自己的教学。1 月的补课结束后，孩子们都喜欢上了这些"小老师"，依依不舍地在留言本上写道："老师给我们上课的这 1 个月，让我们有了一个很有意义的暑假，在课堂上我们学到了许多基本知识。""老师为我们开展的许多课外活动拓宽了我们的视野。""老师，我舍不得你们，希望寒假回来还能教我们。""谢谢老师们，你们辛苦了，我们不会忘了你们的！""我一定会好好读书，将来建设我们的祖国。"

梁发柄同学 1 人当老师的暑期学校也办得有声有色。他将有共同学习任务的孩子集中到自己家里统一授课，对个别孩子采取送教上门的方式，到孩子家里辅导补习。他先后为 7 名孩子补课 21 天，学生们的成绩提高了不少，对学习的兴趣和信心也增加了。除补课之外，梁发柄同学还设计了丰富的活动，如宣传心理知识与减压方法，做心理游戏，"谈谈自己、解除烦恼"等，每次活动请一两名孩子当助手，培养他们的能力，鼓励他们积极乐观地面对生活中遇到的各种困难，相信自己能够战胜困难、取得成功，能够从地震中走出来，好好读书，将来成为社会的有用之才。孩子们深情地写道："真的很好，大学生特别关心我们这些小学生。""给我们补课，又给我们讲灾难后的心理减压方法，让我们感受到了真实的关心，感谢梁发柄同学。""学校应该表扬这样的大学生。"

重庆交通大学赵龙、岳武、谈小龙、张亮和袁浩同学根据自己的优势科目和孩子们的需要，帮助他们补习了物理、英语、数学、生物等科目；有的还在补课过程中，给孩子们描述大学美好的生活，给孩子们传递积极向上的生活理念。孩子们也从大学生们身上看到了自己希望的明天，把这些热心的大哥哥、大姐姐当成了他们学习的榜样。费云林同学的补课方式不仅有感情直白真诚的劝慰、讲解，更有寓教于乐的幽默，让孩子们受益匪浅。

在回校后的总结会上，参加爱心助学活动的大学生们都谈到了一个共同的感受，孩子是灾区群众震后坚强活下去的希望，灾区群众最大的愿望就是"孩子能好好学习，将来考上好学校"，"我们一定届届相传地将爱心助学活动坚持开展下去，共同为灾区托起明天的太阳"。

（二）心理疏导，为家乡亲人送上真情服务

大学生们放假回到家乡，立刻及时向家人、亲属、邻居、教师、乡亲带去心理问候，开展心理服务；向原就读学校教师汇报大学的学习与成长情况，感谢教师们的培养，了解教师们的生活工作和健康情况，到板房区和村民集中的地方宣传灾难心理卫生知识和心理减压方法，到敬老院、孤儿院慰问，陪老人聊天，给孩子讲故事等。在一个多月的活动中，服务团的成员开展心理服务活动 109 场次，服务对象 475 人，服务总人次达到 737 人次。其中，为灾区群众进行心理健康检测 380 人次，为灾区儿童组织心理辅导活动 253 人次，较好地发挥了心理疏导的积极作用。

大学生运用"心情温度计"对灾区群众进行心理检测，了解灾区群众的心理状况。开展心理疏导是本次实践活动的一项重要任务，各校的同学都认真完成了这一工作。重庆科技学院的杨永龙、黄奎同学用"心情温度计"的检测方法来指导和检验自己开展心理疏导工作，收到较好效果。杨永龙同学在测试中发现不同年龄段的孩子的心情温度也不同，小学生的心情温度较低，几乎都在 0~6℃，而中学生对地震的认识比较清晰，留下的记忆比较多，心里温度要高一些。于是，他通过心理游戏、个别谈心等活动，引导孩子把心中的烦恼说出来。

几天后再一次进行心理测试，这些孩子的情况有了改观，特别是中度情绪困扰的孩子的心情温度明显降低了。这些孩子同时也成了心理知识的义务宣传员，他们回家告诉父母有什么事要说出来，不要憋在心里。他们的父母听后，掩饰不住自己的高兴，称赞实践大学生有知识，工作做得好。

重庆医科大学刘刚等同学为108人进行了心理检测，从5岁的孩子到80岁的老人，除了结合测试结果开展心理疏导，还运用所学知识对检测数据进行了全面分析，写出了详细的测试分析报告。

重庆交通大学张洪、岳武等同学多次去板房区探望群众，了解他们的生活现状，并为群众发放了100多份"心情温度计"，教他们如何使用"心情温度计"，给心理阴影仍比较严重的群众建立了心理档案，告诉他们心理求助的渠道。

经历了特大地震的亲人们在心理伤痛还没有抚平的情况下，又肩负起了灾后重建的重任，父母还要为孩子筹集上大学的费用，同学们心里对父母、亲人的爱和感激不知如何表达。这次，他们学会了用心理学的方法和技术为父母、亲人服务，与父母的心理距离一下子拉近了，"这种感觉真好"。服务团的全体成员都很好地完成了亲情互动与心理服务的任务。重庆科技学院张建荣同学回家已经好多天了，一天早上起床和母亲聊天时，得知母亲晚上睡眠不好，心里很虚，屋子里稍有动静，她就会害怕，听邻居说母亲是受到了地震的惊吓。了解情况后，张建荣就用心理救助方法帮助母亲，经常陪母亲聊天，使母亲的心理状况得到了改善。张建荣深有体会地说："我们做子女的有时真是太粗心，父母受了那么多苦，我们回家应该多用心关爱他们，让他们的心里感到温暖。"

（三）敬老爱小，关心和帮助留守儿童

针对灾区群众的需要，不少小组都不约而同地选择了敬老院和孤儿院作为服务活动的重点。重庆交通大学赵龙、岳武同学带领的四队工作最为出色。他们利用两天时间为老人们开展全方位服务，有的陪老人聊天，有的讲解地震知识，有的为敬老院打扫卫生，有的关心老人生活和感情等。敬老院的老人们都表示震后的生活和敬老院的设施都比震前更好了，他们的生活并没有因为地震而受到更多的影响，反而在震后看到了中国的希望，中国人的团结一致，中国大学生的朝气蓬勃。

灾区的快速发展和建设，各方友人的无私帮助和支持，都让他们感慨万千。临走时，敬老院的老人一定要和大学生在一块捐资者的功德碑前合影留念。老人们说："一定要把这些善人照下来，感谢你们!"同学们也受到鼓励和教育。

团队服务结束后，赵龙又主动与敬老院联系，将自己的服务时间延长，经常去看望老人们。黄佳、胡佳君、李苑借、昌宇等同学到绵阳最大的板房区、崇州市三郎镇灾民安置点开展慰问活动，看望残疾人并与幼儿园小朋友做游戏。

重庆工商大学杨敏、蒲唯文同学的任务格外艰巨，她们辅导的两个孩子年龄小，只有小学3年级，受到的心理创伤较深。其中一位儿童的母亲在地震中遇害，父亲外出务工；另一儿童系新建小学的学生，是班上幸存的两人之一。孩子们外表乐观开朗，积极向上，但明显表现出对地震深深的恐惧。两位同学都采取一对一的方式为他们辅导功课，并有针对性地对他们进行心理抚慰，与孩子做小游戏，赠送孩子口琴，并教授吹弹技巧等。两个孩子都喜欢上了她们。

重庆科技学院任畅小组7位同学，自费购买水果、玩具、书籍等慰问品，到孤儿院为儿童讲故事、放电影，到敬老院慰问老人，还到刚遭受水灾的乡村慰问村民。梁发柄同学带领自己辅导的中小学生定期去慰问和帮助附近的一位智障老人，培养孩子们的爱心。

留守儿童是本次活动关注和帮助的重点对象。在补课和心理服务活动中，大学生还特意为留守儿童建立了心理档案。学生认真了解和填写留守儿童的家庭情况、学习情况，父母及监护人的文化程度和职业，与父母的关系及留守儿童的个性特点、心理健康状况等信息，有的还收集了留守儿童的作文、写给父母的信等。本次共建立留守儿童心理档案53份，这为认识留守儿童的心理特点，下一步更好地为留守儿童服务做了必要准备。

（四）情系偏远灾区，将服务送到家门

深入边远山区开展心理服务是本服务团活动的又一亮点。重庆医科大学的刘刚同学组织的"情系偏远灾区"活动和重庆科技学院杨永龙同学带领深圳公益组织走访北川山区的活动十分感人。

重庆医科大学的刘刚同学在重灾区都江堰开展了志愿服务活动，他了解到地震后社会的关注主要集中在交通发达的城镇，而边远山区和贫困地区由于交通限制、经济基础薄弱、条件艰苦，受到的关注少，有的地方甚至没有人关注。都江堰的父老乡亲受灾很严重，乡亲们通过电视了解到党和国家，以及广大青年志愿者的救灾行动，一方面感动，另一方面也渴望能有一支团队进入他们的内心听他们诉说。于是刘刚发动李杨、蒲丽君、周佳骏等同学，成立了"情系偏远灾区"服务小组，到都江堰市周边的向峨乡、蒲阳镇（向峨乡、蒲阳镇现为蒲阳街道），胥家镇，青城山镇，灌口镇等10个偏远山区和农村乡镇进行了为期40天的医学心理服务活动。他们通过问卷调查和一对一访谈，了解乡亲们现在的生活情况，如实记录他们现在的生活情况和困难、想说的话以及内心的希望；宣传心理知识，利用"心情温度计"开展心理评估；宣传普及医学知识，介绍生活中如何预防常见疾病，宣传甲型猪流感相关知识等。共计上门服务 70 次，收集心理档案资料 86 份，问卷反馈资料 113 份，典型事例 20 个，受到广大群众的热情欢迎和高度评价。灾区群众写下了这样的留言："不怕日晒雨淋，一心只为服务灾区群众，上门关心关注我们，让我们感到温暖。""一名优秀的大学生！干劲十足、满腔热情的志愿者！谢谢你来关心关注我们！家乡人民为你感到骄傲！""给我带来了医学心理知识，十分感激！希望弟弟妹妹们都向你学习！""话不多，很能干，一直埋头做事。真挚的笑容让我们觉得心里舒服。"特别值得一提的是蒲丽君、周佳骏同学，他们用服务灾区的实际行动为大学生活开了个好头。

　　重庆科技学院杨永龙同学在寒假为家乡开展了心理服务活动，并到北川县的边远山区禹里乡做过考察，深知边远山区受灾群众的困难。得知深圳"磨房公益阳光助学小组"要对上一年资助的 60 个贫困学生做回访，并将增加资助对象，由于对山区道路不熟悉、语言交流不方便，急需得到当地人的帮助，杨永龙同学便积极自荐当向导。他与 2 名志愿者分到一组，跑最偏远的山区，走访了 13 个家庭。除了家访，与孩子及家长交谈，他们还要找学校教师了解孩子的学习情况和在校表现，找村委会了解这个家庭的情况，为资助对象建立详细档案。有时为一个家庭、一个孩子，跋山涉水，不辞辛劳，要花上大半天甚至全天时间。有一次因下大雨小河涨水，河水把石头给淹了，他们只好用树桩作为过河的"桥"，花了 20 多分钟，几个人才蹚过那条并不宽的小河。经过两个多小时的长途跋涉，终于到了回访户家里。回访任务结束时，"磨房公益阳光助学小组"的领队对杨永龙同学吃苦耐劳的精神十分称赞，对灾区大学生回到家乡开展服务活动的形式也非常赞同，希望以后继续支持他们，帮助助学活动更加长久地坚持下去。

第十章 进行挫折教育，设置生命教育的风雨彩虹

——新时代大学生生命教育挫折成长教育模块

近年来，大学生退学、自杀、杀人等事件频频出现。研究表明，造成这些不正常甚至令人震惊现象的根源之一，是许多大学生心理素质较差，承受挫折的能力低，无法正确对待困难、压力、竞争。挫折教育理论认为，健康心理素质的培养，必须提高其耐挫折能力，即要求具有健康的挫折心理。因此，对大学生心理素质培养重在提高大学生耐挫折能力，对大学生进行挫折教育是新时代大学生素质教育的当务之急。

21 世纪的竞争是人才的竞争，这已成为人们的共识。21 世纪的人才不仅需要有知识，更需要全面发展，需要有坚强的意志品质，有较强的适应能力和创新能力，具备良好的综合素质，因此，抗挫折能力在大学生成长过程中显得尤为重要。大学生作为未来竞争的主体，无论是在学校还是进入社会，都面临着复杂的竞争压力，不可避免地会遇到这样或那样的挫折，由此产生不健康的心理。因此，分析大学生产生挫折的原因，构建一个新的挫折成长教育模式，结合实际开展必要的挫折教育，对大学生生命教育有着十分重要的意义。

第一节 挫折成长教育对大学生生命教育的意义

古人云："自古英雄多磨难，从来纨绔少伟男。"孟子曰："天将降大任于斯人也，必先苦其心志，劳其筋骨，饿其体肤，空乏其身，行拂乱其所为，所以动心忍性，增益其所不能。"一定程度上讲，对人而言，各种艰难困苦、挫折挑战是促进意志品质锻炼提升的宝贵财富。挫折最能锻炼人的品质与意志。人生是充满艰辛与磨难的，特别是在走向复杂的社会之后，大学生面对的困难和挑战会更多、更复杂。大学生应当在接受生命教育、客观认识生命之后，理性认

识到，人的挫折承受力受生理条件、个人经历、性格特征等多方面的影响，挫折承受力是一种后天习得的能力，不是与生俱来的；逆境和挫折是人生的"必修课"，要有充分的心理准备去面对各种困难、挫折和挑战①。中共中央、国务院在《关于进一步加强和改进大学生思想政治教育的意见》中明确指出："要根据大学生的身心发展特点和教育规律，注重培养大学生良好的心理品质和自尊、自爱、自律、自强的优良品格，增强大学生克服困难、经受考验、承受挫折的能力。"进入新时代，面对新形势新要求，着力推进时代新人培育工程，进一步引导大学生树立客观认识生命、永远珍爱生命、创造生命价值的正确生命观，切实提高大学生的挫折承受力，是大学教育不可推卸的责任，也是高校思想政治教育工作者不可回避的话题。

一、挫折教育概述

"轮曲揉而就，木直在中绳。坚金砺所利，玉琢器乃成。"欧阳修在很早以前就在《赠学者》中谈道，只有经过生活的磨砺，方能立业成才。也就是说，在社会竞争如此激烈的当下，只有让大学生经历一些挫折教育，才能在能力与知识竞争、意志与品质竞争的今天取得成功，才能更深刻地体会到人生的价值，从而珍惜生命。

（一）挫折教育的含义

挫折指个体在从事有目的的活动时，由于内部、外部因素的干扰或阻碍，其需求得不到满足而产生的紧张状态与消极的情绪反应。挫折对大学生的成长具有两面性影响②。如果大学生可以顺利抵抗挫折，那么挫折便具有帮助大学生成长的功能，使其将受挫的压力转化为行动的动力，使人走向成熟，最终取得成功。相反，如果大学生无法抵抗挫折，或者说遭遇挫折时没有被正确引导，就会对大学生的成长道路形成阻碍。因此，有学者提出要对大学生进行挫折教育。挫折教育即教育者有目的地采取一定的教育方法和手段，帮助和引导受教育者正确认识挫折，有意识地防范挫折带来的负面效应，在挫折面前适时地调整、保持健康的心理状态，能乐观、坦然地接受自身遭遇的挫折，从而为目标和愿望的实现打下良好的心理基础。

---

① 陈小玲，边和平. 挫折教育新论 [M]. 徐州：中国矿业大学出版社，2015：137.
② 刘莉. 大学生挫折教育的探究 [J]. 长春理工大学学报（高教版），2010，5（4）：13-14.

（二）国内外挫折教育刍议

研究挫折教育，要明确挫折的概念。目前，挫折的定义有很多种，大同小异。比如，有的学者将挫折定义为阻碍、干扰或阻断个体朝向某一目标行进的动作以及由这些动作所引起的情绪状态；也有的学者将挫折定义为个体在实现目标的过程中，遭遇干扰或破坏，致使其需要得不到满足时的情绪反应。近几年来，有不少学者在探究大学生挫折教育的有效途径。最为有效的途径是：一要培养学生的阳光心态，使学生顺利面对挫折，这是进行挫折教育的基础和前提，也是最有效的挫折预防机制；二要及时发现无法走出挫折的学生；三要对遭遇挫折情境的学生给予及时的关怀、帮助、指导。这被认为是进行挫折教育的最有效手段。

在德国，无论是父母还是学校，都在有意识地培养学生的抗挫折能力。20世纪90年代，德国推出了《基础教育课程改革纲要》，使教材内容适应社会发展。以前德国的教育属于阳光式教育，而之后推出的新的教育纲要结合社会现实，如阴暗面教育则是一种面向社会的开放型教育。在其课本中不仅有"阳光"的内容，还涉及了社会"阴暗面"的内容，如种族歧视、违法犯法等。其宗旨是引导学生思考和解释各种社会现象。

挫折教育理论最先是由美国的亚当斯提出的。在美国有一个男孩子刚上学考试时只拿了一个及格分，母亲在做晚餐时听见儿子在汇报成绩，当时父亲在看报，听到时只是哼了一声。当儿子把考卷放到桌上时，父亲说："还不错，你会考试了，当年我连自己的名字都差点儿忘了怎么写，手直打哆嗦……"然后就是哈哈大笑。母亲看了看卷子，摸着儿子的头说："我相信你下一次一定能超过你的对手，好了，赶紧洗手吃饭，今天我给你做了你最爱吃的火腿三明治……"这个男孩子得到的，是父母无条件的爱，"面对不利时，父母的爱还在身上，所以他一生都有活力，也不觉得困境是挫折，只是一种经历"。所以这个男孩子长大后，即使在大萧条时贫困潦倒，即使自己的作品三次被淘汰，他也没有灰心，在与老鼠共进晚餐（在地下室吃面包时，面包渣被老鼠抢食）时，激发出灵感，终于创作出动画明星——米老鼠。而他，就是伟大的迪士尼先生。这就是美国的挫折教育。

对比国内外的挫折教育，中国现代的挫折教育还存有一些误区。比如，现在有一些专门针对磨炼学生意志而进行的挫折教育，千人一面，缺乏针对性。有的家长在教育孩子上往往从一个极端到另一个极端，给孩子人为地制造一些挫折教育。当孩子成功时，给予高度的鼓励，失败时就指责孩子。特别是喜欢对比，别人家的孩子怎样怎样好，你怎么做不好之类，极大地伤害了孩子的自信心。还有的认为一次、两次的打击就是挫折教育，这是错误的。挫折教育是一项长期的教育。"十年树木，百年树人"，不是经过一两次挫折后就能得到立竿见影的效果的。总之，对孩子的挫折教育是要让孩子在教师和家长的引导、帮助和鼓励下，让他们从挫折中获取经验、教训和感悟，磨炼意志，砥砺品格，进而在失败中领悟成功的珍贵，领悟失败对自己达到成功的推动作用，而不是一味地让孩子品尝失败的痛苦。由此看来，当前进行的挫折教育任重而道远。

二、挫折教育中的生命成长契机

现在有些学生在学习生活中一遇到自己不能解决的问题，就表现出急躁、沮丧、不安、偏激等心理，甚至表现出一些不理智的行为，对自己的身体和心理产生重大影响，甚至摧毁一个人的精神支柱，引发生命危机。针对这些问题，教师应该积极探讨如何科学有效地进行挫折教育。挫折教育不仅是为了让学生学会如何面对挫折，还包括培养学生的独立意志和应对挫折的心理承受能力。在课堂上教师开展思想政治课，对学生系统地进行德育教育。从哲学的角度看挫折教育，正确看待挫折教育的哲学理念，会更具智慧光彩。挫折既然无可回避、经常发生，那么采用科学的态度面对挫折，对个人的成长有着重要的意义。

（一）用前进性与曲折性的辩证关系原理看挫折教育

用前进性与曲折性的辩证关系原理看挫折教育，任何事物发展的总方向和总趋势必然经历产生、发展、高潮、结束。人生不可能一帆风顺，挫折时时出现是在所难免的①。既然是无可避免的，人们就只能选择积极应对。父母和教师不可能一辈子为孩子遮风挡雨。著名的心理学家马斯洛说："挫折对孩子来说未必是件坏事，关键在于他对待挫折的态度。"孟子曰："天将降大任于斯人也，必先苦其心志，劳其筋骨，饿其体肤，空乏其身，行拂乱其所为……"这都说明了一点，那就是要想有所作为，要想有所成就，必先经受一些挫折。但是面对种种挫折，不能怨天尤人，要有不屈不挠的精神，战胜挫折，相信自己会取得胜利，相信自己会拥有灿烂的明天，也要准备走、学会走曲折的路。

（二）用内因与外因的辩证关系原理看挫折教育

用内因与外因的辩证关系原理看挫折教育，分析顺境与逆境哪个更有利于成才。事实证明，顺境和逆境都可以使人成才。这两种境遇都是成才的外因，

---

① 马彩红. 挫折教育的哲学思考［J］. 甘肃科技，2008（5）：179-180.

而关键在于内因，成才关键在于自己。培根在《论厄运》中写道："幸运并非没有恐惧和烦恼，厄运也绝非没有安慰和希望。幸运最能发现罪恶，而厄运最能发现美德。"交好运令人羡慕，而战胜厄运令人敬佩，这是塞内加尔的名言。富勒在《至理名言》中说道："苦难磨炼一些人，也毁灭另一些人。"面对顺境不骄不躁，树立新的目标；面对逆境，迎头搏击，把挫折当成一次人生的历练，勇敢面对。这才是正确的人生观。

（三）用正确认识生与死的对立关系原理看挫折教育

用正确认识生与死的对立关系原理看挫折教育，教育学生珍爱生命。臧克家在《有的人》一诗中写道："有的人活着，他已经死了；有的人死了，他还活着。"这并非指生与死没有界限，而是在讨论哪一种"生"才有意义。可见，能否积极应对生活中可能碰到的挫折，特别是正确认识生与死的矛盾，选择有意义的人生，尤为重要。生与死是一对矛盾，二者在一定条件下既相互依存、相互渗透、相互转化，又相互排斥、相互对立。要教育学生珍爱生命、保护自我，将来更好地服务社会。

（四）用坚持全面地看问题的观点看挫折教育

用坚持全面地看问题的观点看挫折教育，认清挫折也有积极的一面。矛盾在生活中是普遍存在的，在任何时候矛盾都是两面的，有积极的一面，也有消极的一面。积极的方面：是经过挫折后使人承受挫折的能力又得到了一定提高，锻造更顽强的品格，以后再面对挫折就能够更从容地处理。消极的方面：它会在一段时间内给人带来消极的心理影响，有时候可能会造成行为上的偏差，甚至可能改变自己的人生态度，自暴自弃，走上轻生或犯罪的道路。要全面、辩证地看问题，从失败中总结经验教训。英国科学家威廉·汤姆逊总结自己的一生时说："有两个字最能代表我五十年内在科学进步上的奋斗，就是'失败'二字。"失败成就了他的事业，正所谓：失败乃成功之母！

（五）用正确处理自我价值与社会价值的关系看挫折教育

用正确处理自我价值与社会价值的关系看挫折教育，在奉献中实现自己的人生价值。事物是普遍联系的。人的自我价值和社会价值既有区别，也有联系。一方面，社会应尽可能地创造条件，为满足个人发展自己才能和个性的需要，提供必要的物质和精神条件；另一方面，个人必须努力为社会尽责，奉献自己的才智，造福社会。新时代大学生应该认真学习，努力提高自己的思想认识水平，将来更好地回报社会。未来的竞争是能力与知识的竞争，更是意志与品质的竞争。挫折教育的重要性应引起全社会的关注。

三、挫折成长教育的必要性

生命是教育的起点，也是教育的终点。大学生生命教育为的就是让大学生了解生命、尊重生命、热爱生命、保护生命、提升生命。面对越来越多的自杀和自杀的低龄化现象，不少国家已经非常重视生命教育了。而很多时候是大学生面对挫折时不能很好地解决它，导致急躁、沮丧、不安、偏激等心理，甚至表现出一些不理智的行为。这就体现出对大学生进行挫折教育是生命教育的当务之急。

（一）挫折成长教育是激烈社会竞争环境的必然要求

加强大学生挫折教育是社会转型期发展和竞争的迫切要求。随着社会的发展和改革开放的深入，社会进入转型阶段。与此同时，传统的世界观、人生观和价值观受到冲击。市场经济的一大特征就是竞争性。各种社会问题的出现和社会压力的增大，大学校园逐渐成为各种社会问题的重灾区，大学生也逐渐成为许多社会问题的聚焦点①。因此，加强大学生的心理健康教育，尤其是挫折教育迫在眉睫。对大学生遭遇挫折的原因分析表明，大学生群体较其他群体更容易遭受挫折，也是遭受挫折后出现过激行为最多、频率最高的群体。要想改变大学生抗挫折能力偏低的现状，使其在激烈的竞争中取胜，就必须加强挫折教育；使其适应不断加快的生活节奏和市场经济的发展，在竞争中脱颖而出。

（二）挫折成长教育是改变大学生抗挫折能力低下的客观需要

现阶段的大学生大部分都是独生子女，都是在几代人的呵护下长大的，遭受的挫折很少，缺乏抗挫折的意识和能力。要想改变大学生抗挫折能力偏低的现状，在激烈的竞争中取胜，就必须加强挫折教育。挫折成长教育是改变目前大学生抗挫折能力低下的客观需要。

（三）挫折成长教育是21世纪素质教育的重要组成部分

近年来，我国的教育逐渐由应试教育转向素质教育。培养学生各种素质已经成为教育的一大主要目标。这些素质包括身体素质、知识素养、心理素质等。传统的教育主要侧重于培养学生的知识素养，对学生的身体素质，尤其是心理素质的培养非常欠缺。这种教育空白的欠缺甚至在一定程度上导致了大学生挫折意识以及抗挫折能力较差，造成了许多消极影响甚至人间悲剧。改变这种教育状况是素质教育的必然要求。意大利教育家蒙台梭利曾深刻地指出："教育的

---

① 侯春宏. 浅议"95后"大学生挫折教育对策［J］. 才智，2020（20）：82-83，93.

目的在于帮助生命力的正常发展，教育就是助长生命力发展的一切作为。"由此看来，消除人生挫折，关注生命力的正常发展，是素质教育中一个不可或缺的重要组成部分。进入新时代，国家之间的竞争越来越激烈，而这种竞争归根到底是人才的竞争。真正的人才除了要具有丰富的知识储备，还要有良好的心理素质和较强的抗挫折能力。

四、挫折教育对大学生生命教育的意义

大学生活是许多人为之奋斗、梦寐以求的生活。然而，它也有许多不尽如人意的地方。进入大学，大学生总会遇到一些不顺心、不如意的事情，在心理上产生挫折感。这些心理挫折会伴随消极的情绪反应甚至是异常的行为。如果不能对之及时有效地加以调适，轻则会影响心理健康，导致心身疾病；重则可能使人万念俱灰，走上自杀之路，影响和谐校园环境。因此，挫折教育对大学生生命教育有着举足轻重的意义。

总之，挫折教育的意义就是让孩子在成长的体验中，学会面对挫折并战胜挫折，培养孩子的耐挫折能力。它不仅包括吃苦教育、生存教育、社会教育、心理教育，也包括独立、勇气、意志及心理承受力等方面的培养。也就是说，挫折教育的内容是多方面的，它的目的不只是让孩子吃点苦、受点挫折，而是潜移默化地从各方面着手培养孩子的抗挫折能力和耐挫折能力。

法国思想家卢梭曾说："人们只想到怎样保护他们的孩子，这是不够的。应该教他成人后怎样保护自己，教他经受得住命运的打击，教他不要把奢华和贫困看在眼里，教他在必要的时候在冰岛的冰天雪地里或者马耳他岛的灼热的岩石上也能够生活。"作为父母，都不希望自己的孩子遭遇挫折，然而挫折是客观存在的，父母不可能一辈子替孩子遮风挡雨，让孩子生活在温室里。对孩子倾注了全部心血的父母们，一定不希望自己的孩子在将来面对挫折时一蹶不振。那就在孩子成长的过程中，给孩子相应的教育，让孩子能够正确认识挫折、面对挫折并最终战胜挫折吧！

第二节　大学生生命教育挫折成长模块的构建

挫折成长教育具有引导性、渗透性、实践性、长期性、滞后性、单一性、片面性的特征，为此，大学生生命教育挫折成长模块的构建要着力于挫折成长教育的目标，全方位地构建挫折成长教育的途径，充实挫折成长教育的内容。

一、挫折成长教育的基本特征

特征是一个客体或一组客体特性的抽象结果。较好地认识和把握挫折成长教育的鲜明特征，才能因势利导，扬长避短，有针对性、有目标性地实施教育、管理与培养，才能提高人才培养质量、实现大学育人功能，为国家、社会培养合格的建设者与接班人。大学生挫折成长教育是在新时代中国特色社会主义条件下，针对大学生这一特定群体，引导大学生树立科学的生命价值观的教育活动[①]。挫折成长教育呈现出以下几个鲜明特征。

（一）引导性

挫折教育是一种有目的、有计划的活动，是在教育者的引导下进行的。教育者除了引导受教育者掌握系统的挫折理论知识，往往还需要有意识地利用和设置一些困难情境，让学生尝试失败的滋味，让受教育者体验受挫而又奋起的整个心理过程。受教育者主动接受挫折教育，正视生活、学习和工作中的各种挫折，自觉地形成对挫折的正确认识，以积极的态度对待挫折，不断积累挫折经验，正确归因挫折，学会用转移、宣泄、补偿、升华等心理防卫机制来消除受挫折后的不良情绪。

（二）渗透性

在个体成长过程中，挫折是不可避免的，渗透在个体成长的每个环节之中。因此，挫折教育不可能仅仅通过某一种形式在某一个领域由某些固定的人员采用某种特定的方法就能够奏效，它应该是渗透在受教育者的生活、学习、工作的方方面面，充分利用各种机会，帮助受教育者积累挫折经验，逐步培养正确的挫折认知和良好的应对挫折的能力的一种教育形式。

（三）实践性

挫折感是受挫者的主观体验，它对个体的影响是直接而又深刻的。适度的挫折体验有助于受挫者积累挫折经验，学会应对挫折，提高挫折耐力。这种体验是他人无法替代的，受教育者只有通过亲身体验，才能有所裨益。挫折教育不应只是一门理论课程，它更是一门实践性很强的人生必修课。挫折教育是一个理论指导下的实践过程，它首先需要转变教育观念，提高认识。可根据受教育者的年龄特征、阶段性挫折问题及心理水平，开设不同内容、不同水平的挫

---

① 王敬红. 新时代大学生生命价值观现状及教育对策研究［D］. 石家庄：河北师范大学，2020：66.

折教育微型课程，开展各种教育活动，把提高认识与实际磨炼结合起来。教育者既要善于利用生活中现成的磨炼机会，又要有意识地创造挫折情境，并引导受教育者自找磨难，增加实际磨炼的机会，提高抵抗挫折的实际能力。

（四）长期性

任何事情都不是一蹴而就的，是通过长期的过程才得以实现的，挫折教育更是如此。挫折从某种意义上说，是人生的伴侣，是人一生都不可回避的问题。每个人积累挫折经验，学会应付挫折，都是一个长期的过程。因此，挫折教育必须通过教育者和受教育者长期、共同的努力，才能收到实际效果，决不能急于求成，否则，将适得其反，造成严重的后果。

（五）滞后性

挫折教育是思想政治教育的一个重要组成部分，同时应该贯穿于学生教育之中，不仅仅是在大学进行挫折教育，在小学、中学更应该进行挫折教育。中国独生子女这一现象，使得挫折教育在小学和中学并没有得到良好的发展。进入大学后，自我控制的时间和空间无比开阔，个人的性格弱点也就暴露无遗，并随时可能发生意外事件。所以，对大学生进行挫折教育，不仅难度增大，深度和广度都相应加大，给教育者带来了新的挑战。

（六）单一性

挫折教育的单一性不仅包括教育主体的单一，还包括教育内容的单一。

1. 教育主体单一

由于挫折教育是对学生意志品质的历练，在学校教育中，教师是最重要的教育主体。除学校教育之外，家长也应起到教育的关键作用。长期以来，家长往往关注的是孩子的学习成绩，对挫折教育不重视，甚至溺爱孩子。这些都没有给挫折教育以良好的帮助；相反，这些使挫折教育步履维艰、困难重重。

2. 教育内容单一

学校的挫折教育仅仅依靠原始课本上的内容。从小学到大学，挫折教育的事例往往只停留在几个人、几件事情上，并没有与时俱进，对教育的内容加以适当的补充和修改。这使得教育在新时期的大学生面前苍白无力，没有现实的说服力和震撼力，挫折教育就流于形式而起不到教育的应有作用，达不到预期目标。

（七）片面性

我国的挫折教育仅仅是思想政治教育中的一部分，同时，在教学过程中挫折教育变成了单一书本教育，不是与具体的实践相结合，只是在书本上学习挫折教育，而不是在实践中得到磨炼。

二、挫折成长教育模块的构建方案

构建挫折成长教育方案就需"找准症结、对症下药"，才能"药到病除、身强体健"。本文旨在从挫折成长教育的目标、途径、内容来探求开展和完善大学生挫折成长教育的方案，增强高校挫折成长教育的实效和活力。

（一）挫折成长教育的目标

挫折教育的目的在于消除挫折心理，降低或消除人的挫折感。对受挫折而失败的原因进行分析时，要改变不良归因方法，采取正确的归因方法。当遭受挫折而产生精神压力和思想负担、引起紧张的情绪时，要采取合理的宣泄方式，松弛紧张情绪。对自己的一些过失，应采取宽容的态度。只有这样，才能更好地消除消极心理。大学生正处于人生发展阶段的重要时期，在其成长的道路上不可避免会经历许多挫折，但是由于环境和个人因素的影响，他们往往表现为受挫能力差，容易产生过多的偏激行为。因此，要重视大学生的全面发展和整体素质的提高，更要重视对大学生进行挫折教育，提高他们承受和适应挫折的能力，维护其心理健康。在重视对大学生知识传授的同时，更要关注大学生的身心健康，积极探索大学生挫折心理的成因及教育对策，提高大学生承受和应对挫折的能力，更好地适应社会的发展，为美好人生打下坚实的基础，构建一个和谐的心理环境。

（二）挫折成长教育的途径

第一，由于教育主体多样化，挫折教育不能仅仅局限于学校，家庭、社会都肩负着挫折教育的重要使命。学校教育在挫折教育中起着主导作用。学校教育担负着设计、主持、调整教育过程的任务，教师应通过自己的观察理解，从不同角度的信息中筛选和积累对青少年健康成长产生深远影响的教育因素去主动施教。学校应提出科学的挫折教育方案，并争取家庭、社会的配合。学校可以通过家长座谈会、家长学校、家长培训班等形式，向家长宣传挫折教育的重要性，帮助家长理解挫折教育的本质，取得家长的共识。

第二，在实际的教育过程中，教育主体往往缺乏系统的理论指导，使得挫折教育的实施往往缺乏预见性和科学性，影响了挫折教育的实施力度。挫折教育的理论现在还不够成熟与完善，也在随着环境的变化而不断变化。同时，挫折教育的实践环节也很有局限性，不能很好地结合当时当地的实际状况，让学生觉得挫折的实践范围太小，内容太少。因此，必须将理论发展与实践环节紧密结合起来，这样才能达到挫折教育的最终目的。

第三，科学的挫折教育观念是挫折教育取得成功的关键性要素。在挫折教育过程中，不能简单地把挫折教育当成"反面教材"，造成受教育者的抵触情绪。这就违背了挫折教育的初衷，对挫折教育产生负面影响。

（三）挫折成长教育的内容

挫折成长教育的内容是依据目标而确立的。挫折成长教育的内容主要包括：家庭教育引导大学生正确认识挫折；引导学生正确认识挫折；引导学生正确看待自我，提高自我认知、自我评价的能力；培养学生坚强的意志品质；引导学生积极参加社会实践，在实践中积累经验，准确为自己定位；建立挫折教育的长效工作机制；帮助大学生建立积极的心理防御机制。

1. 家庭教育引导大学生正确认识挫折

父母要以坚强乐观的人生态度引导孩子，鼓励孩子树立人生目标，引导孩子向百折不挠的优秀人物学习，在生活中丰富孩子的生活经验，提高抗挫折能力。对陷入挫折情境的孩子要及时疏导，提高其应对挫折的心理调节能力。创设挫折情境，让孩子在困难和挫折中锻炼成长。"宝剑锋从磨砺出，梅花香自苦寒来。"挫折教育并不是一朝一夕的事情，也不是单靠几件事情就能见效的，应该在生活的方方面面有意识地进行，坚持不懈地培养孩子的抗挫折能力，最终使孩子拥有强劲的翅膀。学校教育在挫折教育中起着主导作用，学校应提出科学的挫折教育方案，并争取家庭、社会的配合。学校可以通过家长座谈会、家长学校、家长培训班等形式，向家长宣传挫折教育的重要性，帮助家长理解挫折教育的本质，取得家长的共识。

2. 引导学生正确认识挫折

心理学的研究表明，挫折的后果严重与否，在很大程度上取决于人们对挫折认识的深浅。大学生接受了高等教育，思维能力明显提高，但是由于缺乏社会阅历，在遇到挫折时不能正确地认识和应对挫折，他们首先想到的是"我怎么这么倒霉，怎么受挫的总是我"，而不是思考怎样去应对挫折、解决问题。挫折感主要来自主体对挫折情境的不正确的认识，从而导致非理智的挫折反应。"人生逆境十之八九"，挫折是人生的重要组成部分，在生活和工作中不可能总是一帆风顺、十全十美。接受挫折，随时做好迎接挫折的心理准备，正确分析挫折，辩证地看待挫折，用积极的心态对待挫折，就会使人在挫折的磨砺中奋发、成长。巴尔扎克说过："世上的事情，永远不是绝对的。结果完全因人而异。苦难对于天才是一块垫脚石，对于能干的人是一笔财富，而对于弱者则是一个万丈深渊。"爱迪生也说过："失败也是我们所需要的，它和成功一样对我有价值。在我知道所有不成功的方法之后，我才知道做好一件工作的方法是什么。"只有勇于面对挫折，对挫折正确归因，认真总结教训，用积极的态度对挫折加以利用和转化，把挫折作为挑战、机遇、起点，才能战胜挫折，激发志气，进而实现目标。

3. 引导学生正确看待自我，提高自我认知、自我评价的能力

有的学生将自己的未来想象得非常完美，对自己的志向水平确定得脱离实际，过于理想化；有的则对自己的社会地位和前途没有信心，对未来缺乏规划。不论是哪种情况，他们在经受了一点挫折之后，往往表现为情感脆弱敏感、失去信心而茫然失措，甚至悲观失望。因此，要引导他们正确认识自我，客观评价自我。一是全面客观评价自己的知识结构、兴趣特长、综合条件，确定合理的抱负水平，以积极的态度、坚定的信心去实现自己的目标。二是勇于正视自己的弱点，分析其成因，培养克服、弥补弱点的能力，不能因为某一方面的不足就否定整个自我。三是摆正自己的位置，用发展的观点看待自己所适合的角色，根据不同的情况调整自己的目标，不断校正自己的抱负水平，缩小现实与预期目标的差距，预防挫折。

4. 培养学生坚强的意志品质

意志是人为了一定的目的，自觉地组织自己的行为，并与克服困难相联系的心理过程。意志品质是构成意志的稳定因素，主要包括独立性、坚持性、果断性和自制力。培养学生坚强的意志品质需要做到以下几方面。

（1）树立正确的世界观、人生观和崇高理想

引导学生加强理论学习，对社会发展、对人生的意义，有深刻的理解，树立科学的世界观、人生观，树立崇高的理想，以饱满的热情积极面对生活与工作，保持坚韧不拔、不断进取的强大动力去迎接挑战、克服困难、战胜挫折。

（2）以杰出人物为榜样进行激励

杰出人物的先进事迹，尤其是他们迎难而上、百折不挠的精神和坚强的意志品质对大学生有非常大的感染力和激励作用，为大学生意志品质的培养树立了明确的目标。在选择杰出人物时，要遵循能够贴近学生实际、体现时代特点、使学生容易接受的原则，则会收到更好的效果。

（3）从现实生活中令人感动的事例中真切体会和感受

生活中发生在普通人身上真实感人的事迹是最好的教材，那些历经坎坷、饱受磨难却依然勇往直前的人，那些在大灾大难中失去家园和亲人却依然坚守"不抛弃、不放弃"的信念勇敢面对生活的人，他们在挫折、痛苦、灾难中所表

现出的坚强意志，他们在同命运抗争中所折射出的人格力量，最能触动、激发学生的情感，让他们真切地体会和感受到坚强的意志品质对于人生的重要性。

5. 引导学生积极参加社会实践，在实践中积累经验，准确为自己定位

大学生的绝大部分时间是在学校里度过的，都是在学习书本上的理论知识，很少参加社会实践。而实践证明，社会阅历丰富、社会实践多的人往往比缺乏社会阅历、社会实践少的人的抗挫折能力更强。生活经历曲折、社会经验丰富、文化知识渊博的人，更能够正确认识挫折，更能有力地战胜挫折，在挫折中前进。目前大学生社会经历简单，缺少对挫折的体验，遇到困难和挫折时常常不知所措。因此，培养大学生的抗挫折能力，其中重要的一步就是要引导学生参加社会实践，在实践中增加对社会的了解，增强分析问题和解决问题的能力，体验克服困难应对挫折的成就感，从而提高挫折意识和应对挫折的能力。此外，在实践中大学生也可以准确地为自己定位。在参加实践的过程中，他们可以更好地把握客观条件，了解自己解决实际问题的能力，增加对自己的了解和对现实的认识。更好地了解自己和现实，才能根据主客观条件，制订出符合实际的计划，才能树立切合实际的理想，从而在努力实现理想的过程中，避免本不该出现的挫折。另外，充分利用带薪实习的机会，指导学生深刻体验工作、生活的真实环境，积极面对困难和挫折，提高适应能力和挫折承受力，培养自己的意志品质。

6. 建立挫折教育的长效工作机制

做好挫折教育工作必然是一个系统的、长期的过程。因此，需要构建起挫折教育的长效机制，真正让大学生的挫折教育工作落小、落细、落实，确保挫折教育工作扎实有效推进，并取得积极的效果，成为大学教育中的一个常态化工作。

首先，把学生的挫折教育当作一个系统工程来抓，贯彻于教学管理工作的各个环节，优化育人环境，加强校园文化建设，重视人文教育，培养学生丰富、深厚的情感，在使学生获得专业技能的同时，综合素质也得到全面提高，拥有健康的人格，具备较强的社会适应能力和抗挫折能力。切实做好学生心理健康教育和心理咨询工作，把心理健康教育作为一个重点课程进行建设，开展多种多样的活动，对学生进行全面的指导和训练。加强心理咨询工作，通过开设心理咨询、心理辅导机构等方式加强对学生心理健康的教育。深入了解关心学生，帮助他们分析学习、生活、工作中遇到的困难和挫折，找到战胜困难、挫折的有效办法，让心理咨询机构成为学生可以信赖的地方。

其次，重视任课教师在学生挫折教育中的作用。高校需要改变目前教师只

重视专业知识教育而忽视对学生的全面素质的提高，尤其是学生挫折教育近于空白的现状，认识到挫折教育对学生成才的重要性，认识到未来社会需要高等教育培养出具有坚强意志品质的社会服务力强的高素质人才。对学生进行挫折教育，教师的言传身教非常重要，因此，教师队伍要加强素质建设。教师要具备较高的自身修养，利用自己的学识和人生感悟去理解挫折和挫折教育，以健康的人格、良好的行为示范，有意识地采用科学的方法将挫折教育渗透到教学与管理工作中。

最后，通过门诊、书信，从报纸杂志、黑板报、广播、宣传窗上开辟专栏、现场心理咨询、校园网、热线电话等形式，加强心理咨询，帮助学生打开心灵的窗户，宣泄不良情绪，提高心理调节和耐挫能力；开设有关挫折教育的课程或讲座，让学生系统地了解挫折情境、挫折认知、挫折反应、挫折防御、挫折疏导和挫折咨询等有关挫折问题的知识，提高抗挫折意识，自觉地增强应付挫折的心理和能力。学校开设有关抗挫折教育的课程或讲座，开展各种形式的挫折磨砺和"五自"（自学、自理、自律、自强、自修）教育活动，使大学生系统了解挫折情境、挫折认知、挫折反应、挫折成因、挫折防御、挫折疏导和挫折咨询等有关挫折的基本知识，提高挫折意识，自觉增强应对挫折的心理承受力。

7. 帮助大学生建立积极的心理防御机制

心理学认为，人的内在心理具有一种摆脱痛苦—减轻不安—恢复情绪稳定—心理平衡的适应性倾向，这种倾向就是心理防御机制。一般人运用得最多的心理防御机制就是所谓的合理化，它指当一个人遇到挫折而无法达到目的或行为表现不符合社会常规时，给自己杜撰一些有利的理由来解释，以避免精神上的苦恼，减少自己的失望情绪，从而掩盖那些内心不愿接受的因素，使自己心安理得。"酸葡萄"心理和"甜柠檬"心理是最典型的两种合理化机制。有些人虽然对于这两种心理持排斥态度，但它们作为一种积极的心理平衡方式，对于个人肯定自身的价值、减轻内心的失望与痛苦、改变挫折情境等，具有积极的作用。帮助大学生建立积极的心理防御机制，从而提高大学生的心理素质，更加积极地面对困难和挫折。

（四）挫折成长教育的方案

方案的实施需要多方力量协同作用。因此，挫折成长教育应加强教师素质培养和建设；开设心理常识课程，开展心理教育活动，加强大学生的实践；建立大学生心理素质档案；建立心理活动室，开展心理辅导和心理咨询。

1. 加强教师素质培养和建设

心理学教师在大学生挫折教育中扮演着十分重要的角色。联合国教科文组织曾对学校心理学教师的资格和训练提出三项要求：①教学文凭和教师资格证书；②5年以上教学经验；③系统修完有关心理学课程。许多国家都按照这三项要求培养心理学工作者，而我国心理素质教育面临的关键问题是专业人才缺乏。《教育部关于加强普通高等学校大学生心理健康教育工作的意见》中明确指出："通过专、兼、聘等多种方式，建立一支以少量精干专职教师为骨干，专兼结合、专业互补、相对稳定的高等学校大学生心理健康教育队伍。要积极开展对从事大学心理教育的专、兼职教师的培训，培训工作列入学校师资培训计划。通过培训不断提高他们从事心理教育工作所必备的理论水平、专业知识和技能。还要重视对班主任、辅导员以及其他从事学生思想政治工作的干部、教师进行有关心理健康方面内容的业务培训。要逐步建立从事大学生心理教育工作专、兼职教师的资格认证体系。"在提高教师队伍质量的同时，还必须保证教师队伍数量的充足。只有这样，才能满足大学生越来越多的心理咨询需求。比如，在重庆交通大学，学校就要求所有的学生辅导员必须参加心理辅导课的学习和考取心理咨询资格证，为的就是能够更好地开展学生工作。高校工作者要多与受挫学生进行心理交流，要采取个别谈话、意见箱、开展热线咨询电话，以及第二课堂等方式，给受挫学生提供各种抒发受挫情境的场所和机会，让他们自由地、毫无顾忌地倾诉自己的烦恼、苦闷和忧虑，把不满的情绪全部宣泄出来，以达到内心的平衡。

2. 开设心理常识课程，开展心理教育活动，加强大学生的实践

通过课堂教学的形式，面向全体学生普及心理素质方面的知识，提高学生心理健康水平，同时预防挫折问题的产生。高校应尽快将心理素质教育的有关内容纳入必修课中，同时还可以开设一些专题选修课。心理素质教育要达到理想的效果，还必须创造条件，开展丰富多彩的、有利于学生心理健康发展的系列活动。例如，聘请校内外专家进行心理健康讲座；定期举办心理健康宣传活动，扩大心理素质教育的影响。学生自己也可以采取一些措施缓解不良情绪：女生的情绪不好时，可以找自己认为最亲近的家人和朋友谈心事，甚至当着亲人的面大哭一场；男生可以借猛踢足球、痛打篮球、击打沙袋等方式宣泄情绪。但是，宣泄一定要注意分寸，以适时、适度为原则。

3. 建立大学生心理素质档案

对学生实施有效的心理健康教育，首先要了解学生心理的基本情况和发展特点，因而建立学生心理档案是非常重要的，它可以帮助教师有针对性地进行

心理教育和辅导。大学新生入校后，通过访谈调查、心理测试和多方面了解，对学生的心理健康状况进行摸底，建立学生个人心理素质档案。对有心理障碍和心理疾病的学生，予以特别关注，并采取办法对其进行治疗，使其恢复心理健康，增强心理素质，提高承受挫折和困难的能力。

4. 建立心理活动室，开展心理辅导和心理咨询

心理活动室是学生调节心理的最佳场所。在心理活动室中，学生可以在极自然的状态下接受暗示和情境影响等方面的心理训练。同时，通过阅读有关生理、心理的图书资料，可以掌握初步的心理素质和心理卫生等方面的基础知识，了解心理健康的重要性，并学会进行受挫后的自我心理保护和调节。心理辅导主要是针对学生在心理发展中遇到的各种不良适应、心理冲突和心理矛盾，利用专题性的心理健康讲座、团体或个别辅导的方式，帮助和指导学生走出各种心理困境。在学校教育中，实施心理咨询的具体途径是建立心理咨询室、开办心理咨询信箱、开通学生心理热线等。

第三节 大学生生命教育挫折成长模块的实践

实践指主体在改造客观世界过程中的对象性活动，带有一定的价值意义。一切社会问题都是在社会活动中呈现出来的，也只有在社会活动中才能真正接触得到、把握得到。因此，理论研究必须联系实际，联系实际就是置于实践中思考，否则充其量只能是自我陶醉的精神娱乐。为此，大学生挫折成长教育要在实践中不断丰富与发展。

一、大学生生命教育学生成长小组实践

人人都有可能遭受挫折，大学生也不例外。由于大学生的生理、心理都处于成长发展过程中，对挫折缺乏全面认识，也缺乏正确的应对策略，因此，加强大学生挫折教育研究，帮助大学生健康成长是思想政治教育工作的重要任务。大学生作为一个社会群体，正处于生理、心理成长发展的重要时期，有着较多的心理问题和较弱的抗挫折能力。由于受到自然、社会、家庭等各种因素的影响，大学生往往会遭遇困难而受到挫折。

（一）情感挫折学生成长小组实践

大学生的情感处于不断丰富、不断成熟的过程中，情感需要十分强烈。这

主要表现为对亲情的需要和对爱情的渴望。但是,由于家庭问题的增加和对爱情的理想化认识,大学生时常面临着情感挫折。

来自家庭的情感挫折主要源于两方面:一是家庭教养方式不当。大学生大多是独生子女,父母对他们往往寄予厚望,这就容易产生过度溺爱或过度干涉的教养方式。过度溺爱使他们缺乏锻炼,受挫折能力较差;过度干涉使他们缺乏独立性,脆弱敏感,常常怀有恐惧之心。二是家庭残缺或父母关系紧张。在这样的家庭中,子女缺乏亲情的关爱,其情感需要得不到满足,生活中的具体问题也得不到父母的指导。高校应加强与家庭的沟通和联系,引导家长重视孩子的挫折教育。家庭在学生挫折教育中的作用比智育作用更大。在家庭中要对孩子进行挫折教育应当采取以下措施。

第一,转变父母的教育观念,重视孩子受挫能力的培养。如开办家长学校,定期给学生家长上挫折教育课;定期召开家长与教师的专题交流会;使家庭和学校变成各有侧重的教育场所,使家长充分认识到教育合力的作用。

第二,改变父母溺爱型和专制型的教养方式,建立民主型和协商型的教养方式,规范自身的行为。比如,开办家长信箱、家长热线和心理咨询等方式规范父母的行为,提高科学家教能力,建立健全大学生挫折抵抗能力的长效机制。

此外,恋情是大学生在情感挫折中受伤最严重的。大学生生理发育已经成熟,对异性的向往逐渐增加,大学生谈恋爱已经是一种不可避免的普遍现象。但是一方面,恋爱并不是单纯以个人意志为转移的个体行为,它必然受到种种制约,这就决定了大学生的很多恋爱都是无花之果;另一方面,由于大学生心理并未完全成熟,社会阅历有限,一些学生在失恋之后,在情感上难以自拔,造成心理失调,甚至精神崩溃。由于大学生生活的环境是校园,恋爱受到的干扰较少,恋爱时考虑的问题较少,大多偏重于罗曼蒂克。但是真正到了毕业时,需要面临现实问题,如工作问题,两个人不能在一起工作,恋爱就面临着考验。这个时候失恋是大多数恋人的结局,这种结局给大学生带来的挫折感往往很深。因此,可通过团体辅导、开展爱情讲座、电影学习等给他们灌输正确的爱情观,教他们如何处理好恋爱中的挫折问题。

(二)人际关系挫折学生成长小组实践

良好的人际关系对大学生的生活、工作和学习是非常重要的。大学生正处于青年期,思维活跃、精力充沛、兴趣广泛,向往人格独立,他们迫切需要参加社会活动,拓展社会生活空间,得到社会认同,以促进自我完善、实现自我价值。

但是，大学生大部分都是独生子女，与人相处沟通的能力不强，比较追求个性的张扬，这直接导致大学生遭受挫折的几率增大。此外，短暂的人生经历决定了他们的认识有限，在复杂的人际关系中缺乏妥善处理人际关系的技巧，因而导致人际关系紧张。人际关系紧张会使他们对社会产生一种离心力，常常感到孤独无助，始终觉得自己处于他人的压力之中，这也是多种生理疾病产生的原因之一。日本学者矶村英一甚至认为，人际关系挫折是导致自杀的直接原因。

（三）学业困难学生成长小组实践

高等教育属于非义务教育。对于家庭比较贫困的大学生，要启动校园"爱心工程"，建立贫困生奖、贷、助、勤、免制度，鼓励他们拥有克服困难的勇气；对于学习有困难的学生，建立班级"一帮一"互助小组，不让其在学习上掉队。特别是对于心理有障碍的学生，要有更多的爱心和耐心，多和他们谈心、交流，鼓励其参加校园文体活动，帮助其克服孤僻、离群的心理。另外，从一种学习环境进入另一种学习环境时，他们往往对新的学习环境感到很不适应。上高中时的学习目标非常实际具体，就是为了考大学，学生的学习处于一种被家长、教师严格控制的被动状态。进入大学后，学习主要是为走向社会做准备，许多学生不适应由自己控制为一个长远目标而学习的状态。大学所学的专业课程比起中学的基础课程在深度和广度上都有一个极大的变化。大学学习的特点是以学生自学为主的高自觉、高主动、高强度、高效率的学习。有些学生对不同于中学时期的学习方式感到很难适应；也有些大学生入学后对所学专业不感兴趣，常常被气馁、自卑、抱怨、后悔等消极情绪所拖累，导致学习十分被动。

（四）就业挫折学生成长小组实践

大学生就业日趋困难，就业形势日益严峻，大学生面临着巨大的就业压力，高校连续多年的扩招使大学毕业生每年递增数十万人，造成就业岗位"僧多粥少"。研究表明，大学生就业压力已成为在校大学生挫折感形成的主要原因。择业求职是终点，也是起点。大学生不可避免地受到各种矛盾的冲击和考验。从社会因素来看，用人单位往往喜欢优先录用有实践经验者；一些用人单位片面追求高学历，且多青睐男生，女生就业受到不平等待遇；有的还附加身高、相貌等要求。从个人因素看，相当一部分大学生对自身期望值较高，在就业时强调专业对口，偏向于在大中城市就业，看中社会地位和收入高且轻松的工作岗位；有些学生有感于就业难，一进大学就背上了沉重的思想包袱，拼命谋求各种荣誉，积极参加各种证书考试，力求增加就业筹码，对就业的强烈渴望和对未来就业竞争的担忧与无能为力使他们入校伊始就处于焦虑之中。找不到理想的工作，并且对未来的工作岗位职责缺乏认识，对自己的工作能力和适应社会的能力缺乏信心，担心不能胜任工作等，这些都给学生造成了很大的精神压力，使他们感到前途渺茫，许多心理问题也随之产生。

总之，学校对学生的教育居主导地位，家庭、社会对学生的影响起辅助作用，对大学生的教育，必须做到学校、家庭、社会有机结合。因此，在建设学校育人环境时，应注意改善家庭、社会这个大德育环境，努力发挥社会育人功能，形成学校、家庭、社会三位一体的立体教育网络。一方面，高校应在发挥挫折教育主渠道功能的前提下，和社会建立长期协作关系，可聘请当地英雄、模范人物做校外辅导员，以其典型模范行为感染教育学生；另一方面，经常主动与学生家长进行沟通，让学校和家庭随时掌握学生思想动态，增强教育的针对性。努力调动社会各方面的力量来支持学校对学生进行思想品德教育，构建一个良好的德育大环境。

二、大学生生命教育挫折成长模块的实践效果

大学生挫折成长教育在实施过程中产生了一系列影响，其中包括：挫折成长教育对大学生耐受挫折的影响，挫折成长教育对大学生生活态度的影响，挫折成长教育对大学生生命价值观的影响。

（一）挫折成长教育对大学生耐受挫折的影响

纵览古今，横观中外，无论你是否愿意，挫折都是人生的必修课。耐挫折能力是心理素质的重要组成部分，一个人耐挫折能力的高低，不是恒定不变的[1]。有人说"人生能有几回搏"，这话固然深刻，但"人生总有几回挫"，也许更有普遍意义。从这个意义上说，挫折对大学生来说是一种成熟和成功的"催化剂"。只要能帮助学生从容地面对它、自信地战胜它，成功就离他们很近了。

一个人如果不遭受几番生活的磨难，经受几次挫折的捶打，就难以达到光辉的顶点。挫折有时并非坏事，反而可能成为人生的"导师"。大学生遭遇挫折后常出现一些消极反应，实际上是源于对挫折的错误认识。主要表现在：一是认为挫折不应该发生在自己身上；二是以偏概全，以某一方面的挫折全盘否定自我；三是无限夸大挫折后果。因此，培养和提高大学生对挫折的正确认识是进行挫折教育的基础和

---

[1] 李海龙，王洪霞. 当代大学生挫折心理的现状分析 [J]. 中国市场，2010（31）：165-166.

前提。通过挫折教育，他们认识到挫折是客观存在的、必然的和普遍的，要学会分析受挫折的原因，能够既不怨天尤人、逃避责任，也不过分自责，悲伤不已；能够认识到挫折具有双重性，挫折—胜利、失败—成功、逆境—顺境，都是相对而言、相比较而存在的，并且是可以相互转化的，从而使挫折成为大学生走向新天地、进入新境界的起点，成为人生中一笔宝贵的财富。

（二）挫折成长教育对大学生生活态度的影响

挫折与失败的出现，往往是因为目标偏高或目标系统及方向途径不切实际，而现实的条件无法企及。因此，正确认识和评价自己、确定合理的目标，可以有效减少挫折感。一个人没有目标不行，目标太高或太低也不行。只有把个人的奋斗目标与自身条件相结合，全面审视自己，客观地评估自身优势，才能避免因评价不当引起的自卑与自负两种现象。当代大学生一般都具有相当高的自我期望值，往往心高气傲、眼高手低，确立目标时容易偏高，所以要帮助他们适时调整期望值，重新确立切合实际的新目标。新目标一旦确立，而且经分析是符合现实的，就不要轻言放弃，应想方设法战胜困难，实现既定目标。有时亦可变换途径和方法或改变行为方式。

（三）挫折成长教育对大学生生命价值观的影响

从生命全程发展的角度来看，大学时代是个"多事之秋"，心理学家贺林渥斯将其形象地称为"心理断乳期""危机期""矛盾期"，即大学生脱离父母的监护而独立成长的时期。我国在校大学生一般处于 18～23 岁这一年龄阶段，容易出现心理问题。这是因为：第一，生理发育成熟加剧心理的急剧变化。随着各项生理机能的成熟，引发的心理问题层出不穷，心理发展与生理发育的节奏不同步，使得缺乏社会阅历和生活经验的大学生，难以应对突如其来的问题，陷于焦虑状态。第二，成人意识感的增强引发了心理的闭锁性。一方面造成了他们与师长间的距离感，另一方面他们又渴望得到理解和帮助。第三，学校和家庭不当的教育方式造成心理障碍。例如，学习、就业压力和师长过高的期望值，使大学生承受超负荷的心理负担；溺爱型的教育方式使独生子女原本就脆弱的心理变得更加弱不禁风、不堪一击。因此，切实加强挫折教育能满足大学生心理健康成长的内在需要。大学生生命教育挫折成长教育模式，能够调整好大学生的生命价值观，引导他们进入健康的心理成长氛围。

第十一章　建立危机干预系统，构筑生命教育保障基础

——新时代大学生生命教育危机干预模块

本章详细阐述如何以医院、学校、院系（社区）、班级、寝室为纵向体系，以危机预防宣传—心理普查—生命教育—心理之家建设—生命危机干预为横向内容，建立五级联动、五位一体的生命危机干预体系，以实现生命危机的有效预防、预警和干预，确保大学生生命教育长效机制持续有效运行。

第一节　干预危机，预防自杀

研究大学生心理危机干预的教育策略，要准确定义危机、危机干预、自杀、自杀干预这几个定义，才能深刻把握研究的重点。

一、危机与危机干预

什么是危机？危机是一种认识，主要是个体面临丧失亲人、生活的变故、失去工作、遇到危险、患重病等突发性、重大性困难和境遇，这些困难是靠个人的资源和应付机制所难以解决的。除非及时缓解，否则会导致情感、认知和行动的功能失调。

危机干预，也称危机管理、危机介入，是指通过"快刀斩乱麻"的方式，调动危机中当事人的自身潜能，克服危机，避免自伤和伤人，重新建立或恢复心理平衡状态的帮助和支持①。

成功解决危机在个体对现状的把握、对经历的危机事件重新认识，以及学到对未来可能遇到的危机有更好的应付策略与手段等方面都有着重要的意义。

---

① 李永慧. 大学生心理危机干预困境与应对策略［J］. 中国学校卫生，2019，40（4）：486-489.

因此，近年来全国许多高校相继建立危机预警和干预机制，成立了危机干预中心，主动地开展危机预防与干预①。

（一）自杀

面对危机，当一个人现有的解决问题的方法和资源无法解除时，就容易把自杀作为解决问题的手段。自杀就是有意识地抛弃自己的生命。在许多自杀的案例中，自杀常常被当作一种逃避现实生活或在遇到难以克服的挫折和打击时使自己得以解脱的手段。如有的人认为生活没有意义、很无聊，便决定以自杀作为解脱的办法。

也有自杀者把自杀作为对自己因做了错事而产生的悔恨、自罪自责心理的补偿。比如，学习成绩不好，觉得对不起父母，在强烈的自罪自责心理的驱使下采取自杀行动，以此谢罪。此外，自杀也常常被用来报复和自己有关系的人，使他们感到内疚和不安，如失恋自杀。

有些人常常因为暴发性的激情引起，是在由明显的偶然事件所引起的激愤悔恨、内疚、羞愧等情绪失控状态下的冲动行为，他们很快就采取行动，被称为冲动型自杀，也称情绪性自杀。这种类型的自杀进程比较快，发展期短，具有突发性。冲动型自杀的人，在实施自杀行为的具体行动中，有时会产生对自己行为极度后悔的心理。这可能是对死的恐惧与对生的渴望的一种心理表现。这种心理往往会促使自杀者在力所能及的情况下进行自救或向他人求救，从而避免死亡。

另一种自杀类型是理智型自杀，它不是由偶然的刺激引起的，而是在自身经过长期的评价和体验，进行了充分的推理和判断之后，逐渐萌发的自杀意念，并有计划地进行自杀准备而采取的自杀行为。这种类型的自杀进程比较慢，发展期比较长，在自杀发展过程中有比较复杂的心理表现。它是将死亡作为人生的一种解脱，一种特殊的情绪状态的非理智行为②。

（二）自杀干预

为了预防自杀，保护生命，避免因无知而后悔，需要了解自杀前出现的一些求助信号：流露出不想活的念头；突然谈论与自杀有关的事；向家人交代后事、与亲友告别；心情忧郁，对任何事情失去兴趣；流露出无助或无望的心情；谈论具体的自杀计划；将自己的财产分发给亲友；饮酒或吸毒量增加。自杀者发出的求助信号如能及时得到别人的关注，或在他人的帮助下找到解决问题的

①　段鑫星，程婧. 大学生心理危机干预［M］. 北京：科学出版社，2006：87.
②　樊富珉，张天舒. 自杀及其预防与干预研究［M］. 北京：清华大学出版社，2009：321.

方法，自杀者很可能会减轻或打消自杀的意图。因此，如果你或周围的人有上述情况，应寻求社会支持，向学校相关部门报告，及时向心理专家求助。

当发现周围的人实施自杀行为时，作为同学、朋友，每个人都有责任伸出关爱之手。

一是要把当事人带离危险的地方，不要让他独处；去除自杀的危险品。如果你认为他即刻自杀的风险很高，就要立即采取措施。如果自杀行为已经发生，立即将其送往就近的急诊室。

二是向当事人表达你的关心。询问他们目前面临的困难以及由此给他们带来的影响。鼓励他们和你或其他值得信任的人谈心。提出建议到心理卫生机构寻求专业人员的帮助。

三是不要答应对他的自杀想法给予保密。如有自杀的风险，要尽量取得他人的帮助以便与你共同承担他的责任。如果当事人对寻求专业帮助产生恐惧或担忧，应花时间倾听他们的顾虑，告诉他们大多数处于这种情况需要专业帮助。

四是多倾听，少说话。不要试图说服对方自杀是不好的；要允许当事人有绝望的感受，将自杀视为"解决问题的一种方式"；给他们一定的时间说出心里的感受和担忧；尽力想象自己处在他们的位置时是如何感受的，多给予希望，让他们知道面临的困境能够有所改变。

五是保持冷静。要接纳，不做评判，也不要试图说服他们改变自己内心的想法。要有耐心，不要因他们难以与你交谈就轻易放弃，也不要认为他们的拒绝是针对你。不要担心他们会出现的强烈情绪反应，情感暴发或哭泣有利于他们情绪的释放。

对于自杀，特别是理智型自杀，都可以找到比较明显的发展过程和心理表现，这实际上已经成为评定自杀危险性和对自杀行为进行干预的基础。然而遗憾的是，由于人们对自杀常常有这样或那样的一些谬误，错过了挽救生命的机会，因此需要改变对自杀的错误观念。

二、危机干预操作技术

危机干预操作技术分为以下四个方面。第一，掌控感："稳定—暴露—展望"是危机干预操作的核心。第二，"稳定化、创伤暴露和展望"技术是危机干预操作的主体。第三，当下与过往：心理稳定化技术与创伤暴露技术。第四，未来的力量：心理危机干预中的展望技术。

（一）掌控感："稳定—暴露—展望"是危机干预操作的核心

韦恩瑞伯和布罗契指出："我们每一个人内心深处都有一种感觉，认为我们游走在这个世界上是躲在有保护作用的神奇泡泡中。这种想法将这个世界塑造得相当稳定而可预测……意外事故、有生命危险的疾病以及灾难并不会侵入我们个人的神奇泡泡。假如它们真的侵入个人的神奇泡泡中，将会让我们对自己、自己的生活以及自己在世界上生存的方式产生一个全然的重新评价……当生命在最不舒服的情境下出现了自我重新审视的机会时，那是痛苦、耗费时间与慌乱困惑的。"

2008 年汶川大地震发生后，笔者在为震区学生提供心理援助中发现，很多学生都觉得"现在的我什么都不是，什么都做不了……生命真的很脆弱，人在大自然面前真的很渺小"。大灾大难往往会摧毁个体的能力感与自控感，轻则使个体在相当长的时间里体会到失落、无助与无希望，重则会导致个体人格解体与崩溃。这种无能为力感，如不及时加以处理，长期积累，将对学生的自主感、自尊，乃至整个自我结构、人格结构的完整与平衡产生威胁和破坏。甚至进一步说，震后学生的很多心理困惑与问题，如无法进入学习状态、考试焦虑、压抑甚至抑郁等，都与这种无能为力感——能力感的丧失有着千丝万缕的关系。

危机的发生打破了人们被"神奇泡泡"庇护的感觉，造成了失控的感觉，从而引发各种不适反应或问题。但韦恩瑞伯和布罗契指出："正处于不安状态的个体的内在某处，有着一股健全的生命力，具有更高层次的运作潜能。你所要做的是，协助清除这场危机所制造的碎片，以及发掘出那保留在底层的生命力。你不是一个必须去救援个案的救难工作者，你只需伸出援手，协助那些烦乱不安的人恢复生活的平衡，并且自己持续走下去。"

为此，笔者认为心理危机干预须以危机遭遇者的掌控感的复原或重构为核心。"稳定—暴露—展望"心理危机干预操作模式中，稳定化、创伤暴露和展望技术，皆以此为出发点和落脚点。本模式是围绕危机遭遇者的掌控感所构建的，掌控感亦是本模式自成体系的核心。危机遭遇者掌控感的复原或重构，具体而言指通过心理危机干预，让危机遭遇者重新觉得自己能掌握自身的反应和各种身心资源，自己能在一定程度上操控环境为己所用，从而获得坚定的内在力量坦然应对当前及未来可能遭遇的危机，"凤凰涅槃"般地获得成长，展现人性的力量和光辉。

（二）技术："稳定化、创伤暴露和展望"技术是危机干预操作的主体

心理危机干预具有特殊性，对危机遭遇者进行心理危机干预须谨慎和科学；否则，会适得其反，造成进一步的伤害。因此，在心理危机干预中，干预者须掌握丰富的干预技术。目前，一般将众多心理危机干预技术划分为心理稳定化技术和创伤暴露技术。心理稳定化技术主要处理危机遭遇者当下的情绪、认知

和行为等状况，创伤暴露技术则处理其已遭受危机所带来的影响。实践中，笔者发现在心理危机干预中，除可从上述两方面入手外，亦可引导危机遭遇者通过对未来的展望，获得应对危机的力量。因此，笔者构建了"稳定—暴露—展望"心理危机干预操作模式。

（三）当下与过往：心理稳定化技术与创伤暴露技术

心理稳定化技术工作的目的，首先是建立内在的稳定性，从而远离内心世界的危险地带，这是能够面对创伤的基本条件；其次是尽力寻找内心的正性资源，增加自身的可控制感，增强自身面对创伤的能力；最后是为以后把创伤经历整合到新生活中打下扎实的基础。常见的心理稳定化技术具体有放松训练的"保险箱""安全岛""内在观察者""内在智者"等技术。

创伤暴露需要危机遭遇者直面与创伤有关的信息，从而激活创伤性记忆，为修正性信息被整合提供机会，进而使创伤记忆的病理成分得以修改。简言之，创伤暴露就是通过在治疗环境中，帮助危机遭遇者直面让其感觉恐惧但事实上安全的刺激，这种刺激一直持续到求助者的焦虑减轻，从而减少那些通过负强化得到维持的逃跑和回避行为。常见的创伤暴露技术，具体有"遥控器""屏幕""中止""空椅子""眼动脱敏再加工"等技术。

（四）未来的力量：心理危机干预中的展望技术

展望技术是指借助想象或绘画等途径，引导危机遭遇者通过对未来的展望，获得应对危机的力量，如"描绘未来家园""水晶球"等技术。在不具备进行创伤暴露的条件下，可单独使用展望技术，给予危机遭遇者力量，即"向未来借力量"。2008年在参加浙江省赴广元支教团心理援助队期间，笔者对复课迎接延期高考的广元青川中学高三学生所开展的班级心理辅导中，就采用了"水晶球技术"，取得了良好的效果。有学生在课后发来短信说："……一年后的我们，我想我捡垃圾，我原以为你会让我们停止回答，但你没结束游戏！继续让我们想象，四年后，我'看到'我有了一个小小的垃圾回收站。当十年后，我'看见'我的轿车，我的企业……我想我捡垃圾都能那样，那我的未来还有什么值得我犹豫的呢？应该像我写的'我的未来不是梦，我的未来我做主'！"

此外，有时即使对危机遭遇者进行了心理稳定化处理，但其还缺乏力量暴露创伤情境。此时可通过展望技术，给予危机遭遇者面对危机情境的力量，进而处理其心理创伤。李伟健教授在2006年浙江省苍南县"桑美"台风灾后心理危机干预中，即应用了"描绘未来家园技术"，使得危机遭遇者获得了直面危机的力量，从而得以在此基础上运用"空椅子技术"，有效处理了危机遭遇者的心理创伤。

三、创造性："稳定—暴露—展望"是危机干预操作的精髓

Myers 认为最成功的灾难心理工作者，是可以将一切不可预期的现象都视之为"挑战"，能勇于面对也乐于面对挑战。因此，灾后心理工作者需要具有弹性的处事能力，修正从书本上学来的条条框框，调整自己一贯的工作方式，灵活地处理各种特殊的情境。笔者在运用"稳定—暴露—展望"心理危机干预操作模式时，以掌控感为核心，围绕心理稳定、创伤暴露或展望未来等目标，在危机干预进程安排、干预技术选择、干预技术运用等方面，须充分发挥创造性，灵活处理各种状况。

首先，心理稳定、创伤暴露和展望未来，构成了一个系统的心理危机干预操作流程，干预者可参照这一架构，从整体上把握干预的进程。但在实践中，须根据具体对象和情境，决定是系统完成这一操作流程，还是选择只进行心理稳定化处理或展望未来，如只进行心理稳定或未来展望的工作，创伤暴露则绝对需要在心理稳定基础上进行。此外，心理稳定、创伤暴露和展望未来的开展顺序，也需要根据具体对象和情境，灵活处理。如前所述，人们可先进行心理稳定和未来展望，在此基础上再进行创伤暴露。

其次，危机干预者在掌握丰富的干预技术基础上，需根据具体对象和情境，创新性地灵活运用各种干预技术。此外，危机干预者还需在扎实掌握干预技术的基础上，根据干预进程中危机遭遇者的反应和状况，在必要时能及时调整干预技术的具体实施内容。

最后，以危机遭遇者掌控感的复原或重构为核心，围绕心理稳定、创伤暴露或展望未来等阶段的具体目标，危机干预者在扎实掌握现有干预技术基础上，结合自身实践经验和思考，大胆创造、慎重实践，发展独具特色、个性鲜明的干预技术，从而不断充实和丰富心理危机干预操作体系和模式。

四、危机干预实施方案

加强大学生心理健康教育是新形势下全面贯彻党的教育方针、推进素质教育的重要举措，是促进大学生健康成长、培养高素质合格人才的重要环节，是加强和改进大学生思想教育的重要任务。

（一）指导思想和工作目标

我们党和国家对大学生心理健康问题高度关注，提出了一系列工作指导意见，推动了高校心理健康教育和心理危机干预体系的发展，使大学生心理危机

干预工作进入新的阶段。

一是全面贯彻党和国家的教育方针，以全面推进素质教育为目标，以提高大学生的心理素质为重点，立足教育，重在预防，促进学生全面发展和健康成长。

二是坚持以辩证唯物主义和历史唯物主义为指导，坚持科学性原则，防止唯心主义、封建迷信和伪科学的干扰，确保大学生心理健康教育工作的正确方向。

三是坚持面向全体学生，坚持正面教育，根据学生身心发展特点和教育规律，提高大学生适应社会生活的能力，培养大学生良好的个性心理品质和自尊、自爱、自律、自强的优良品格，增强大学生克服困难、经受考验、承受挫折的能力，促进大学生心理素质、思想道德素质、科学文化素质和身体素质的协调发展，增强高校思想政治教育工作的针对性、时效性和感染力、吸引力。

四是坚持以关爱学生、服务学生为原则，帮助学生健康成长；工作中既要谨慎对待又要准确判断、及时干预，避免因处理不当而激发或加重学生的心理问题。

五是构建大学生心理危机干预及自杀预防工作体系，更好地帮助有严重心理问题的学生渡过心理难关，及早预防、及时疏导、有效干预、快速控制学生中可能出现的心理危机事件，降低学生心理危机事件的发生率，减少学生因心理危机带来的生命损失，促进学生健康成长。

六是各院系、社区和各职能部门领导要切实加强大学生的心理健康教育工作，为增强大学生的心理素质而努力工作。

（二）保障体系

现如今，针对大学生群体的心理危机预防和干预，已成为高校生命教育体系当中不可或缺的内容，在帮助大学生群体解决心理危机问题，帮助他们提高心理健康水平、维护生命健康安全、保障校园良好秩序等诸多方面发挥了巨大的作用。

1. 组织机构

成立以主管校长为组长的"重庆交通大学大学生心理健康教育工作领导小组"，负责领导和组织全校心理健康教育工作和心理危机干预及自杀预防工作；设立和完善"重庆交通大学健康教育与咨询中心"，完成全校心理健康教育的教学、科研及辅导和咨询工作，具体解决工作中的困难和问题。

2. 队伍建设

建设一支以专职教师为骨干，专兼结合、专业互补、相对稳定、素质较高的心理健康教育和心理咨询工作队伍。

专职从事心理健康教育的工作人员拟定为 5 人。

专职工作人员可评聘相应的教师职务，或纳入相应专业序列。专、兼职教师和心理辅导、咨询人员从事心理健康教育工作，按学校有关规定计算教学工作量或给予合理报酬。

专、兼职教师必须经过系统培训，通过培训不断提高其从事心理健康教育工作所必备的理论水平、专业知识和技能。

定期组织学校中从事学生思想政治工作的干部、教师、学生辅导员、班主任、学生宿舍管理员及学生干部等进行心理健康方面内容的业务培训，不断提高他们对心理问题的鉴别能力、心理危机干预能力及心理健康知识素养。

全校教职员工都负有教育引导大学生健康成长的责任。所有教师都要关爱学生，及时了解学生学习、生活、思想及心理状况，坚持解决思想问题与解决实际问题相结合。

（三）预防教育

预防教育是在明晰大学生心理危机内涵与特征的基础上，构建一个积极的、科学的对大学生心理问题进行针对性预防的体系。

首先，开设心理健康教育方面的必修和选修课程，通过课堂教学、专家讲座等形式宣传普及心理健康知识，介绍增进心理健康的方法和途径，解析心理现象，传授心理调适方法，要形成良好的心理健康氛围，帮助学生优化个性心理品质，提高心理健康水平。

其次，面向学生积极开展生命教育，引导学生热爱生活、热爱生命、善待人生；进行自我意识教育，引导学生正确认识自我，愉快接纳自我，积极发展自我，树立自信，消除自卑；进行危机应对教育，让学生了解什么是危机，什么情况下会出现危机，哪些言行是自杀的前兆，对出现自杀预兆的学生如何进行帮助和干预等。

（四）预警对象

存在心理危机倾向与处于心理危机状态的学生是教师关注与干预的对象。确定对象存在心理危机一般指对象存在具有重大影响的生活事件，情绪剧烈波动或认知、躯体或行为方面有较大改变，且用平常解决问题的方法暂时不能应对或无法应对眼前的危机。

对存在下列因素之一的学生，应作为心理危机干预的高危个体予以特别关注。

第一，在心理健康测评中筛查出来的有心理障碍或心理疾病或自杀倾向的学生。

第二，遭遇突然打击和受到意外刺激后出现心理或行为异常的学生。

一是家庭发生重大变故（如亲人伤亡、父母离异或分居、父母失业、家庭暴力等）后出现心理或行为异常的学生。

二是身体发现严重疾病（传染性的疾病，如肝炎、肺结核等；费用很高又难以治愈的疾病等）后出现心理或行为异常的学生。

三是遭遇性危机（如性伤害、性暴力、性侵犯、意外怀孕等）后出现心理或行为异常的学生。

四是感情受挫（如失恋、单相思情绪失控等）后出现心理或行为异常的学生。

五是受辱、受惊吓（当众受到羞辱；受到严重惊吓，如看恐怖片情绪失控等）后出现心理或行为异常的学生。

六是与他人发生严重人际冲突（如被多人排斥，受到歧视、误解等）后出现心理或行为异常的学生。

第三，学习压力特别大且出现心理或行为异常的学生。如第一次出现不及格科目的优秀生，需要重修多门功课的学生，将被退学的学生，完成毕业论文（设计）有严重困难的学生，高分低录的学生等。

第四，性格内向、经济严重贫困且出现心理或行为异常的学生。如性格内向、不善交往且交不起学费的学生，需要经常向亲友借贷且缺乏社会支持系统的学生等。

第五，有严重心理疾病且出现心理或行为异常的学生。如患有抑郁症、恐惧症、强迫症、焦虑症、精神分裂症、情感性精神病等疾病的学生。

第六，出现严重适应不良导致心理或行为异常的新生。

第七，对近期发生下述警示讯息的学生，应作为心理危机干预的重点对象及时进行危机评估与干预。

一是谈论过自杀并考虑过自杀方法，包括在信件、日记、图画或乱涂乱画的只言片语中流露出死亡的念头者。

二是不明原因突然给同学、朋友和家人送礼物、请客、赔礼道歉、述说告别的话等行为明显改变者。

三是情绪突然明显异常者。如特别烦躁，高度焦虑、恐惧，易感情冲动，或情绪异常低落，或情绪突然从低落变为平静，或饮食睡眠受到严重影响等。

（五）建立预警机制

预警机制的建立应该做到层层划分，按逻辑紧密交织，最终形成完整的体系，以供相关部门进行实际操作。该类预警机制通常分为四级，包括一级预警（班级、宿舍）、二级预警（年级、楼栋）、三级预警（院系、社区）、四级预警（学校）。

第一，为确保大学生心理危机干预及自杀预防工作快捷有序地开展，学校在"大学生心理健康教育工作领导小组"领导下建立学生心理危机干预及自杀预防快速反应机制，及时处理学生心理危机事件。

第二，建立四级联动预警系统。

一级预警（班级、宿舍）：设立班级心理委员和宿舍心理信息员，充分发挥学生干部、学生党团员的骨干作用，广泛联系同学、关心同学，了解思想动态和心态。一旦发现异常情况，及时向辅导员、班主任报告。

二级预警（年级、楼栋）：年级辅导员、宿舍管理员和学生心理咨询员要经常深入学生中，通过心理互助网络平台或平时交流谈话，了解学生的心理状况，帮助学生解决心理困惑，发现重要情况应立即向所在二级学院和社区报告并及时提供心理援助。

三级预警（院系、社区）：各院系社区党政领导、教师、职工要密切关注学生异常心理、行为，学生政工干部、班主任要有针对性地与学生谈话，帮助学生解决心理困惑；发现异常情况，要立即向学工部等有关部门报告，并在专家指导下对学生进行及时干预。

四级预警（学校）：学校应认真开展大学生心理健康测评，筛查干预对象并采取相应措施；学校心理咨询人员要牢固树立心理危机干预及自杀预防意识。一旦发现干预目标，立即实施相应的干预措施。

（六）干预措施

干预措施需要因人而异，针对不同人群采取不同的干预措施，使危机中的个体得到及时的预警、帮助和干预，从而使处于危机中的个体得到最好的救助。

1. 对有严重心理障碍或心理疾病的学生的干预措施

首先，对于有严重心理障碍或心理疾病的学生，学校须请专业精神卫生机构或专家对学生的心理健康状况进行评估或会诊，并提供书面意见。

其次，若评估结果是某学生可以在学校边学习边治疗，学校须密切注意该生情况，开展跟踪咨询，及时提供心理辅导，必要时进行专家会诊。

再次，若评估结果是某学生回家休养并配合药物治疗有利于其心理康复，学校须派专人监护，确保其人身安全后，通知该生家长将其带回家休养治疗。

最后，若评估结果是某学生住院治疗有利于其心理康复，学校须及时通知该生家长将其送至专业精神卫生机构治疗。

2. 对有自杀意念学生的干预措施

一旦发现或知晓某生有自杀意图，学校应立即采取下述措施。

首先，立即将该生转移到安全环境，并成立监护小组对该生实行 24 小时全程监护，确保该生人身安全，同时通知家长到校。

其次，由有关部门或专家对该生的心理状况进行评估或会诊，并提供书面意见。

再次，如治疗有利于其心理康复，学校应立即通知家长将该生送至专业精神卫生机构治疗。

最后，如评估结果是该生回家休养治疗有利于其心理康复，学校应立即通知家长将该生带回家休养治疗。

3. 对实施自杀行为学生的干预措施

首先，对刚实施自杀行为的学生，要立即送到最近的医疗机构实施紧急救治。

其次，及时保护、勘查、处理现场，防止事态扩散和对其他学生产生不良刺激，并配合、协调有关部门对事件调查取证。

再次，对于自杀未遂的学生，经相关部门或专家评估，如住院治疗有利于其心理康复，通知家长将该生送至专业精神卫生机构治疗；如回家休养治疗有利于其心理康复，在其病情稳定后由家长将其带回家休养治疗。

最后，正确应对新闻媒体，防止不恰当报道引发负面影响。

4. 对有伤害他人的想法或行为的学生的干预措施

首先，对于有伤害他人的想法或行为的学生，由相关部门立即采取相应措施，保护双方当事人安全。

其次，组织相关部门或专家对该生精神状态进行心理评估或会诊，并提供书面意见。学校根据评估意见进行后续处理。

5. 愈后鉴定及跟踪干预制度

首先，学生因心理问题住院治疗或休学再申请复学时，应向学校提供相关治疗的病历证明，经学校心理健康咨询中心、校学府医院等相关部门或专业精神卫生机构评估确已康复后可办理复学手续。

其次，学生因心理问题休学后复学时，学校相关人员应对其定期进行心理访谈，了解其思想、学习、生活等方面的情况。

最后，对于有自杀未遂史的复学学生（有自杀未遂史的人属于自杀高危人群），学校应组织专家进行定期心理访谈及风险评估，密切监护，及时了解其学习、生活和思想状况，确保该生人身安全。

6. 对危机知情人员的干预

危机过后，需要对知情人员进行干预。可以使用支持性干预及团体辅导策略，通过班级辅导等方法，协助经历危机的大学生及其相关人员（如同学、家长、班主任，以及危机干预人员）正确处理危机遗留的心理问题，尽快恢复心理平衡，尽量减少由于危机造成的负面影响。

7. 危机干预及自杀预防的注意事项

首先，学校在开展心理危机干预及自杀预防工作时，应坚持保密原则，维护学生权益，不得随意透露学生的相关信息，并尽可能在自然的环境中实施干预，避免人为地制造特殊的环境给被干预学生造成过重的心理负担，激发或加重其心理问题。

其次，对社会功能严重受损和自制力不完全的学生，学校不得在学生宿舍里实行监护，避免监护不当造成危害，以确保该生安全。

再次，学校与家长联系过程中，应注意方式方法，做好记录，妥善保存。

最后，干预措施中涉及学生需要休学接受治疗的，按照《普通高等学校学生管理规定》和学校《学生学籍管理规定》办理。

（七）督导评估及理论研究

健全大学生督导评估及理论研究，即学校管理人员通过给予危机个体后期关注、采取相应措施等方式，最大限度地减少危机事件的负面影响。

一是为了使学校的大学生心理危机干预及自杀预防工作落到实处，学校将组织有关方面的专家学者以及实际工作者，针对开展辅导和咨询以及工作的实效等方面，对各院系开展工作的情况进行督导，切实推进大学生心理健康教育工作健康发展。

二是大力加强大学生心理健康教育科学研究工作。鼓励申报心理健康教育专项研究课题，把理论研究、培养心理骨干人员和推动实际工作紧密结合起来。

第二节　危机干预系统的构建

面对大学生群体变化频率高、变化周期短、竞争强、压力大的情况，高校建立完善的危机干预系统的任务迫在眉睫。高校危机干预系统应包括以下三方面：危机干预系统构建的指导思想及基本特征、心理危机干预系统的构成及功能、心理危机干预系统的评估。

一、危机干预系统构建的指导思想及基本特征

大学生心理危机干预系统是根据《关于进一步加强和改进大学生心理健康教育的意见》文件精神，以学生的心理健康为目标，整合学校、家庭、社会资源，依据系统论思想，结合心理学、教育学、社会学等多学科理论，建立的包括心理危机预防子系统、心理危机预警子系统、心理危机干预子系统的一个有机整体（见图11-1）。

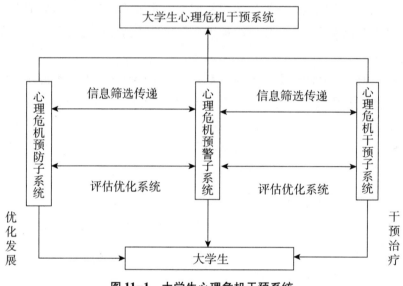

图 11-1 大学生心理危机干预系统

（一）整体性

系统是由构成元素组成的一个有机整体。元素（或要素）间的联系及作用使得系统不能仅视为要素的简单汇集，所具有的整体功能不是各要素功能的简单总和①。系统论的奠基人贝塔朗菲着重指出，系统论是研究整体性的科学。大学生心理危机干预系统包括心理危机预防、心理危机预警、心理危机干预三个子系统（见图11-1）。系统论认为，当组成整体的各部分单独存在时，它们各自有着不同的功能和性质，而一旦将它们以某种特定的方式组合起来，形成整体，其性质和功能就会发生质的变化。因此，系统整体利益的实现不是各子系统功能的孤立相加，而是在充分发挥各子系统作用和功能基础上的有机统一。

---

① 廖桂芳. 系统论与大学生心理危机干预系统的构建［J］. 理论月刊, 2007（12）：183-185.

心理危机预防、心理危机预警和心理危机干预是心理危机干预系统不可分割的部分，体现在以下几方面。

1. 心理危机预防是心理危机干预系统的基础环节

俗话说，防患于未然。同理，心理危机干预系统也要求做好心理预防工作。心理危机预防一方面在于学生心理素质的优化、发展；另一方面在于发现处于潜在危机中的学生，并及时通过心理危机预警子系统、心理危机干预子系统使危机学生得到心理干预和治疗。缺少心理预防这一基础性环节，心理危机干预工作犹如大海捞针，缺乏针对性和有效性。

2. 心理危机预警是心理危机干预系统的重要环节

大学生的成长离不开家庭、学校和社会环境。心理危机预警子系统协调家庭、学校和社会三大主体，依靠社区心理辅导站、二级学院、心理互助联盟等机构（组织），通过多种手段和途径，进一步确定危机对象，收集相关信息，评估信息并发出危机警报。心理危机预警子系统上承心理危机预防子系统，下接心理危机干预子系统，起到了信息传递、信息筛选、信息整合和信息上报的作用。

3. 心理危机干预是心理危机干预系统的关键环节

从图11-1可知，心理危机预防子系统、心理危机预警子系统收集整合的信息最终要通过心理危机干预子系统进行处理——干预和治疗，使危机学生摆脱心理危机。这一环节是优化和发展的深化，是预防和警示的目的。忽视了这一环节，心理危机预防子系统、心理危机预警子系统所收集的信息不能得到处理，而使两个子系统显得毫无意义，最终会导致心理危机干预系统的瘫痪。

（二）相关性

根据系统论观点，任何事物都是相互联系、相互影响、发展变化的。系统独立存在，又与其他系统相互作用，系统内各要素相互作用。一个大系统又有许多子系统，子系统间相互影响、相互制约，而且子系统与大系统以及大系统内部各子系统之间相互协调和作用。大学生心理危机干预系统由心理危机预防、心理危机预警、心理危机干预三大子系统构成，这三大子系统是相互联系、相互影响、相互协调、密不可分的，任一子系统的变化发展都会影响其他子系统功能的发挥。

1. 正向分析

即预防—预警—干预。通过心理危机预防子系统中各组成部分功能的发挥，在优化发展学生心理素质的基础上，对危机学生进行初级排查，为心理危机预警子系统提供信息来源。心理危机预警子系统对预防子系统筛选的信息进一步确认、收集，发出预警警报，上报心理危机干预子系统。心理危机干预子系统对信息做出最终处理。

2. 逆向分析

即干预—预警—预防。心理危机干预子系统对上报的信息综合分析，通过制订干预方案，评估心理危机预警子系统，从而进一步完善子系统结构，促进子系统功能的发挥。心理危机预警子系统对收集的预警信息进行评估，运用系统分析法，查找心理危机预防子系统的不足，以优化子系统各组成部分功能，提高学生应对心理危机的能力。

（三）结构性

系统的结构是指元素间相互联系、相互作用的总和及诸元素相互结合的方式或组合形式。在系统结构中，每一组元素均具有约束、选择、协调和平衡等机制，使整个系统趋于稳定和平衡。

结构性原则主要体现在系统的层次性上。层次性是系统的整体与部分之间相对关系的一种体现。层次性原则是系统方法的重要原则。大学生心理危机干预系统由心理危机预防、心理危机预警、心理危机干预三个子系统构成，即具有三个层次。每个子系统又由不同部分构成，同样具有层次性。这就要求在处理信息、改造系统对象时，一定遵循其层次性特性，注意和了解不同层次系统的特殊规律及各层次的相互关系。

（四）动态性

任何系统都有一个酝酿、形成、发展、变化的过程，这是一个动态过程。动态性的根本原因，在于系统的内部各种构成因素之间存在的矛盾①。系统内部各要素通过相互作用，在外界环境条件的影响下，不断运动，克服消极性、滞后性的阻碍，呈现螺旋式发展过程。

心理危机干预系统的主体是学生，而学生处于一个不断发展变化的家庭、学校、社会环境中，这种变化不但会导致学生引发心理危机，而且会使心理危机形成多样化的特点。环境、危机的变化，促使心理危机干预系统内部各要素相互作用、不断运动，从而产生动态过程。这种动态有两种性质：积极性动态和消极性动态。为促使心理危机干预系统向积极性动态发展，保持系统的整体性，维护系统的层次性，达到系统的目的性，必须坚持改革创新、与时俱进，不断完善系

---

① 吕达，张伟平，石玮，等．系统论视角下我国高校突发事件产生的原因及应对策略[J]．顺德职业技术学院学报，2012，10（2）：71-75.

统结构，优化系统功能，克服消极性、滞后性的阻碍，实现系统的最优性。

二、心理危机干预系统的构成及功能

心理危机干预系统由心理危机预防、心理危机预警、心理危机干预三个子系统构成，各个系统又各自构成一个系统，同样具有系统的特征。

（一）六位一体心理危机预防子系统

如图 11-2 所示，心理危机预防子系统是由目标、途径和内容三个要素构成的有机整体，三个要素相互作用、相互影响、协调发展。目标要素是途径和内容要素的准则，途径和内容要素是目标要素实现的保证；途径要素是内容要素的依据，内容要素是途径要素的扩展。目标、途径、内容要素具有层次性，通过制定目标来寻求途径，通过设计途径来规划内容，通过完善内容来优化目标，而目标的优化基于外界环境的变化。因为这种变化会给目标提出更高的要求，目标的变化必然要求途径的多样化和内容的丰富化；途径和内容要素的完善，必然导致目标的最优化。

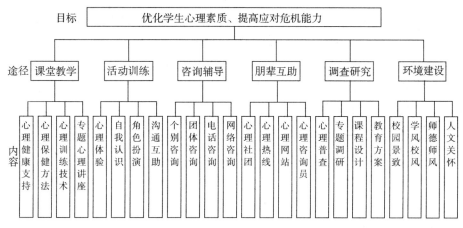

图 11-2　六位一体心理危机预防子系统

（二）交互式心理危机预警子系统

如图 11-3 所示，大学生心理危机预警子系统是由危机个体（学生）、学校、家庭和社会共同构成的一个整体预警模式。

在该子系统中，学校是主导，学生是中心，家庭是基础，社会是补充，学校、学生、家庭、社会相互配合、相互影响。学校在家庭和社会的协助下，通过社区心理辅导站、二级学院、心理互助联盟等机构（组织），依靠心理咨询员等多种手段，收集、反馈、评估、上报学生信息。学生个体（危机个体）所处

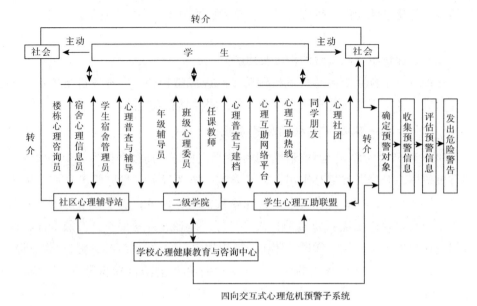

图 11-3 四向交互式心理危机预警子系统

的学校、家庭和社会环境是不断变化的，这就要求学生不断地通过自我评价与自我检查，主动向学校（家庭、社会）反映问题，学校（家庭、社会）对此变化必须采取相应措施，并根据变化或独立评估问题，或相互合作，共同评估问题。在学生、学校、家庭和社会的相互配合、相互协作下，心理健康教育与咨询中心对危机学生定期分析、重点跟踪、重点帮助，分层次、有区别地进行心理干预。

（三）五级联动心理危机干预子系统

心理危机干预子系统由五级要素构成分为两条通道：班级—年级—院系—学校—医院、宿舍—楼栋—社区—学校—医院。

如图 11-4 所示，这两条通道各自构成一个系统各系统都有初级信息收集与上报要素（心理委员、心理信息员）、中级信息汇集与上报要素（辅导员、学生工作办、心理咨询员、心理辅导站）、高级信息分析与干预要素（心理咨询中心、医院），这些要素是不可分割的统一整体。两条通道各要素之间也不是孤立存在的，它们相互通报信息、相互支持工作、相互依靠补充，共同促进系统功能的有效发挥。

三、心理危机干预系统的评估

在建立心理危机干预系统后，最为普遍的方式是建立评估系统。评估系统

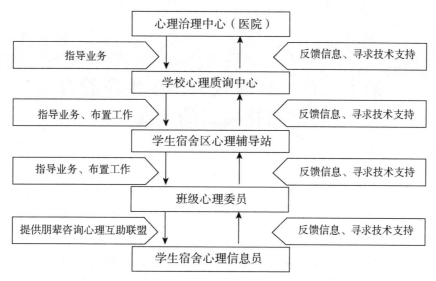

图 11-4　五级联动心理危机干预子系统

的建立能够有效地掌握危机个体的心理状态波动情况，针对性地对其进行评估和分析，在个体出现危机反应时，能够及时采取相应措施，从而确保干预的最终成功。

（一）可行性分析

心理危机干预系统是系统论原理与现代心理学、教育学、社会学等多学科理论相结合构建的大学生心理危机干预模式，因此，从理论上讲具有可行性。其可行性主要从三方面把握：第一，系统是否与学生个体的实际相吻合；第二，现有的资源能否满足系统的正常运作；第三，外部的环境是否为系统提供了合适的条件。

（二）有效性分析

有效性主要体现在系统能否达到其制定的目标及其实际与理论符合的程度。有效性主要从两方面考察：第一，与中央文件所制定的目标是否达成；第二，与学生个体所制定的目标是否一致。

综上所述，构建大学生心理危机干预系统模式，对于全面系统地改变教育理念和运用高质有效的干预策略，对于改善教学工作、思想道德教育工作、管理与服务工作，增强大学生的心理素质，培养 21 世纪合格人才具有重要的意义。

第十二章　新时代大学生生命教育
常态化模式的实践

　　本章按照理论依据—可行性分析—实施路径—效果评估的思路，从拓展心理素质、创新教学模式、丰富团学活动、打造校园文化、"互联网+"运用、开展社会实践六方面，就大学生生命教育长效机制的接受中介（教育活动）的功能、作用，以及对接受主体（受教育者）的干预和影响进行论述；详细阐发了大学生生命教育长效机制的实施方案、运行路径和评价体系，以丰富而生动的案例为大学生生命教育长效机制的实现提供了可资参考的实战资料，具有很强的操作性和实践指导意义。

第一节　新时代大学生生命教育常态化
模式的实施

　　任何教育都是在一定的教育目标指引下进行的。明确的教育目标是取得大学生生命教育实效的基础和前提。大学生生命教育就是以呵护生命健康、促进生命成长为核心的教育理念，引导大学生学会正确认识生命、敬畏自我和世间万物生命，了解生命的真谛，感受生命的意义，对生命死亡进行理性思考，以积极的人生态度面对生活，最终实现个人的生命价值，遵循大学生个人成长的自身规律和所处环境的外部规律，通过针对大学生生命教育与实践活动，大学生达到精神成长、思想提升和价值观形成的育人使命。按照人的发展需要的知、情、意、行等层次逐步整合的特点，生命教育实施的具体目标应该逐渐形成正确认识生命、懂得敬畏生命、坚持发展生命、创造生命价值、正确认知死亡、走向生命的成熟、创建和谐的生命关系等目标过程。

一、实施目标

(一) 正确认识生命

马克思哲学认为意识是人脑特有的机能和属性，人是有思维、有智慧的，这一点是人区别于其他生命体之所在，人能够意识到自己的生存状态并对此产生一定的了解。因此，大学生生命教育的起点是正确认识生命。德国哲学家莱布尼茨说过："世上没有两片完全相同的树叶。"每一个生命都是独一无二的存在，这种独一无二的属性是由环境和遗传因素相互作用产生的，主要通过个体的体验经验以及感受来体现；个人通过不同的生命经验来感受他人和感受世界，同时也在这一过程中理解世界、理解生活。从具体层面上来说包括两方面。

一方面，高校在对大学生实施生命教育的过程中，先要激发他们对各种与生命有关的知识产生兴趣，类似生命的由来、特征、归宿、本质等，学生有了一定的理论基础后，再与学生一起探讨分析生命的价值何在，了解生命的真谛，感受生命的意义，逐步形成良好的生命观。良好的生命观可以指导学生的行为，使学生发自内心地敬畏生命，自觉创造生命价值。在实施这方面教育时，高校要引导学生认识自己、剖析自己，正确地看待自己的优势和劣势，思考如何结合自己的情况更好地创造生命的价值。

另一方面，要积极引导他们掌握一些必要的提升身心健康的知识。现在的大学生，处在中国特色社会主义建设取得巨大成就和奋力实现中华民族伟大复兴的新时代，拥有青年时期特有的意识和心理特点。他们朝气蓬勃，非常渴望获取新知识、新思想，富有远大理想和抱负，对未来美好生活充满向往，对成为一个自由而全面的人充满向往。[①] 但是他们缺乏经验，识别力低，在日常学习、就业、交往等方面都面临许多意料之外的情况，由此引发许多心理问题。如果他们的心理问题不能得到良好解决，或者不能在他人的帮助下消除心理障碍，就会引起严重后果，做出不珍惜生命的举动。所以，在组织此类教育过程中，高校要引导学生形成正确的自我认知，产生较强的自我意识，知道怎样才能让自己的心理变得更加健康，知道运用怎样的技巧才能消除心理障碍，这是他们成长的必要条件。此外，学校生命观教育最起码的要求，就是要让大学生不管遇到怎样的磨难都能坚强地走下去，知道活着是获得幸福与成功的基本条件，这种行为也是对自己、对父母、对社会负责的表现，绝不能草率地结束自

---

① 冯刚，彭庆红，余双好，等. 新时代高校思想政治教育学原理 [M]. 北京：人民出版社，2021.

己或他人的生命。

（二）懂得敬畏生命

生命是一种极为朴素的道德观念，正确认识生命、尊重生命，对于每一个个体来说都是极为重要的。生命是人最宝贵的东西，人只有拥有生命，才会有其他价值的创造、实现，而离开了生命这个载体，人的各种需求都无法满足。这一目标包含两方面内容。

一是敬畏自我生命。一个人来到世界上，是万千种因素的结合。人能有此生不容易，一个人从小到大，父母付出很多，社会也为他付出很多，因此，任何个体没有理由不敬畏生命。故敬畏自我生命、重视肉体生命的价值是生命教育的基本要求。大学生珍爱自己的生命应该做到：首先，要能够了解自身的生理构造以及自身生命的基本特征；其次，要掌握保持健康体魄和健康心理方面的知识，并能在实践中增强体魄，维护和增进心理健康；再次，掌握基本的生存技能，在各种艰苦的自然环境和恶劣气候条件下，在没有外援的情况下，明白如何自救和求助他人、如何生存等；最后，要能做到在遇到挫折和痛苦境遇的时候，保持冷静的头脑，调节不良情绪，平衡好心态，懂得即使一无所有，也不能失去对生命价值的追求和信念。

二是敬畏世间万物的生命。尊重生命就是要尊重人的生存形式，要尊重每一个个体在生物学领域中的健康利益和生命存在的利益，不仅要尊重人类的生命，还要尊重人类以外的一切生命。人类和自然是分不开的，阿尔贝特·史怀泽说过，只有敬畏我们自己的生命意志，才能够让人生获得体验感，只有敬畏除人的生命以外的其他生命的意志，才能够在体验自己生命的过程中，体验别的生命的感受。善和恶对生命来说是两个极端，善——保护生命，促进生命；恶——伤害生命，压制生命。从本质层面上来看，人在存活的过程中所接触到的所有社会关系都可以被当作人的本质，这些社会关系既包括人与人之间的关系，也包括人与社会之间的关系，对人来说生命是来自大自然的生物链，人只是一个普通的环节。自然界中的一切生命都有生命意志，人在尊重人的生命的同时，也要尊重自然界的生命。生命是存在于普遍联系之中的，人的存在不是孤立的，人的存在与发展有赖于其他生命和整个世界，任何生命都有平等存在的价值。每个人不仅对人的生命，而且对一切动物的生命，必须保持敬畏的态度。自然生命的存在是一切生物存在的先决条件，从哲学意义上讲，生命是一切实践活动的前提和基础。生命存在，发展的可能性就存在，生命与发展的可能性同在。大学生同样也要做到敬畏他人的生命，如同敬畏自己一样去敬畏别人、尊重别人，爱护自然、保护自然，明白大自然的一切事物都是有生命的。只有全社会都树立了敬畏生命的意识，具有人文关怀、社会关怀，能够接纳他人、欣赏他人，与他人、与世界共融共存，并能够把这种情感扩展到社会、自然、宇宙，学会尊重差异、敬畏自然、胸怀社会，每个人的生命尊严才会最大限度得到保障。

大学生生命观教育应该将生命置于至高无上的地位，在引导大学生逐步建立敬畏生命的框架的时候，不仅要让其敬畏人的生命，更重要的是要敬畏自然界中的所有生命。敬畏生命是当代大学生生命教育的目标，也是大学生生命观教育中的高层次追求。不仅要敬畏自己的生命，还要敬畏他人的生命，更重要的是要敬畏除人的生命以外的其他自然生命。所以高校生命观教育要让大学生明白，不侵害他人就是不侵害自己，不仅要珍惜自己的生命，还要把这种态度运用于他人身上，感受到每个人的生命都有存在的价值，不容轻贱，学会对生命产生敬畏感。敬畏生命，包括共同追求、同情奉献等多方面，也就是说一个会敬畏生命的人，拥有享受其他生命幸福的可能。对于生命的逝去，麻木不仁的人是没有享受生命幸福的机会的。

（三）坚持发展生命

从生物学角度出发，生命本身配备复杂性和跨越性，但不会困于其中，因为自身具备更高的精髓与内涵。因此，要完成生命探求、重视和敬服，扩充生命价值。人们赖以生存的关键也离不开对生命的信仰，人作为整个宇宙的主宰，会对本人生命存在和事理形成自发关注。高清海教授曾阐述意义之于生命的价值：生活并非单纯生存，而是了解自我内在，知道自己是以什么样的意义而生存。如果人类的谋生和发展丧失了意义融合，那么将是无道理的生存，与世界上的其他生物不存在差异，人们应该有所回避。大学时期亦是学生成长的关键时期，这一时期要帮助他们领悟真谛，理解其中意义之所在，发挥其深刻意蕴，这也是在理解探寻过程中完成本我及本质的具体表现。

生命可以理解成一种职责，职责的执行是对生命意义的研究和寻求。任何个体对生命都有所担当，不仅客体间保持着联系性，也因为每个生命在众人看不到的背后，一直坚守职责，充实本体存在的意义。职责可以看成是主体自由思维的表现，也能看成行为规范的约束。《德意志意识形态》曾指出人具有确定性与现实性，只要为人，就要履行职责，完成工作。[1] 自己对其赞成与否并不重

---

[1] 邵可嘉. 对马克思"人是一切社会关系的总和"论断的再解读 [D]. 上海：上海财经大学, 2019.

要，因为现实情况和需求会让你时刻警醒。如果一个人对生命职责有较强执行力，那么他会因此而热爱一切，努力充实，在珍爱他人、社会和自然的同时，也以担当的态度对待他们，进而实现生命的意义，体会生命价值所在。但一个人缺乏对生命职责的执行，那么他也不会善待生活和他人，虚度光阴的同时，丧失了对生命价值的追求。

所以，加强学生对生命的重视，在领会生命真谛的过程中，充实生命，提高生命价值，在实际生活中履行自己的职责。教育的过程也是学生了解本体的过程，加强生命观教育能够发挥生命的最大效用，以科学的标准分析本我，形成健全的价值体系，延续生命的意义。

（四）创造生命价值

生命不仅仅在于生物体的"存活"，更在于活出意义和价值。生命价值指一个人的生命所具有的自我价值和社会价值，是自我价值和社会价值的辩证统一。生命价值是人存在的基础和依据。因此，没有价值的支撑，人的内心世界是不可能抵御来自外界的"利"的刺激与"名"的诱惑的。鲁迅先生说过："我们自古以来就有埋头苦干的人，有拼命硬干的人，有为民请命的人，有舍生求法的人……这就是中国的脊梁。"每一个人在享受前人和他人的物质和精神成果的同时，都要做出贡献报偿他人，促进社会的进步。歌德说："你若要喜爱你自己的价值，你就得给世界创造价值。"价值之于人的生命不是外在的东西，而是人的生命本身，是人的生命特有的一种精神超越的指向。人的生命的价值蕴含于生命本身，人的生命本身就是人最真实、最可靠的价值。因此，生命教育要教育大学生积极主动创造生命价值，实现人的精神生命的良好教育。其目标就在于要将大学生培养成：其一，有理想、有追求，要明白成功是在不懈的追求与奋斗中实现的；其二，充满青春与活力，朝气蓬勃，血气方刚；其三，无论是身处顺境还是逆境，都能积极乐观地面对，要明白逆境是人生所不可避免的，身处逆境可能是不幸的，但却未必是绝对不幸的，关键之一就在于人自身的自强不息。

（五）正确认知死亡

在我国的传统中，人们避讳谈论死亡的话题，所以导致人们看待死亡的愚昧，这种愚昧会导致人们不珍惜生命。而一些发达国家（如美国）的一些高校在进行人生规划和人生教育时，要求学生给自己写"墓志铭"，使其感知死亡而不虚度人生。只有正视死亡才能理解生命，因此，人们必须摒弃传统中避讳死亡的做法，而要正确地认知死亡和生命。生命的完整内涵包括生与死两方面，死和生一样，不但是人的一个规定性，而且是人的最本质的规定性，人的本真存在就是"向死而在"的。哲学家海德格尔提出"向死而生"的观点给人们极大的启示，他认为生即"向死亡的存在"，人始终以向死而生的方式存在着。生命是有限的，每个人都在走向死亡，人们只有从容地面对死亡，才能积极地把握人生，让人生更加精彩。正如泰戈尔所描绘的那样："让生如夏花之烂漫，让死如秋叶之静美。"只有理解死亡，才能理解生命的有限性和一去不复返的性质，从而真正懂得生命的可贵。只有理解死亡，才能确信死亡的不可避免性，从而自觉地克服所谓的焦虑和恐惧，从而思考并努力追求人生的价值并且虽死犹生，要焕发大学生的生命意识，促使他们珍惜现在的美好生活，充实自我，实现有价值的人生。

（六）走向生命的成熟

对杰·唐纳·华特士（J. Donald Walters）而言，生命是迈向圆熟的境界。圆熟意味着内在均衡的状态，处于这种状态下，没有任何事物可以震撼一个人的平静安详，生活不再慌乱，生命不再迷惑。杰·唐纳·华特士提出的成熟原理："成熟就是恰如其分地与自身之外的其他现实发生关系的能力。"人们无时无刻不存在于各种关系之中。身处种种关系之中，有人游刃有余，有人茫然失措。不能在人与自然、人与社会、人与他人之间建立起和谐关系，正是人类社会和个体生命面临诸多困境的根本原因。事实上，一个人越成熟，他的内在就越安定，然后就像一个轮子，已经完全平衡于他的内心。因此，他就越不可能倾向于向外追求他本身之外的实现。在这种平衡状态下，一个人可以有效地和各种形形色色的实体建立链接，无论这些实体多么异于他自己真实的人生经验。每个人都会有必须处理自己内在负面情绪的时候，愤怒、恐惧、好斗以及其他人性弱点，都并非人们身上的异物，而是像太阳周围有一层光晕一般。在平和的学校教育氛围中，通过生命教育的渗透，建立慈善、合作、进取的合作精神以及类似的正面特质并富有活力地呈现出来，这具有强大的磁力，让学生更容易去除自己内在的负面情绪，伸展开阔自己的觉知，使任何环境下或任何人都不轻易被扰乱心智。

（七）创建和谐的生命关系

人在世界上不是孤立存在的，他不仅存在于与自我的关系、与他人的关系，也同样存在于与其他生命的关系。只有这些生命关系都获得和谐的发展，人才能获得更好的发展。因此，建立和谐的生命关系，首先，要帮助大学生悦纳自己，建立对自我的认同感；其次，在与他人的交往过程中，建立平等的关系，尊重对方，为自我的发展创造良好的社会条件；最后，要学会与大自然和谐相处。

二、实施原则

大学生生命教育是在文化多元化和价值多样化环境下围绕人的思想实际而开展的教育实践活动，以大学生生命教育工作为首要任务必然要依据一定的教育原则，这是当代教育客观规律的必然要求。大学生生命教育实施原则包括以人为本原则，因材施教原则，知、情、意、行相结合原则，发展、预防与干预相结合原则，学校、家庭与社会教育资源整合原则，体验性原则，实践性原则。遵循一定的教育原则，有利于提高思想政治教育的实效性。

（一）以人为本原则

以人为本作为一种价值取向，其根本所在就是以人为尊、以人为重，以人为先。当人们将以人为本作为教育的价值选择时，教育便具有了创造人的价值的意义。它以充分开发个体潜能为己任，以丰富的知识、完整健全人格的培养为目的，这与生命教育宗旨是一致的。

实施生命教育的起点在于尊重学生的生命。尊重生命是发展生命、完善生命的基础。人本主义教育理论认为，学生是涌动着无限活力的生命体，是教育的起点和归宿。教育应该是温馨的，可以沁人心脾、润物无声。只有尊重学生的生命，教育才能拨动生命的"琴弦"，给顽皮的学生以感化，给自卑的学生以力量，给胆怯的学生以激励，给愚钝的学生以智慧。尊重学生生命，教师的教育才能真正走进学生的心灵；尊重学生生命，教师的教育方可生机勃勃。正如杜威在《民主主义与教育》中所说的："你可以将一匹马带到河边，但决不可以按着马头让它饮水。"但是在现实的教育中，很多教师依然是心目中有教书、无育人，有知识、无生命，从不真正把学生作为一个个鲜活的生命个体来看待，而只是当作一个个接受知识的容器，学生只能被动地接受教师所教的东西。教师教什么，学生学什么，不允许学生有半点怀疑之心。生命教育是立足于尊重学生生命的教育，因此，在教育的过程中，教师要以人为本，尊重学生的主体性，培养学生的主体意识，为学生自主选择提供条件并教育学生学会选择，学会对自己的选择负责；注意引导学生认识自己，发现自己的潜能，并为学生的潜能开发创造条件。

（二）因材施教原则

此类教育活动的开展，学生群体无疑是教育对象，大学生的年龄基本集中在 18~23 岁，是整个生命的上升期，特点鲜明，生理、心理的发展，既有相同性，又有差异性。首先，大学生的身心发展不同。就其整体而言，大学生走在"成年"的路上，成熟与叛逆会矛盾地出现在他们身上。根据身心发展不同的特点，有些大学生会在同级大学生中稍显成熟，他们擅长人际交往，目标明确，对自己有相对长远的人生规划；有些大学生却思想相对简单，没有计划，只是按部就班地学习，很少会主动制定目标并付诸实践。其次，大学生的成长环境不同。与同级中的其他人相比，如果大学生的家庭氛围和谐，条件优越，会使他们更加自信，性格更加鲜明，对生活有积极向上的态度，遇到挫折也会更加坚强；相反，生活在成长环境相对较差的家庭里，容易产生自卑感，情感波动较大，会寻求外界的认可，抗挫力较差，容易走上极端。最后，大学生的思维能力不同。由于每个人的成长环境不同，对同一问题的思考方式不同，导致大学生有不同的思维能力，思维能力相对较强的大学生在看待问题或挫折时会从不同方面分析，力求得到问题的最优解；思维能力相对较差的学生在遇到问题时，想法往往是单线条发展，固守旧例，使思维能力无法得到锻炼，止步不前。高校在为学生进行生命观教育时，既要使总体框架得到落实，也要为每一种类型的学生选择生命教育的内容。同时，每所学校的教学能力、每个地区的经济社会发展情况等都有差异，在开展此类教育活动时要因材施教。如果能注意这些问题，教育才能产生理想效果。大学生个性发展以及社会多元化都决定了教育的合理模式应该是因材施教，个体的差异性决定大学生生命教育也同样要注重因材施教，教育过程中必须根据不同的对象采用不同的教育方式。根据问卷的调查结果，笔者发现不同学科、不同学历层次的学生在生命意义和死亡态度的得分上存在差异。因此，在进行生命教育的时候，教师一定要根据不同的特点进行不同的教学设计，尽量将生命教育贴近学生的需要，以便引起他们的共鸣，帮助他们解决实际问题，从而取得更好的教育效果。

从"大学生生命观"的问卷调查中可以看出，一年级学生在生命意义和死亡态度的得分上都是最高的，而到了二年级，分数就逐渐降低，三年级时是最低的，四年级时又有所提高。因此，高校一定要抓住一年级的有利时机，尽早对刚入学的大学生进行生命教育，引导他们好好思考人生的意义，对自己的大学生涯做好规划。珍惜这段美好的时光，好好学习，不让光阴虚度。同时，也要对那些入学测试生命意义得分较低的学生进行重点监控，加大教育的力度，多派专职的心理咨询师或职业辅导师与他谈心，了解问题的根源，尽量将问题及早解决，以便将问题扼杀在萌芽状态。对于二年级以上的学生，教师的教育更注重的是及时干预；针对大学生中存在的一些消极的想法，要帮助学生分析这种思潮出现的原因、危害以及如何抵制，从而建立积极向上的心态，顺利完成学业。对于大学四年级即将毕业的学生，应该加强职业素养和职业态度的辅导，降低他们的就业压力和焦虑，建立对未来生活的信心。

（三）知、情、意、行相结合原则

人的生命是完整的，是一个拥有认识、情感、意志并且不可分割的人。认知、情感和意志是相互联系、相互影响、辩证统一的。"人的认识过程是人的情绪情感和意志产生的基础，没有人的认识活动，人既不会产生喜怒哀乐的情绪情感，也不可能有自觉的、坚强的意志。情绪情感和意志又反作用于认识过程，没有人的情绪情感的推动或者缺乏坚强的意志，人的认识活动就不可能深入。"① 因此，在实施生命教育的时候，要从多方面入手，不仅要向学生传授有关生命的知识，也要注意培养学生的生命情感，培养他们对生命的热爱。同时也要培养学生的生命意志，使他们敢于面对人生中的种种失落与悲伤，并尽快走出悲伤，重新开启幸福人生。

要促进学生全面自由发展，不仅要进行认知学习，还要能学会体验学习。"体验是对亲身经历的反思，是全身心融入对象后对意义的揭示，是对生命意义的感悟。通过体验就能丰富自身的情感，提升人生境界。"体验生命就是对生命意义的把握。生命意义并不是固定在生命之中的，而是需要每个人在自己的日常生活中不断去揭示和体验的。生命的意义也在不断体验中逐渐生成，成为生命自身的一种精神支柱。通过体验，能够加深学生对生命的认识，丰富生命的情感，培养坚强生命的意志。只有落实到实际行动上的教育，才是有效的教育，否则，就是失败的教育。

（四）发展、预防与干预相结合原则

生命观教育要遵循这一原则，就是在此类教育推行过程中，可以对以往的生命安全数据进行整理分析，了解事情发生的始末，针对不同情况采取相应解决措施，充分利用信息的有效性，形成事件预估分析与应对，重视建立预防系统。学生生命观教育的预防系统主要是为了解决"失态"和"变态"的生命。"失态"指逐渐丧失了生命本来的姿态，积极乐观的态度直接变得消极悲观；"变态"是"失态"的加剧，生命近乎扭曲的状态。生命教育的预防系统目的是两种类型的指引，降低它们显示的次数，在强调预防系统的同时，加强积极生命教育，指引学生走向正确道路，拥抱未来的美好。对陷入困境的学生施以

---

① 叶奕乾，何存道，梁宁建. 普通心理学［M］. 上海：华东师范大学出版社，1997：2.

援手固然重要，但预防学生陷入混乱的重要性远在其之上。推进生命观教育，可以更真实地了解学生对生命的态度。不少学生践踏生命的原因都是生活小事的堆积，因此，生命观教育首要的是降低生活小事对其内心的打击，对陷入循环的学生不断纾解，避免其生活遭受威胁。另外，在降低生活小事打击的同时，可以以假设性的话语与其交流，试想轻视生命的严重结果，以此唤醒其对生命的正视，强化学生生命守卫能力，在任何时候都能轻松化解侵害行为。

生命教育关注的是每个学生的发展，它的作用就在于促进每个学生的自由全面发展。这是每一个教师的职责和任务。教师在教育的过程中，要以此为出发点，创造各种条件以利于学生的健康成长。生命教育既有关注每一个学生健康成长的发展性目标，也有禁止吸食毒品、防止性传播疾病、防止自杀和各类事故等的预防性目标，同时，对于已经发生的大学危机问题要进行科学的干预。这三者之间是紧密相连的，疏忽任何一项，都会影响学生的健康成长。防患于未然才能创造良好的发展空间，健康的发展同样也是最好的预防手段，适当正确的干预和调节才能让大学生的发展顺利进行，直到最终达成既定的目标，实现理想。

（五）学校、家庭与社会教育资源整合原则

学生的生活环境可以分解为两类：第一类是直接的生活环境，主要表现为家庭生活、学校生活和同辈群体生活；第二类是间接的生活环境，主要表现为邻里、社区以及宏观的社会文化生活环境。尽管学校生活是学生最主要的生活方式，但是整个社会生活中的任何一类因素都会影响学生的成长与发展。绝大多数学生的失范行为（包括违规、违纪、违法甚至犯罪行为），都可以从学生现实生活环境的差异、矛盾和冲突中找到原因。因此，生命教育要立足于现实，坚持理论与实际相结合，并延伸到学校以外。家庭是塑造人的第一所学校，家庭教育在生命教育中起着重要作用。一方面，父母的价值观、行为方式对孩子的影响是终身的。如果父母能为孩子创造温馨、和谐、幸福的家庭氛围，给孩子带来快乐和幸福的生活体验，孩子就会热爱生活、积极向上。同样，父母对待生命的态度也会影响孩子的生命观。父母积极的人生态度会对孩子的人生产生积极的影响；相反，父母消极的人生态度则会对孩子的人生产生消极的影响。因此，家庭教育在生命教育中的重要地位和作用应该得到足够的重视。"作为生命教育的大环境，只有当社会环境越来越承认教育应该是个性化教育，而不是整齐划一的统一性教育时，学校才会鼓励学生去挑选适合他们自己感兴趣的课外读物作为生命教育补充教材，而不是安排那么多的考试，那么，或许现在弥漫在人们周围的挫折感和无助感就不会这么深，自杀率就不会这么高。"① 另一方面，人们也要想办法净化社会环境。改革开放以来，原有的单一的价值体系逐渐瓦解，新的价值体系还未建立，社会上存在着多种良莠不齐的价值观念，因此，高校有必要针对现有的价值观念组织全社会性的讨论，帮助学生澄清并建立正确的价值观念。对于网络以及其他媒体上所传播的暴力、自杀等信息对大学生的暗示作用，高校也要加以重视，相关管理部门要切实担负起责任，尽量净化传媒文化。总之，全社会都要联合起来，各出其力，尽力为大学生创造一个积极向上的社会环境。

（六）体验性原则

体验是一种情感表达，也是一种自问，更是对事件意旨的感触。伴随着体验次数的增加，学生的情感也会变得越来越细腻，人生将会达到一个新境界。换言之，体验是生命存在的价值之一。体验可以分为情感体验和实践体验。情感体验指对人或事物产生共情。不论是榜样模范人物还是身边的朋友，或者是陌生人，让自己置身于他人所处的位置，对其所遭遇的事情产生共鸣，进而产生情感体验。实践体验是在社会实践活动中，获得认知。新冠疫情在所有人都没有防备的前提下发生，许多人为此失去了亲人、失去了生命，大学生不能正常回学校上课，许多学生展现了强烈的责任与担当，成为一名光荣的志愿者。对于生命的认知，这样的学生无疑是真实而深刻的。当然，并不是要鼓励所有的学生都要在危险的情境下考验自己，生命观教育的方式不止这一种，在平日里，善待身边的小动物，爱惜自己的生命，这些都能让自己的体验渐渐丰富起来，都能对生命产生正确的认知。实践体验是对生命最直接的认识。所以，高校在组织生命教育活动时，要遵循体验性这一原则，让大学生在不同的情境中感受到生命的价值，感受到生命的无限活力。因此，高校要为学生创造更多的体验机会，尤其要让他们产生积极体验的意识，学生的生命情感会更加丰富。

（七）实践性原则

真正有效的教育，不能只是口头说服、反复叮咛，还要落实到言行举止之中。所以，要遵循实践性原则开展生命观教育，要把此类教育与学科教学相融合，将其视作校园文化建设中的一部分，将其贯穿多种形式的实践活动中，让学生在实践中对生命真谛有所感悟，推行生命意义。另外，鉴于生命观教育所遵循的实践性，生命观教育所传递的智慧和使用方法等都应该是易于执行的，

---

① 姜海燕. 生命教育：大学教育的新课题 [J]. 黑龙江高教研究，2005（3）：20-21.

要让学生能把自己掌握的与生命有关的理论知识运用于分析具体问题方面，让他们能对人生中遇到的问题做出合理解释。这样一来，学生的生存能力会逐渐提升，能抵御各种诱惑，也能增强分析能力，学会怎样才能保护自己。实践活动的本质内涵是为了让参与实践活动的人在行动中不断认识本我，所以以实践活动方式开展生命观教育，是提高效果的重要方式，它打破了书本理论的笼统性，提高了学生实践性的认知，健全了学生意识与践行双重体例，也充分传递了生命观教育的现实意义，帮助学生以积极的心态面对生活中的各种问题，在问题解决过程中提高自己的抗压能力和问题解决才能，更准确地践行生命教育，提高责任意识。

三、实施途径

大学生是祖国的未来，民族的希望。大学生生命教育要关注学生生存，关心学生生活，关爱学生生命。生命教育的实施要充满对当代大学生成长过程中的最直接和最重要的精神需求和思想实际的直接关照和体认，教育课程的创建和教学方式的设计是实现教育目标的重要途径和主要手段，也是高校开展生命教育必须深入研究、系统思考和与时俱进并不断完善的重要内容。为增强大学生生命教育的针对性、实效性、时代性，加快解决大学生生命教育的现实问题，大学生生命教育的实施要通过创建单一的生命教育课程、渗透式教育课程，开设心理咨询、社会实践、专题教育、体验式培训，建设生命化校园环境，形成学校、家庭和社会的教育合力，构建互联网互助平台，培养专业化师资队伍，全面推进生命教育实践的创新发展，提高大学生生命教育实效性。

（一）单一的生命教育课程

部分人会将生命教育等同于生命安全教育，多以一次主题班会或讲座的形式进行。实际上生命安全教育只是生命教育的有机组成部分，学生的生命教育应涵盖认知生命、如何提升生命价值等方面的内容，仅靠一两次讲座或者主题班会并不能让学生在短时间内对生命的认识、珍惜、尊重、热爱有太多的感悟。课堂教学是学校教育活动的主渠道，学生生命教育不应错失这个主战场。因此，应通过开设连续而系统的生命教育必修课，给学生系统地传授专门的生命课程知识。单一性课程就是将某个模块的基本内容编制为专门课程。相对渗透式生命教育课程来说，单一性课程最大的优点就是连贯性，它将生命教育的基本内容系统地、完整地呈现出来，通过教师有计划、有目的的教学活动，系统地向学生传授有关生命的知识，认识死亡，大学生能够在正确认识生命的基础上，寻找生命的意义，追求生命的价值。同时，独立的生命教育课程可以避免将生命教育边缘化，最大限度地发挥生命教育的实施效果。就当前国内实际情况来看，单一生命教育课程更能引起人们对生命教育的重视，也更有利于落实生命教育的基本理念。因此，单一生命教育课程是我国目前开展生命教育比较理想的选择。

生命教育课程追求生命的知、情、意、行的统一。实现物质生命和精神生命的有机和谐，既要爱惜生命，又要不断追寻生命的意义，以实现生命的价值。生命教育课程，须涵盖己我、人我、物我与天我的关系，意在统合生命的知、情、意、行，增进生命健康，养成尊重、珍惜生命的态度，并探索生命的价值与意义，追寻全方位生命的教育经验与活动的统称。生命教育课程是以全人教育视角为出发点的一种统整课程。高校可以通过编写校本教材，开设《生命教育概论》《哲学与人生》《宗教与人生》《生死关怀》《道德思考与抉择》等生命教育课程传授生命知识，引导学生把握生命意义，培养他们积极、健康的心理；讲授正确的价值观、人生观知识，引导大学生树立崇高的人生理想和目标。

（二）渗透式教育课程

注重生命教育在学科课程中的贯穿和渗透，实现课程生命教育与生命教育课程的有效融合。当前学校绝大部分学科中都蕴含着丰富的生命教育资源，将生命教育融入思政课、心理健康教育课、基础课和专业课，通过多种形式、方式，发挥课程价值的引领作用，构建充满生命力的课堂，触及学生心灵、转变学生态度、改善学生心态、转化学生行为，促进学生良好习惯的养成。如何在原有的课程中渗透生命教育的内容，这是值得教育工作者去思考的现实问题。渗透式的教育要求学校或教师改变关于教学、学习和知识中根深蒂固的观念，由教师传递客观事实的模仿学习，转变为学生中心探究导向的、合作本位的建构式学习，更朝向知识的社会建构。在建构式的教学情境中，教师要让学生自己发展创造意义的策略，而非根据教师或教科书的权威决定正确的答案。教师倾听并尊重学生的任何想法，如此，方能鼓励学生勇于尝试、质疑及试验，借由分享、争论及建构，修正各种知识和求知方法。从广义上讲，在大学课程中处处都可以渗透生命教育。当然，各学校也可以针对学生具体情况采取不同的措施，在某些课程中有针对性地强化生命教育内容的渗透。例如，在心理健康教育课程中渗透生命教育内容。"心理健康教育课程与其他课程的最大区别在于，它是一门直接介入学生心灵世界的课程，因此……负有直接对学生进行生命教育的不可推卸的责任和崇高的使命。"① 在心理健康教育课程中加入生命教育的内容更容易引起学生的共鸣,达到更好的教学效果。关注学生的认知、情感、意志等有关学生的各方面,构成一种旨在改善生命质量的综合性视角,使相关的内容融入已有的心理健康教育内容中,并占有足够的地位,从而促使学生在认知、情感、意志等方面共同发展。

(三)心理咨询

除了要对广大学生开展相关的关爱生命的教育,还应该针对每个学生不同的实际问题,做深入细致的心理引导工作,要做到共性的课堂心理教育和个性的案例问题解决相结合。只有这样,才能使生命教育工作做得扎实,发挥切实有效的作用。美国著名心理学家罗杰斯认为,心理咨询是一种帮助人的过程。咨询师可以给当事人一种安全感,可以使当事人放开自己、正视自己并释放自己的情绪,从而找到当事人的心结所在,并据此给予教育和引导,使人们有良好的心态面对一切,积极地看待所经受的挫折、磨难与压力,从危机中看到生机,从困难中看到希望。因此,各高校要建立、健全高校的心理健康咨询机构,配备合格的专职心理咨询教师,及时有效地解决大学生在学业、人际关系、经济和就业等方面出现的心理问题和矛盾,疏解他们的心理压力,将自杀等念头消灭于萌芽之中。根据统计资料显示,我国仅有30%的高校建立了心理健康咨询机构,而且专职的心理咨询教师数量极其有限,有的高校即使有心理健康咨询机构,也由于学校的不重视和大学生认识上的偏差,并没有起到其应有的作用。此外,大学生往往不愿意让别人知道自己的痛苦和烦恼,高校可以充分利用信息技术,开设心理咨询热线电话和开展网络心理咨询,这样就可以避免面对面的尴尬,消除他们的各种顾虑,使他们能够勇敢地敞开自己的心扉,诉说心中的种种不快,疏解心中的压力,以便最大限度地发挥心理咨询的作用,尽可能多地解决大学生的心理问题。

(四)社会实践

马克思主义哲学认为,实践是认识的来源,实践是认识发展的动力,实践是检验真理的唯一标准,实践是认识的最终目的。生命教育的最终目标是改变学生的思维和行为,让学生更加珍爱自己的生命,认识生命的意义,进而实现自己生命的价值。俗话说:"坐而言不如起而行。"但是,值得注意的是,人类

---

① 冯维,郑敏,李辉. 论生命形态的心理健康教育课程的构建 [J]. 教育探索,2005 (6):112-114.

在获得"浓缩果汁式"知识的同时，往往忽视了生命的丰富性与完整性，忽略了对成长过程的直接经历与体验①。在实施生命教育的过程中，要注意运用实践的办法来加深学生对生命的理解。因此，大学生生命教育的目标和内容最终还要落实到大学生的行动中，并产生良好的教育效果，这才是生命教育的目的。

在生命教育中可以采取各种类型的实践活动。例如，可以组织大学生去医院参观。一方面可以和孕妇交谈，了解孕育生命的艰辛，体会生命的来之不易，并感受迎接生命的喜悦；另一方面也可以参观急诊室，从而体会生命的易逝，甚至可以和临终病人交谈，感受他们对生命的领悟，对生命的眷恋。生命之所以宝贵，就在于生的偶然以及死的必然。通过与孕妇及临终病人的交谈，大学生可以体会生与死，形成一种深刻的生命情感，这种情感更能增加学生对生命的认识，从而更加珍惜生命，对生命的意义有更加深刻的认识。而一旦学生培养起对生命的热爱的情感之后，他就会迁移而对别的生命也产生热爱的情感。这样，在人与人的交往过程中，他更容易从别人的角度出发来考虑问题，人际关系更容易融洽，而对于其他的生物，自然而然产生一种喜爱之情，就会爱护动物，进而保护动物。还可以组织大学生从事义工，通过自己的力量去帮助他人，感受自己给别人带来的欢乐与幸福，自己也相应地从中感受快乐。

再如，现在很多学校组织暑期"三下乡"活动，大学生运用自己的所学，一来可以帮助别人解决实际问题，二来也有助于学生体会自己的人生价值，进而争取实现更大的人生价值。2010年7月17日至24日，重庆交通大学灾区心理重建服务团又组织了为期9天的"北川行"心理援助团。这是一支特别的团队，是一支在灾难中成长，又服务于灾区群众的团队，从2008年"5·12"汶川地震中走出来的灾区大学生成立了自助互助的灾区心理重建服务团，从2008年寒假至今，每年的寒假和暑假，团队成员都会回到家乡，关注家乡的亲人，关注他们灾后的生活；关心家乡的留守儿童，为他们爱心补课；帮助家乡敬老院的老人们，给他们带去温暖的祝福；慰问教会他们坚强的教师，与教师畅谈人生感悟；调查灾区的重建情况等。团队成员由最初的十几人，发展到现在的数十人，他们不仅关注汶川灾区，也关注全国受灾的其他地方，如青海玉树、甘肃舟曲。灾区心理重建互助服务团以"从灾区来，回灾区去"为原则，号召来自受灾地区的大学生利用假期回到家乡，以与家乡人民血肉相连的天然情感为依托，为家乡建设贡献自己的力量。每一次社会实践，他们都会带回很多活动材料和经验，更重要的是带回了团员们自己的心灵感悟。他们用自己的心灵

① 卢梭.爱弥儿：上卷［M］.李平沤，译.北京：商务印书馆，1978：35.

之笔把自己的成长历程书写出来，和更多的人分享这份自助互助的来自生命最深处的快乐。在重庆市举办的首届大学生成长论坛上就出现了数篇文笔优美、情感真挚的论文，它们都来自重庆交通大学灾区心理重建服务团的大学生之手。例如，高丽同学的《在心理援助中成长》、肖玉龙同学的《在灾难中坚强，在助人中成长》、岳武同学的《关注大学生心理健康 鼓励大学生社会实践》、赵龙同学的《心系家乡，服务基层——重庆交通大学三期地震灾区心理援助实践报告》等。正是通过这样一支团队，本着自助互助的理念，将一颗颗温暖的心汇聚在一起，面对困难，走出困难，又给身边的人带去帮助和希望。生命如斯，爱心永驻，助人者和受助者都感受到了生命的力量，使生命意义得到彰显、生命价值得以升华。

（五）专题教育

在我国的生命教育中，专题教育是一个比较普遍的形式。不同于专设课程的系统性和学科渗透的广泛性，专题教育可以根据学生发展的需要和生命发展中的问题，结合区域、学校的优势，整合相关课程内容，以短期的、时效性强的方式进行。一般来说，专题教育可以涉及的主题有健康教育、审美教育、安全教育、性教育、死亡教育。

1. 健康教育

健康教育包括身体健康和心理健康。这是目前西方生命教育的主流，重视了解人体生理结构，给人以生命的孕育、发展的知识，教人以增进健康、疾病预防、面对危机的技能以及保护环境的相关知识。比如，美国的一部生命教育系列教材，包括五大单元：心理、情感、家庭和社会的健康，成长与营养，个人的健康和安全，药物和疾病预防，社区和环境的健康。通过讲座和宣传的形式，学生了解有关健康的概念并对照自身了解自己的健康状况；了解自己的身体构造和心理发展阶段；熟知保持身心健康的知识，知道如何拥有健康强健的体魄和平和的心灵。

2. 审美教育

美育对大学生生命教育有着重要意义。美育能提高学生的整体素质，使学生发展个性，促进其全面发展。大学生的整体素质提高了，就能更好地实现生命的自我价值和社会价值，即提高生命的质量。审美教育的本质是情感教育，因为审美活动的本质体现为情感活动。

当人的基本生存没有满足时，美是一种远离生活的东西；当人的基本生存满足后，审美渴求便成为人的生命的最高追求，欣赏美、创造美便成为实现人生价值的重要步骤。只有将生命艺术化、审美化，在生命审美层面进行生命教育才能解决有关"生"的种种问题。

3. 安全教育

人的生命是最宝贵的，但是每年高校中都会有一些学生死于意外事件，如交通事故、火灾、溺水等。因此，对他们进行安全教育非常必要。一方面，针对大学生中存在的麻痹思想，要教育他们时刻绷紧"安全"这根弦，注意自身的安全；另一方面，要教给学生基本的生存技能，如懂得在遭遇雷击、火灾、溺水时如何自救和他救，在野外没有外援的情况下如何生存等具体内容。在教育中，学校要善于利用发生在学生中的案（事）件、事故进行教育，这样更具有说服力和影响力。可采用召开现场会、举办讲座、办黑板报（宣传橱窗）、张贴宣传画、播放音像制品等形式，务必让大学生具有安全意识，自觉地保护生命，防止意外事件的发生。

4. 性教育

近年来，随着性观念的日益开放，大学生婚前性行为日趋增多，未婚先孕现象及不安全流产比例不断上升，且性传播疾病发病率逐渐提高。这表明大学生的性健康知识相对缺乏，自我保护意识薄弱，他们面临着与性有关的健康危险。2010年，无琪等进行的"大学生性观念和性行为"调查①显示：高达94.75%的大学生认为学校不重视性教育。85.50%的大学生认为对大学生进行性教育是十分必要的，而且在这个问题上不存在性别、城乡和年纪的差别。恋爱、性、婚姻是大部分人一生中都要经历的。大学是人生观、道德观、价值观形成的重要时期，由于特定的年龄阶段和特殊的生活环境，产生爱的需要并尝试与异性建立恋爱关系是正常的，对大学生的性爱问题过分放纵与过分压抑，都会给他们带来生理和心理上的损害，对大学生恋爱通过行政命令的方式禁止不但无效，而且会引起大学生的逆反心理，适得其反。因此，高校加强对大学生进行性知识、性安全和性纯洁的专题教育是极其重要的。"性安全"教育课程主要教学生如何使用避孕套和其他避孕方法，使其在性行为中降低受到的伤害程度。"性纯洁"教育课程主要教育学生保持童贞，对遏制婚前性行为的发生有重要意义。

5. 死亡教育

死亡教育是生命教育的一种实践方式，包括对死亡的忌讳、了解死及濒死的过程、面对死亡的恐惧与不安、自杀及其预防、临终关怀、安乐死、器官捐

---

① 无琪，张菀珑，杜梅，等. 医学大学生性观念及性行为调查及性教育方式探索［J］. 哈尔滨医科大学学报，2010，44（2）：165.

赠、葬礼与殡葬管理等内容。死亡教育是一种帮助人们了解死亡的本质，获得有关死亡的各种知识，认识生与死的关系，引导人们思考死亡的意义，以理解的态度面对生命历程中不可抗拒的客观规律，培养人们面对死亡时需要的种种应对技能，以正确的态度保护生命、追求生命的价值和意义，促使人们珍惜生命、勇于面对死亡，增进人们对生命的欣赏，激励人们积极投入生活，赋予生命以价值的教育。死亡教育实际上是使学生通过教育有一个健康的心态看待死亡，让他们形成正确的生老病死的观念，从而能以正确的态度和顽强的意志保护生命并追求生命的价值和意义。死亡教育的意义在于通过死亡教育揭示生物死亡的必然过程，帮助学生站在科学的角度理解死亡，消除对死亡的恐惧。所以，死亡教育就是要鼓励学生探求死亡的课题，鼓励他们认识生命的有限与脆弱，知道如何去面对生命，从而珍惜有限的生命，从中寻求有限生命的可爱，勇敢面对生命中的艰难困苦，赋予生命以积极的意义，知道如何在死亡未来临之前好好生活，从而活得更充实、更满意，减少忧虑。

（六）体验式培训

体验式培训具有主体性、生活性、开放性、情感性的特点，是一种全新的学习方式，在发掘和激发体验者潜能方面起到了积极的作用。它能够促使学习者在参与体验的过程中去主动思考、发现、醒悟，重新认识和定位相关的知识、情感、行动。

1. 体验式培训的学习理论

体验式学习理论认为完整的学习过程包括活动体验、分享感受、导师引导、感悟成长、在实践中检验。如果在活动体验中出现了新的问题，则学习循环又有了新的起点，意味着新一轮的学习圈又开始运动体验式学习。理论模型还描绘了两种基本结构维度：领悟维度和改造维度。领悟维度是直接领悟具体经验和主动实践获得经验；改造维度是学习者通过抽象概念化和反思性观察，对已经经历的体验加以思考和转化。体验式培训就是通过上述五个阶段和两个基本结构维度的循环，将体验内化（如图12-1所示）。

2. 体验式培训的特点

（1）主体性

体验式培训是与传统的说教式培训截然不同的模式，完全摒弃了灌输式教育，注重培训主体自身的感悟和成长，这非常契合生命教育"以人为本、因材施教"的实施原则。主体性表现为在课堂教学中作为教学对象的学生，成了体验式培训中的直接参与者，充分发挥其主观能动性。比如，让学生说出活动中

具体经验

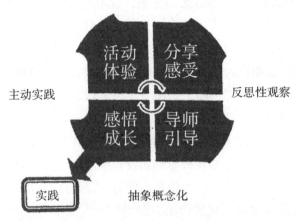

主动实践

反思性观察

实践

抽象概念化

图 12-1　体验式培训学习圈模型

最切身的感受，体会自身成长的力量，在活动的过程中，导师只起到引导的作用，要完全尊重学员的体验和感受。"体验"最强调亲历性，在生命教育过程中，让学生主动参与教学全过程，变"传授""接纳"为"体验""感受"，通过获取生命认知来建构经验，让学生在体验、感悟、反思、内化的过程中，逐步培养生命情感、树立生命意识和情感，并在此基础上实现自觉践行，以逐步确立正确的生命观。

（2）生活性

生活性表现为体验式培训的活动内容完全融入生活，表现为将活动中的感悟回归生活、应用于生活。体验式培训让学生在自己亲身参与生活与实践活动的过程中去感受、体验、辨别、取舍和生成。陶行知先生"生活德育"理念的最大特点就是将学生引向真实、完整、具体、活生生的生活之中，脱离了学生生活和实际的生命教育会显得苍白无力，教育效果也可想而知。例如，一次以"熔炼团队·激发潜能"为主题的体验式培训后，学员就会把这种团结进取、积极向上的精神面貌带入学习和生活中，有利于建立一个和谐共进的班集体；又如，一次以"领袖风采"为主题的体验式培训，可以促进学员学会如何积极付出、善于理解、主动影响、精于沟通、敢于负责，领悟到如何去展现一个领袖的风采。

（3）开放性

在体验式培训的活动中，每个成员都要以空杯心态完全融入培训，并接纳他人，在活动课程的设计上，培训目标、培训课程都不是唯一的，导师会根据学员在某一培训阶段的表现及时对教练团队进行再定向和调整。培训中，导师尊重并接受学生的各种个性化体验和感受，允许学生另类思想的存在，并努力使学生的思维呈现出多层次、多视角、多方位的生动活泼的局面。

（4）情感性

体验式教学会创设各种生活情境，让学生体验角色的情感，引导学生互帮互助，同时也强调平等、民主、和谐团队关系的建立。著名教育家夏丏尊先生曾说："教育没有情感，没有爱，如同池塘没有水一样。没有水，就不能称其为池塘，没有情感，没有爱，也就没有教育。"基于"体验式培训"的生命教育强调情感体验是形成学生生命品质的基础，教学中激发学生情感体验的方法多种多样，概括来说，就是要让学生置身于产生各种感情波动的情境当中，让学生在心灵的碰撞中去理解生命，感悟生命的真谛。

（七）生命化校园环境建设

一所高校，无论是校园内部，还是校园周边，都需要有一个良好的环境和氛围，适宜教师教学科研、学生读书学习和修身养性。实现育人的有效途径，除了教育、服务、管理，还有环境，这早已成为人们的共识。苏联当代著名教育实践家和教育理论家苏霍姆林斯基从教 35 年，其中有 23 年在一所叫帕夫雷什中学的乡村学校担任校长。他十分重视校园环境建设，曾指出"用环境进行教育，这是教育过程中微妙的领域之一"①。他认为，精心设计、创建良好的校园环境是培养"全面和谐发展的人"的前提，同时，它又是对学生精神世界施加潜移默化的影响的手段。

学校教育环境中，有着某些富有生命意蕴的情境。在其中，生命的创生力呼之欲出。从性质来说，学校环境可以分为物理性的环境与心理性的环境。物理性的环境可以由学校建筑、学习器材、花草树木等构成，并通过不同的颜色、比例、造型等的组合，构成为整体的物理环境。从色彩的角度，祥和、热情、充满生机的颜色，会更优于那种躁动、抑郁、混乱、黑暗的颜色。从内容上看，那些出自师生手笔的作品，反映师生生存状态的作品，相对于说教性的标语和宣传画，更能激起师生的归属感和自信心。从结构的角度看，圆润、和谐、错落有致的结构方式，要优于杂乱无序的方式。从整体风格看，会有诸如强调秩序与规范的风格、宽松与轻快的风格、激励性的风格。"校园的物理环境并非是'死'，它的成分、构成方式、风格，可以体现出某种生命意味，可以成为一个

---

① 瓦亚·苏霍姆林斯基. 苏霍姆林斯基选集：第 4 卷［M］. 北京：教育科学出版社，2001：237.

浓缩的生命世界。"①

从心理环境的角度看，校风、班风、教风、学风都是比较明显的心理环境，制度和物理环境也会影响到学生的心理情境。在一个民主、宽松、自由的环境中，个体更容易激发灵感、更容易表现自我、更容易获得多方面的知识。而在一个拘谨、压抑、专制的环境中，个体的生命可能被极大地压抑、掩盖住，不利于个体生命的成长。

近朱者赤，近墨者黑。良好的校园文化对学生的成长发展有着深厚且持久的影响。第一，打造文明、和谐、向上的校园环境。校园环境的质量也是影响学生身心健康的重要因素，一个优美、舒适、整洁、宜人的校园，能陶冶学生情操、涵养其品性，对培养学生高尚的品质有着潜移默化的重要作用。第二，打造优良校风、教风、学风。校风是一所学校长期以来凝练的具有鲜明特色的校园精神，是一种潜移默化的文化传承。优良的校风让学生斗志昂扬、积极向上，在不知不觉中使学生行为受到影响。"其身正，不令而行；其身不正，虽令不从。"良好的教风也会对优良学风的形成带来积极正面的影响。第三，打造优质主题班会活动。依托学生会、团组织、学生社团等，精心设计关于生命教育的专项活动、班会活动、团日活动，通过这些主题鲜明的、有针对性的活动，学生能够感受生命、理解生命、尊重生命，学会珍爱生命，热爱生活，将优良校风、学风内化于心、外化于行。

学校应充分利用一切有利因素与教育资源，营造一种具有时代气息、高品位的校园文化氛围，使学生受到耳濡目染、潜移默化的教育。学校良好的环境，犹如栽培作物的"温室"，让学生感受到生命的美好，提高他们生活的质量，更重要的是能使大学生以更饱满的热情、更充沛的精力去创造生命的价值。

（八）学校、家庭和社会的教育合力形成

一直以来对学生的生命教育多以学校为主，来自家庭对学生的生命教育主要集中在学生出行安全方面，对学生的身心及其他方面的教育，家庭却较少涉及。一方面，家长认为学生已经迈入高校，无升学压力，对学生学习生活习惯等方面的要求逐渐降低，追求顺利毕业即可。另一方面，学生大多是异地求学，与父母的交流多在生活消费、身体健康、学业成绩、交通安全等话题上，父母对孩子的心理变化、行为习惯、情感发展等方面的了解较少。加之多数家长受自身条件限制，对孩子身上发生的变化不能及时掌握，即使发现自己孩子出现

---

① 李家成．关怀生命：当代中国学校教育价值取向探析［M］．北京：教育科学出版社，2006：54-63．

异常，也没有采用正确的方式及时予以教育疏导。家庭是生命教育的起点。教育家苏霍姆林斯基说过，最完美的教育是学校与家庭的结合。开展学生生命教育必须让家长参与进来，家庭与学校形成生命教育合力。首先，密切家校协作沟通，在新生录取时就可通过寄给家长的一封信、校园微信公众号等方式向家长宣讲生命教育理念及教育目标。其次，可以通过校园微信公众号、网络平台向家长普及生命教育知识、方法与技能等，让家长了解与理解生命教育，并能采用合理的方式与子女沟通。最后，家校之间应建立起良好的联系渠道，使学校与家长能及时了解学生在家与在校期间的日常学习生活状况与身心状态，让学校与家庭的教育能有连续性与延续性，促进学生身心的健康成长。此外，应大力动员社会力量，使社会各层面都能积极参与到院校学生生命教育活动中，通过努力优化校外环境，营造良好教育氛围，强化第三方教育评估，加强社会监督等举措，提升学校、家庭和社会同心同向育人合力，增强教育实效。

（九）互联网互助平台构建

随着科技的进步、社会的发展，5G落地、AI爆发、大数据持续突破，传统的生命教育方式、心理健康咨询方式显然已跟不上时代发展的需求。学生可能更愿意在网上刷刷小视频，看看小短文，却不愿意到现场听讲座，参与实践活动。他们可能在互联网世界中高谈阔论、呼朋引伴、游刃有余，但是在现实社会中却不愿与人进行更多交流。他们可能更多地看到他人人前的鲜衣怒马、仗剑天涯，却忽视了他人人后的艰难竭蹶、殚精竭虑。由此，院校要主动占领网络主阵地，充分利用网络优势，从学生的兴趣点出发，加强教学设计、微信公众号内容设计，打造学生喜闻乐见的形式，将生命教育融入其中。开设生命教育网络课程，将相关学习资料、视频、游戏等放到网上，让学生通过网上学习，逐步形成对生命观的正确认识。借助网络平台进行生命活动的模拟体验，让学生增强对生命实质的把握。此外，还应打破时间、空间的限制，积极构筑网上心理咨询平台，让有困难的学生能及时得到帮助，让性格内向、社恐焦虑或有难言之隐的学生能突破自己的心理障碍获得有效救助。

（十）专业化师资队伍培养

要做好学生的生命教育工作，专业化师资队伍建设是其基础和核心。一是要保证生命教育教师队伍的专业化，加强对教师的专业培训，尽快打造一支素质优良、结构合理、相对稳定的专业化的生命教育师资队伍。目前，系统且有针对性地对学生开展生命教育的院校较少，大多数学校是通过健康教育、安全教育等几个板块来实施。这些板块大多是由心理学教师、学生管理工作者等来完成教育工作，日常的生命教育任务则大多落在学生管理工作者身上。因此，对心理学教师而言，除了专业的知识储备，还需对教育发展规律与学生身心发展特点有深入的了解。对学生管理工作者而言，应该加强心理学知识以及心理学咨询技能、方法等方面的学习、训练。二是要保障生命教育教师数量。由于院校的快速发展，学生数量的迅猛增加，给院校开展生命教育带来极大困难。因此，在加强对现有人员培训的同时，适时引进专业的生命教育师资，保障教师数量，提升教师质量，势在必行。

第二节　大学生生命教育常态化模式的评价

教育评价涉及的范围非常广泛，从学生、教师、教学、教材到学校本身以及关于学校或教育的政策等，都可以是教育评价的对象，并因此出现了学生评价、教师评价、教学评价、课程评价、学校与教育机构评价、教育政策与教育项目评价等。本节所讨论的主要是对生命教育的受教育者——学生进行评价，即生命教育的效果评价。

选择恰当、科学的评价方法，是实施生命教育课程评价的关键所在。生命教育课程评价有其自身的特殊性，要探求适合于生命教育课程自身特点的评价技术和方法。生命教育评价的实施应该从生命教育的内涵出发，结合生命教育的原则来评价生命教育的实施效果。生命教育是一种教育理念，是尊重学生生命的思想，它贯穿生命教育的始终。同时，生命教育也是一种教育的类型，它有自己的教育内容，也有自己的实施方式。因此，对它的教育效果的评价，不能简单地像其他的课程那样，采用单一的评价方式。

一、评价原则

现代教育评价越来越重视评价的诊断反馈、改进、激励、强化等教育功能，其目的是创造适合学生发展的教育教学，以教育评价促进、改善教育教学，这是世界各国教育评价改革发展的一个共同趋势。因此，大学生生命教育的效果评价必须在"立足过程，促进发展"的评价理念的指导下去评价学生，才能使学生评价有效，才能实现学生评价的教育功能。

（一）进行综合评价

现在高校对大学生的评价，主要是建立学分制检查学生知识、技能的掌握情况。但在关注其智力与学习成绩优异与否的同时，也要关注与之相伴的情感态度与价值观的形成。例如，将重心放在学生的健康体魄、积极向上的生活追求、纯洁善良的心灵、乐观豁达的态度、友好合作的交往、勤劳质朴的作风等健康生命的基本品质的获得与发展上，因为正是这些特质决定了一个人终身的发展。正如西塞罗指出的那样，一味追求书本知识在某些人眼中一直是一种"堕落"，书呆子是被人蔑视的对象。评价是为学生的发展服务的，其目的是关注学生成长和进步的每一方面，并通过分析、指导，提出改进计划来促进学生的发展。

（二）采取多元的评价手段

生命的独特性决定了不能用同一种方式来进行一刀切式的评价，要尊重生命个体的独特的生命感受和生命差异。生命教育是一门多元主题的课程，不同的主题适用的评价方法也是不一样的，所以生命教育课程评价要注重多样化操作。对学生进行生命教育的课程评价应该采用多元的评价方式。首先，坚持内涵多元技能评价、情意评价、认知评价等相结合；其次，坚持评价方式多元，可以采用档案袋评价、表现性评价、口语评价、自我评价等；最后，坚持呈现形式多元兼顾质化、量化评价，能力、努力评价。

（三）关注学生的发展

关注学生的发展，意味着生命教育的评价要以促进学生的发展为依托，而不是简单的仅仅以分数来筛选学生为目的。这就要求：该评价既要重视评价的价值性判断，也要重视教育评价的描述性判断、决策性判断；既要把社会要求作为评价的出发点和评价目标形成的依据，也要注意个体的要求和个人的成长在评价中的重要性；既要承认总结性评价的价值，也要认识到形成性评价、诊断性评价等的重要价值。总之，生命教育的评价在关注效率的同时，更要关注学生的发展。

（四）遵循评价的伦理规范

伦理是指人们行为做事的准则。只要人与人之间发生关系，就存在伦理。教育评价作为师生之间一种特殊的交往活动，有其特殊的伦理规范，这一点已经得到许多人的认可。根据美国教育评价学会教育评价标准联合会制定的教育评价专业标准，教育评价要尊重评价对象的人格，维护评价对象的利益，保护评价对象的隐私权，满足不同评价对象的需要，避免对评价对象的伤害，防止评价对象的各种偏见，保持评价人员的诚实，保证评价人员的专业素质，杜绝评价结果的误用和滥用。① 生命教育也不例外，而且在其合理性标准与伦理规范发生矛盾时，应该以善为标准。

（五）实证化评价方式与人文化评价方式相结合，注重人文性评价

实证化评价方式有着准确、高效、说服力强、可移植性强、操作性强等优势，但实证化评价方式却重结果、轻过程，忽视评价者与被评价者的对话与交流，容易造成评价信息的失真，缺乏灵活性。人文化评价方式重视过程评价，强调评价者与被评价者的对话与理解，重视评价过程中多重因素的交互作用，有灵活性强的优势，但人文化评价方式对评价者的主观依赖性较强，易受干扰，主观性较强，总体效益比较低。首先，生命教育系统内部的影响因素众多，并且生命教育是一个动态生成的过程；其次，生命教育内部的生命不是静态的客观存在，而是具有价值取向性、交往性的鲜活生命体。人文取向的评价方式作为一种质性评价方式，重视"理解""阐释""交流""移情"等在评价中的运用，致力于观察、描绘课堂教学过程中教师和学生的认知实践、交往合作以及情感体验，用心去倾听、理解和解释教师与学生的教与学的想法、行为及状态，并在此基础上做出非量化的评价，以促使师生与教学持续性的改进与发展。因此，生命教育评价应采取实证化评价方式和人文化评价方式相结合，注重人文性评价。

（六）过程性评价与终结性评价相结合，注重过程性评价

首先，生命教育本身是一个动态性、开放性、复杂性的生命建构过程。其次，从学生生命的本身特点来看，生命教育评价对象是学生，而学生最直接、最明显的特点是学生拥有鲜活的生命，而鲜活的生命体是一个动态、长期、持续发展的过程。生命教育评价基于生命的视角，应该面向的是学生生命发展的每一个过程，由此，才能适应学生生命发展的基本规律，保证学生生命发展的完整性、开放性、本真性与体验性，保障学生生命的健康发展。因此，结合学生的特点，生命教育评价在坚持过程性评价与终结性评价相结合的同时，要坚持以过程性评价为主。

二、评价方法

结合生命教育的内涵以及大学生生命教育的实施方式，笔者认为可以从人与自我、人与他人、人与社会、人与自然四个维度对大学生进行生命教育效果

---

① 蔡敏. 美国教育评价的伦理规范建设及其启示 [J]. 外国教育研究，2005（6）：18-21.

评价。第一维度人与自我又可细分为认识自我、悦纳自我、完善自我和超越自我四个部分，第二维度人与他人可分为尊重他人、关爱他人、感恩他人和人际交往四个部分，第三维度人与社会可细分为团队合作、奉献精神、适应能力和价值感四个部分，第四维度人与自然可分为热爱自然、保护自然、和谐相处三个部分。评价可以采用雷达图的形式（见图12-2和12-3），雷达图可以清晰反映出学生在多项指标上的不同得分，纵向反映自身的成长历程，横向反映自身和他人的对比情况，结果完整、清晰、直观。

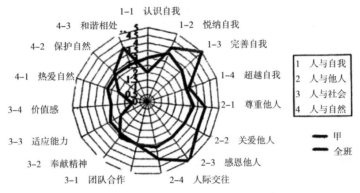

图12-2 甲学生与全班同学生命教育评价横向对比雷达图

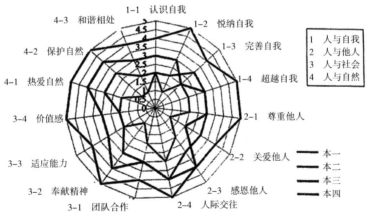

图12-3 某学生本科四年生命教育评价纵向对比雷达图

三、评价实施

在实施评价时，应该完成以下四方面的工作。

（一）相互沟通

美国有调查表明①，"内在动机"是影响有效评价的主要因素之一。只有当有关人员明确了评价的意义，他们才可能有投身于评价活动的愿望。因此，在开展初评之初，评价人员需要与被评人员取得相互理解。"相互理解可以从表达形式评价的意义入手，务必使各类人员充分了解评价的意义，从而激发起他们的内在动机。"

（二）收集信息

全面的信息是做出有效评价必不可少的条件。但是，鉴于生命教育的复杂性以及有限的人力、物力等，需要注意信息的全面性、可靠性以及有效性。

（三）评议评分

如果说收集信息是评价阶段一项具有基础性意义的工作，那么评议评分就是一项具有关键性意义的工作。在某种意义上，它可以说是评价活动的核心，因为对学生所做的评价是否正确，直接影响其以后发展的好坏。

（四）汇集整理

汇集整理是评价过程中一项具有全局意义的工作，它直接影响对评价结果的分析与处理。因为评价资料的准确与否直接关系到评价结果的高低，所以对准确性的要求比较高。因此，评价资料的汇集与整理必须做到迅速、准确。

---

① 陈玉琨. 教育评价学 [M]. 北京：人民教育出版社，1999：48-53.

参考文献

一、著作

［1］中共中央马克思恩格斯列宁斯大林著作编译局．马克思恩格斯选集：第 1 卷［M］．北京：人民出版社，1995．

［2］中共中央马克思恩格斯列宁斯大林著作编译局．马克思恩格斯选集［M］．北京：人民出版社，2015．

［3］陈小玲，边和平．挫折教育新论［M］．徐州：中国矿业大学出版社，2015．

［4］段鑫星，程婧．大学生心理危机干预［M］．北京：科学出版社，2006．

［5］樊富珉，张天舒．自杀及其预防与干预研究［M］．北京：清华大学出版社，2009．

［6］冯刚，彭庆红，佘双好，等．新时代高校思想政治教育学原理［M］．北京：人民出版社，2021．

［7］冯建军．生命与教育［M］．北京：教育科学出版社，2004．

［8］孙耀胜．当代大学生生命教育的认知与探索［M］．北京：中国水利水电出版社，2019．

［9］徐园媛，周优文，蓝善康．大学生思想政治教育心理接受机制构建［M］．成都：西南交通大学出版社，2013．

［10］叶华松．大学生生命教育［M］．杭州：浙江大学出版社，2011．

［11］维克多·弗兰克尔．追寻生命的意义［M］．何忠强，杨凤池，译．北京：新华出版社，2003．

二、期刊

［1］白冰，杜娟．新时代大学生美育教育现状及对策研究［J］．数据，2021（8）．

［2］陈虹．新时代高校心理育人内涵、困境与应对［J］．思想理论教育导刊，2019（7）．

［3］陈荣荣，余斌．思想政治教育人学取向研究的方法论问题［J］．马克

思主义研究, 2013 (10).

[4] 董珊. 高校大学生思政工作中引入团体辅导的现状、矛盾与对策 [J]. 法制与社会, 2009 (30).

[5] 侯春宏. 浅议"95后"大学生挫折教育对策 [J]. 才智, 2020 (20).

[6] 焦连志. 社会主义核心价值观于中华优秀传统文化教育协同机制研究 [J]. 中国高等教育, 2020 (6).

[7] 晋银峰, 胡海霞, 陈亚茹. 我国大学生生命教育研究十六年 [J]. 黑龙江高教研究, 2018, 36 (11).

[8] 李海龙, 王洪霞. 当代大学生挫折心理的现状分析 [J]. 中国市场, 2010 (31).

[9] 李永兵, 李家富. 当代大学生生命观教育的价值审视 [J]. 学校党建与思想教育, 2019 (12).

[10] 李永慧. 大学生心理危机干预困境与应对策略 [J]. 中国学校卫生, 2019, 40 (4).

[11] 廖桂芳, 金春寒. 大学生生命教育创新模式的构建与运行 [J]. 教育与职业, 2012, 738 (26).

[12] 廖桂芳. "六位一体"大学生心理互助网络模式的构建与运行 [J]. 教育与现代化, 2010, 96 (3).

[13] 廖桂芳. 系统论与大学生心理危机干预系统的构建 [J]. 理论月刊, 2007 (12).

[14] 刘金莹. 论新时代青少年生命教育的协同模式构建 [J]. 思想政治教育研究, 2021, 37 (3).

[15] 刘莉. 大学生挫折教育的探究 [J]. 长春理工大学学报 (高教版), 2010, 5 (4).

[16] 刘鹏飞, 王莉荣. 以团体心理辅导提高大学生环境适应能力探究 [J]. 广西社会科学, 2016 (2).

[17] 刘子萌. 将生命教育融入高校思政课的价值意蕴及实践路径探究 [J]. 大学 (思政教研), 2021 (12).

[18] 路秀兰. 让生命教育在教育中绽放异彩 [J]. 中国教育学刊, 2020, 328 (8).

[19] 吕达, 张伟平, 石玮, 等. 系统论视角下我国高校突发事件产生的原因及应对策略 [J]. 顺德职业技术学院学报, 2012, 10 (2).

[20] 马彩红. 挫折教育的哲学思考 [J]. 甘肃科技, 2008 (5).

[21] 马杰, 朱思齐, 王萍. 用团体辅导对大学生进行生命教育的探索 [J]. 中外企业家, 2014 (33).

[22] 苗瑞丹，吴文霞. 习近平关于青年社会责任重要论述的基本要义 [J]. 思想教育研究，2021（4）.

[23] 孙楠，刘立. 恩格斯"自然报复阶段论"及其对新时代生态文明思想的意义 [J]. 环境与可持续发展，2020，45（6）.

[24] 涂翠平，盛佳伟，李海哲. 团体凝聚力训练在高校新生班级建设中的应用 [J]. 时代教育（教育教学），2014（4）.

[25] 王春艳. 高校开设生命教育课程的重要性及措施分析 [J]. 黑龙江科学，2022，13（17）.

[26] 王玲莉，艾春燕，张宛筑. 团体心理辅导在大学生心理健康教育中的应用探索 [J]. 江苏教育，2021（8）.

[27] 王铭. 基于课程思政的大学生生命教育有效路径探究 [J]. 高教学刊，2020（33）.

[28] 王卫平. 高校开展团体心理辅导的思考 [J]. 教育理论与实践，2009，29（18）.

[29] 王永贵. 高校生命教育现状与学生个性发展问题研究 [J]. 当代青年研究，2016（5）.

[30] 向继友，甄飞扬. 大学生生命教育路径创新略探 [J]. 学校党建与思想教育，2021（13）.

[31] 徐园媛，廖桂芳. 论大学生核心价值观教育心理接受机制的构建 [J]. 学校党建与思想教育，2012（2）.

[32] 闫艳，王秀阁. 现代思想政治教育方法新探 [J]. 思想政治教育研究，2008（1）.

[33] 杨柯. 大学生生命教育课程的问题研究 [J]. 中国职业技术教育，2016（29）.

[34] 袁振国，沈伟. 立德树人的落实机制：现状、挑战与对策 [J]. 苏州大学学报（教育科学版），2021，9（1）.

[35] 张建兴. 团体心理辅导在高校大学生心理健康教育课程中的应用 [J]. 教育现代化，2018，5（11）.

[36] 张丽. 团体心理辅导在大学生思想政治教育中的优势及应用研究 [J]. 求知导刊，2015（15）.

[37] 张启云. 高校思政课混合式教学模式改革探究 [J]. 科学咨询（教育科研），2021（3）.

[38] 张仲明，覃树宝. 我国心理援助的发展阶段和体系建构 [J]. 西南大学学报（社会科学版），2021，47（1）.

[39] 赵爱芹. 论大学生网络道德缺失 [J]. 经济与社会发展，2008（1）.

[40] 赵迎华.大学生生命教育体系的构建与思考 [J].江苏高教,2017 (8).

[41] 郑丹凤,王涛."三全育人"视域下高校心理健康教育工作探析 [J].学校党建与思想教育.2021 (1).

[42] 周桂.生命教育的实践困境与破解路径 [J].教学与管理,2020, 799 (6).

[43] 周荣甲.试论高校生命教育中人格理想的塑造 [J].学校党建与思想教育,2020 (10).

[44] 朱萌.思想政治教育视域中的大学生生命价值观教育:内涵、特征和功能 [J].理论与改革,2015 (2).

[45] 朱芮.团体辅导在心理健康教育课程中应用的思考与实践 [J].科教文汇(下旬刊),2015 (12).

[46] 朱小蔓,王平.陶行知的生命教育思想与实践 [J].江海学刊,2019 (1).

三、论文

[1] 李芳.我国高等学校学生生命观教育研究 [D].长春:东北师范大学,2014.

[2] 李永玲.社会转型期大学生生命教育研究 [D].长沙:湖南大学,2014.

[3] 石颖.积极心理学在大学生生命教育中的应用研究 [D].重庆:重庆交通大学,2015.

[4] 王敬红.新时代大学生生命价值观现状及教育对策研究 [D].石家庄:河北师范大学,2020.

[5] 王文.基于WEB的青少年生命教育平台的设计与实现 [D].曲阜:曲阜师范大学,2010.

[6] 朱冰.当代大学生生命意义教育研究 [D].长春:东北师范大学,2020.